Charlotte Wiedemann

Die Hütte der kleinen Sätze

Politische Reportagen aus Südostasien

EDITION
Frei**tag**

Philippinen

Sulawesi   Ambon

Jayapura
Wamena
Papua
Merauke

Dili
Osttimor

Die Autorin dankt Heang Leang Hong (Kambodscha), Hseng Noung und Wimonkan Kosumas (Thailand), Andreas Ndruru, Matheus Dwi Hartanto und Koramen Sirait (Indonesien); sie übersetzten mehr als Worte. Kim Gooi (Malaysia) half als Ratgeber und Kritiker.

© 2004 Edition Freitag. Printed in Germany.
Lektorat: Michael Jäger
Fotos: S. 10, 169 Rolf Nobel, S. 69 privat, S. 185 Archiv, alle übrigen Charlotte Wiedemann
Umschlag: Jürgen Holtfreter
unter Verwendung eines Fotos von Charlotte Wiedemann: Das verfallene Kloster Preah Khan bei Angkor, Kambodscha
Satz: Michael Pickardt
Druck: GGP media on demand, Pößneck

ISBN 3-936252-04-01

Einleitung   7

Kambodscha

Die verkauften Kinder
Grenzland: Vom Wert des Lebens in Poipet   9

Fußlose hüten Kopflose
In den Tempeln von Angkor   17

Pol Pot und das Schweigen
Eine Reise auf den Spuren des Genozids   21

Malaysia

Eine Stadt als Fanal
Die glitzernden Türme von Kuala Lumpur   31

120 Armenian Street, Penang
Kampf um den Erhalt einer Altstadt   35

Dr. M
Mahathir Mohamad, Asiens letzter Patriarch   43

Nation im Brüter
Malaysias Traum vom Silicon Valley   50

Korridor nach Mekka
Ein islamisches Sittenbild   57

Die Geschichte vom Mangobaum
Auf der Suche nach Borneos Wildnis   64

Ravi, geliebter Ravi
Das Leben einer indischen Mutter   68

Philippinen

Der reiche Held der Armen
Joseph Estrada, seit drei Jahren vor Gericht   74

Vietnam

Ein Sonntag auf dem Lande
Besuch bei alten Kommunisten: Herr Minh und Frau Thinh   81

Nur nicht zurückblicken
Erkundungen im 25. Jahr nach dem Ende
des Amerikanischen Krieges   87

Indonesien

Das geheime Reservoir an Glück
Jakarta: Familienleben im Abwasser 96

Schwarz gegen Weiß
Peripherie Ost – Freiheitskampf mit Pfeil und Bogen
in Papua 100

Die Stadt ohne Helm
Peripherie West – Trauma und Selbstheilung in Aceh 120

Frühnebel der Demokratie
Aufstieg und Fall des Abdurrahman Wahid in fünf Skizzen 126

Beschwichtigung des Universums
Der Borobudur-Tempel auf Java 140

Osttimor

Fürsorgliche Belagerung
Beobachtungen in einer Werkstatt für Nation-Building 147

Burma (Myanmar)

Die Gier der Schriftlosen
Die Tempel von Bagan und die Macht der Generäle 154

Die Unerschießbare
Annäherung an eine Ikone: Aung San Suu Kyi 160

Thailand

Im Panzer aus Messing
Trugbilder der Exotik: Die langen Hälse der Padaung-Frauen 168

Siams Modernisierer
Kult-König Chulalongkorn – ein historisches Portrait 177

Wissen, wann man genug hat
Erkundung eines Krisengebiets: Thailands Buddhismus 186

Nachwort

Die gerahmte Welt
Die Wahrnehmung des Fremden im Zeitalter
globaler Medien 193

Textnachweise 200

Einleitung

Die Reportagen in diesem Buch vermessen extreme Entfernungen. Nur manchmal sind sie in Kilometern zu rechnen, wie in Indonesien, dem riesigen Inselreich, das jeden Tag den Traum und den Albtraum ethnischer Vielfalt lebt. Extrem sind die sozialen Unterschiede, die Entwicklungsabstände, sie reichen von den stahlglänzenden Zwillingstürmen in Malaysias Hauptstadt Kuala Lumpur bis zu den grasgedeckten Rundhütten in Papua auf Neu-Guinea. Und extrem ist auch die Distanz zwischen unserer ethisch satten, abgesicherten Welt und der heillos abschüssigen Lebensbühne mancher tropischer Protagonisten. Eine Mutter in Kambodscha streichelt die Köpfe ihrer Kinder, und niemand sieht ihr an, welches Kind sie als nächstes verkaufen wird. In den Slums von Manila verehren die Besitzlosen einen Präsidenten, der ihnen Häuser versprach und statt dessen seinen Geliebten Villen mit Swimmingpool baute.

Noch in den Trugbildern der Verblendeten zeichnen sich Umrisse eines Kampfes ab, der in den meisten Ländern der Region begonnen hat, der Kampf um bürgerliche und demokratische Rechte. Seine Muster sind modern oder archaisch, seine Formen so disparat wie die sozialen Welten. In Malaysia kämpft die Opposition im Internet um Meinungsfreiheit, in Papua ist der Penisköcher zum Symbol der Selbstachtung geworden, auf den Philippinen gehen Nonnen gegen Korruption auf die Straße.

Mancher Kampf gewinnt nur in der Nahsicht Plausibilität, das gilt für den Separatismus an den Peripherien Indonesiens, wo seelisch verletzte Gesellschaften um Selbstheilung und Identität ringen, unter islamischem Vorzeichen oder unter christlichem. Osttimor, so heroisch im Widerstand, erlebt nun, wieviel Bitterstoffe im Geschmack der Freiheit sind, wenn ein Staat nur eine halbe Insel umfaßt. Selbst im Mikrokosmos dieser winzigen Nation taucht jenes Thema auf, das ganz Südostasien umspannt: ethnische und kulturelle Pluralität. Osttimor hat mehr Dialekte, es sind 32, als Ärzte.

Fast alle Reportagen erzählen von den Reibungsflächen zwischen Tradition und Moderne in diesen so rasch entwickelten Gesellschaften. Konsumdenken und Verwestlichung haben Thailands

Buddhismus in eine tiefe Krise gestürzt. Neue Sekten für die ungeduldige Mittelschicht verkaufen Spirituelles wie Versicherungspolicen, arrangieren bei Massenmeditationen zigtausend Anhänger zu einer Choreographie totalitärer Harmonie. Einen radikal anderen Weg religiöser Erneuerung gehen fromme Bauern; sie wenden sich von Thailands exportorientierter Agrarindustrie ab und verstehen biologische Landwirtschaft als angewandten Buddhismus: Besinnung auf die eigene Kraft. Die Paradoxien einer Gesellschaft in Krise und Umbruch bündeln sich in diesem Bild: Ausgerechnet jener König, der im alten Siam das unterwürfige Kriechen vor Höhergestellten abschaffte, wird von jungen Thailändern heute gottgleich verehrt – auf den Knien.

Malaysia und Indonesien werden in diesem Buch ausführlicher beschrieben. Obwohl durch ihre kulturellen Wurzeln und ihre Sprache verbunden, stehen beide Länder heute für ganz unterschiedliche Mentalitäten und Erfahrungen. Das kleine Malaysia, verliebt in sich selbst, seine Stabilität, seine materiellen Errungenschaften, hat Wohlstand vor Demokratie gesetzt. Ein Modell, verkörpert durch Mahathir Mohamad, 22 Jahre Premierminister, der letzte aus der Riege der kleinen starken Männer Asiens. Das große Indonesien, strukturell unregierbar, ringt seit dem Ende der Herrschaft Suhartos um einen demokratischen Neubeginn, theatralisch verkörpert durch den Präsidenten Abdurrahman Wahid. Der blinde, gebrechliche Gelehrte begann in einer Atmosphäre ekstatischer Hoffnung und endete bei Notstandsdekreten, als Inbegriff des gescheiterten Intellektuellen.

Alte Kulturen, junge Staaten: In Südostasien blieb nur Thailand die Erfahrung kolonialer Demütigung erspart. Offenkundig oder verborgen wirkt das koloniale Erbe in allen Ländern nach. Burma (Myanmar), gleichfalls ein Vielvölkerstaat, wurde von den Briten nach dem Prinzip Teile-und-herrsche regiert; sie bevorzugten die ethnischen Minderheiten, gaben ihnen Macht und Autonomie. Als England Burma freigab, war es ein vielfach zerrissenes Land. Die Generäle, die Burma regieren, rechtfertigen sich bis heute als Garanten der nationalen Einheit. Alle Unterstützung aus dem Westen hat Aung San Suu Kyi, der Frau mit der Blume im Haar, nicht geholfen. Burma, in seiner Silhouette ganz altes Asien, markiert die Grenze westlichen Einflusses.

Kambodscha

Die verkauften Kinder

Grenzland: Vom Wert des Lebens in Poipet

In der Welt von Chan Ny, einer Mutter mit kindlichen Augen, passt großes Unglück in kleine Sätze. Ihr Mann lief davon, als sie mit dem fünften Kind schwanger war. Jetzt schläft ein sechstes in der Hängematte, und über den neuen Mann, der dazugehört, sagt Chan Ny: »Er schlägt mich, aber im Augenblick nicht.«
Es ist stickig in der Hütte der kleinen Sätze. Kein Fenster, kein Blick ins Freie, nur dieses ewige Dämmerlicht im Grün und Blau der Plastikplanen, aus denen Dach und Wände zusammengestückelt sind. Unter dem dünnen Bambusboden gluckst ein brachiger Tümpel. An guten Tagen, wenn Reis zum Kochen da ist, kippt Chan Ny das Reiswasser aus dem Topf durch die Bodenritzen einfach nach unten.
Es war ein schlechter Tag, irgendwann vor anderthalb Jahren, da nahm die Kambodschanerin ihr Töchterchen Srei Neing an die Hand, ging mit der Achtjährigen ein paar Hütten weiter und verkaufte sie für 300 Baht, das sind kaum acht Euro. Eine Anzahlung. Die Alte, die Srei Neing in Empfang nahm, versprach mehr für später, wenn die Kleine mit dem hübschen wirren Haarschopf zeigen würde, dass sie ihren Preis wert ist, als Bettlerin auf den Straßen im fernen Bangkok.
»Ich dachte«, sagt Chan Ny, »ich mache ein gutes Geschäft.«
Die Tochter, die ein Geschäft war, sitzt neben ihr, scheu und still. Srei Neing kam zurück wie Treibgut zurückkommt, ein wirrer Haarschopf aus Kambodscha in Flut und Ebbe des Kinderhandels. Wie Hunderte andere jeden Monat, an Straßenecken, in Bars oder Bordellen, wurde sie aufgelesen von Thailands Polizei, als illegale Immigrantin in ein Sammelgefängnis in Bangkok gesperrt, später ging es zurück über die Grenze.

Den Albtraum, verstoßen worden zu sein, hat Srei Neing in sich versiegelt. Von der Händlerin, die sie »Großmutter« nennen musste, bekam sie Schläge, wenn abends nicht genug Geld in der Bettelbüchse war, aber das erzählt Srei Neing jetzt nicht, da sie neben der Mutter sitzt. Keine Klage, kein vorwurfsvoller Blick, nur stiller Ernst. Hast Du manchmal geweint? »Nein.« Brennend scharf müssen die Bilder sein in diesem Köpfchen; Srei Neing weiß noch, dass es nicht geregnet hat an dem Tag, als die Mutter sie verkaufte. Nur solche dürren, unverfänglichen Fakten gibt sie preis. Eine Brücke, wo sie hockte. Eine Sprache, die sie nicht verstand. Und dann zeigt sie uns, wie es aussah, kniet sich in ihrem weißen Hemdchen auf die Fersen, faltet die Hände, senkt den Kopf und flüstert: »Gib mir bitte einen Baht«.

Die Mutter sieht ihr zu, liebevoll, fast ein wenig stolz, wie eine Mutter ihrem Kind zusieht, das von einem Ferienerlebnis erzählt. In der Welt von Chan Ny ist der Verkauf von Kindern so gewöhnlich wie das Davonlaufen der Väter oder wie die Schläge für die Mütter. Kinder werden verkauft, weil kein Reis da ist, weil Geld für Medizin fehlt, weil das Dach der Hütte kaputt ist. Eine Sache für kleine Sätze, ohne Mitleid und ohne Selbstmitleid, ohne Pathos,

Die Kambodschanerin Chan Ny und ihre Tochter Srei Neing

ohne Aufbegehren. Wenn diese 30jährige Kambodschanerin ihre Kinder vorstellt, dann streichelt sie einem jeden mit zärtlicher Geste übers Haar, und niemand wird dieser Geste ansehen, welches Kind sie vielleicht morgen verkauft. Eine Mutterliebe wie der wacklige Holzsteg, der über den brachigen Tümpel zu Chan Nys Hütte führt: waghalsig schmal, aus zerbrochenen Scheiten zusammengeschoben.

Hier ist Grenzland, in jeder Hinsicht. Geographisch, moralisch, Seelen-Grenzland. Grenzland auch für journalistische Maßstäbe: Was können wir verstehen, beurteilen, wenn wir mit guten Schuhen und satter Ethik über die Stege balancieren?

Poipet, eine Stadt an der Nahtstelle von Kambodscha und Thailand. Ach, Stadt. Ein dreckiges Riesen-Nest, staubverhüllt in der Trockenzeit, schlammversunken in der Regenzeit, ohne Zentrum, ohne asphaltierte Straße. Vor zehn Jahren war hier nur ein Dorf, dann wurde der Grenzübergang geöffnet, und aus ganz Kambodscha strömten 80.000 Arme, Landlose, Verzweifelte nach Poipet, in ihren Bündeln die Hoffnung auf Arbeit, auf ein besseres Leben. Als hätte jemand ihren Illusionen ein höhnisches Denkmal setzen wollen: ein goldenes, verschnörkeltes Tor markiert die Grenze. Morgens um 7 Uhr 30 öffnet sich das goldene Tor, der Staub steigt auf und es beginnt ein Handel, der nur ein Gesetz kennt: billige Waren aus Thailand, billige Menschen aus Kambodscha. Illegale Erntehelfer verdingen sich für das Äquivalent von 1 Euro 20 am Tag. Menschliche Lasttiere stemmen sich wie Zugvieh in die Deichsel mittelalterlicher Holzkarren. Verkrüppelte Landminen-Opfer wimmern mit erhobenen Armstümpfen um ein paar Baht. Und Kinder, nackte struppige Kinder, die ganze Familien ernähren, indem sie über weißhäutige Touristen oder reiche Thailänder einen Sonnenschirm halten – wie kleine braune Eingeborene auf einem kolonialistischen Gemälde.

Ein bettelndes Kind kann mehr verdienen als ein erwachsenes menschliches Lasttier. Und ein bettelndes Kind in Bangkok verdient zehnmal mehr als ein bettelndes Kind am goldenen Grenztor von Poipet. Das ist die Ökonomie des Kinderhandels. Aber Armut erklärt nicht alles. Armut kann nicht erklären, warum es in Poipet Mütter gibt, die so lange auf die Kniescheiben ihrer Kinder hauen, bis die entstellten Beine mehr Baht beim Betteln versprechen.

Kambodscha ist ein Land der zerstörten Seelen. Die Mütter und Väter von heute sind die Kinder der Pol-Pot-Zeit, der »Killing Fields«; damals wurden Kinder gedrillt, ihre Eltern zu hassen, sie gar zu töten, weil sie Bildung hatten oder eine Brille trugen. Unbewältigte Traumata wohnen heute in vielen Hütten, suchen sich ein Ventil in häuslicher Gewalt, Aggression, psychischen Störungen.

Chan Ny sagt über ihre Kindheit, während sie das Reiswasser durch die Bodenritzen gießt: »Meine Mutter verhungerte, mein Vater wurde getötet, und die Tante, die auf mich achten sollte, habe ich verloren.« Als solcher Kindheit sind die maroden Stege der Elternliebe gezimmert. Familien, die keine Wärme geben, weil sie Wärme nie erfahren haben und weil auf den seelischen Brachen auch sonst nichts gesät wurde. Chan Ny hat keine Schule besucht, kann nicht einmal ihren Namen schreiben.

Die Männer gehen nur wie Schatten durchs Bild. Mal sind es die Schatten von Toten, denn dem Ende des Pol-Pot-Regimes folgten noch zwei Jahrzehnte Bürgerkrieg, bis vor wenigen Jahren. Mal sind es lebende Schatten, friedlose tätowierte Ex-Kämpfer wie Chan Nys neuer Gefährte, der mit nacktem Oberkörper und gefleckter Armeehose jedes Mal aus der Hütte schleicht, wenn wir kommen. Statisten am Rande der Familien; Stiefväter, voller Grimm gegen die Kinder, die sie nicht gezeugt haben.

Nachbarn helfen sich nicht. Unfallopfer bleiben auf der Straße liegen. Eine Handvoll Ärzte für 80.000 Menschen, das nächste richtige Krankenhaus vier Stunden Fahrt entfernt. Ein Leben ist wenig wert in Poipet.

Wie stark muss eine Mutter sein, um ihr Kind nicht zu verkaufen? Vielleicht so stark wie jene Aids-Kranke, die zu schwach ist, um mit uns zu reden. Bitterarm, alleinstehend, ohne Geld für Medizin weist sie alle Händler ab, die ihre Mädchen haben wollen. –

An manchen Tagen sagt Chan Ny, dass sie ihre Tochter nicht verkauft hat. Dass die Nachbarin das Mädchen gestohlen hat. Oder dass sie selbst gar kein Geld bekommen hat. Oder dass sie betrogen wurde. Wenn Schmerz aufkommt oder Angst, flüchten die Mütter in Lüge, in Schweigen, in Selbstbetrug, und immer in die irre Hoffnung, dass die Kinder nicht das Schlimmste, das Schmutzigste tun müssen.

Die Hoffnung ist eine heimliche Komplizin der Menschenhändler, jener Halbprofessionellen, oft Nachbarn oder entfernte Verwandte, die um die Ware Mädchen werben mit dem süßen Versprechen auf einen Job. Wie im Fall jener Eltern, denen der Händler sagte: Ach, Ihre Töchter sind so hübsch, die werden gut verdienen als Getränkeverkäuferinnen in Bangkok. Jenseits der Grenze, auf dem Thai-Markt, wartete schon der rote Wagen des Bordells. Die Eltern müssen es geahnt haben, gewusst haben, aber sie klammerten sich an die irre Hoffnung, bis die Mädchen, 14 und 15 Jahre alt, wieder auftauchten, sich im Haus versteckten und sich schämten, ihre Gesichter den Nachbarn zu zeigen.

Eine kleine Zahl von Menschenhändlern ist in Poipet wohlbekannt; selbst sie bleiben unbehelligt. Meist aber verschwimmen Opfer und Täter, Betrogene und Betrüger in einer alltäglichen Grauzone, die keine klare Linie kennt zwischen Not und Verbrechen.

Besuch bei Aam Touch, der anmutigen Witwe: Sie verbarrikadiert sich gegen alle Fragen hinter einem strahlenden Lächeln. Sie lächelt wie die Thai-Filmstars, mit deren Fotos sie die Außenwand ihrer Hütte tapeziert hat, knallbunte Bilder traumhafter Paare. Aam Touch ist Anfang 40, genau weiß sie es nicht; zehn Geburten, sechs Kinder überlebten. Sie hat ihre jüngeren Kinder schon mehrfach nach Thailand verkauft, auch die Kinder anderer, und die Nachbarn sagen, sie verkaufe sich selbst seit dem Tod ihres Mannes. Aam Touch lächelt nur undurchdringlich liebenswürdig.

»Gruppe 45, No 313 F« steht auf dem Pappschild an ihrer Hütte, ein ironischer Aufschein von Ordnung in archaischem Elend; Kbalspean ist Poipets übelster Slum. 4.000 Familien auf einem ehemaligen Eisenbahngelände; abfallübersät die ausgewaschenen Pfade, gehärtet mit festgetretenem Kot. Kleinkinder stolpern herum, mit Schrunden und Ekzemen übersät; Mütter knacken Läuse im Kinderhaar. Es ist Sonntagnachmittag.

Zehn Minuten Fußweg durch den Slum, begleitet von den fauligen Schwaden der nahen Mülldeponie, und wir stehen plötzlich wie in einem anderen Land: Gepflegte Rasenflächen, Palmen, ein künstlicher See mit Booten wie riesige Schwäne, bei Nacht romantisch illuminiert. Ein Fantasia-Land im Grenzstreifen für das Spiel um Glück, »Holiday Poipet«, marmorgefliest Kasinos, gebaut mit thailändischem Geld und kambodschanischen Hintermännern. Im

Dunkeln huschen Kinder durch den Park, der nicht für sie gedacht ist, fangen Grashüpfer für ein Abendessen.

Die Bruchbuden der Armen, die Fantasia-Land im Weg standen, mussten weg; die Familien wurden vertrieben, umgesiedelt in ein Niemandsland außerhalb von Poipet, wo die Landminen des Bürgerkriegs noch im Boden lauerten; manchem Kind wurde beim Strolchen durchs Gebüsch ein Bein abgerissen. Dort wollen wir die Eltern von Li und Lin suchen; sie verkauften die Mädchen, acht und zwölf Jahre alt, zum Betteln in den thailändischen Touristenort Pattaya – weil das Moped kaputt war. Nach 20 Minuten staubiger Fahrt kommen wir in einer Einöde an, in der man verloren ist ohne Moped. Die Hütte ist leer. Wir finden Li und Lin ein paar Meter weiter an einer Feuerstelle, zwei schmutzige kleine Grazien mit riesigen Hackmessern in den Händen. Sie hacken Wurzelkartoffeln klein, zerstampfen sie, braten den Brei. Die Eltern haben sie allein zurückgelassen, haben sich diesmal selbst verkauft, zur Reisernte nach Thailand.

Kindsein in Poipet hat wenig Ähnlichkeit mit Kindsein in Ländern, wo die größte Sorge der Eltern vielleicht dem abendlichen Zähneputzen gilt. Die Grenze ist das Territorium der wilden Kinder, der Straßenkinder, meistens Jungen. Sie sind 7, 12 oder 14, leben schon seit Jahren auf der Straße, rollen sich nachts irgendwo zusammen. Ihre Eltern sind weit weg, oft ging der Kontakt verloren. Die wilden Kinder können nicht lesen oder schreiben, doch Geld zählen, und sie kämpfen untereinander mit Messern. Sie springen auf den Zug nach Bangkok, blinde Passagiere im Klo, ein paar Tage später sind sie wieder da. Sie sind leichte Beute der Menschenhändler und manchmal selbst schon Händler: Große Jungs verschaffen Pädophilen kleine Jungs.

Der Himmel der wilden Kinder kostet 20 Baht, eine Büchse Klebstoff zum Schnüffeln, für eine halbe Stunde Traumreise am Abend. Die Älteren schlucken wie viele Erwachsene Amphetamine. »Yama«, wörtlich Pferdemedizin, ist spottbillig geworden, nach einer Tablette kann man lange arbeiten und fühlt keinen Hunger. Es war 1997, als Christoph Jakob von der kleinen Schweizer Hilfsorganisation »Goutte d'Eau« zum ersten Mal Poipet sah. »Wir standen zu dritt an der Grenze, und die Polizei trieb mit Gewehren 200 Straßenkinder zusammen. Es war der blanke Horror.«

Dass Kinder überhaupt Rechte haben, war völlig unbekannt, sagt Jakob. »Polizisten sperrten Kinder wie Tiere in kleine Käfige und stellten sie in die pralle Sonne.«

Die Schweizer begannen mit einem Nachtquartier für Straßenkinder – und sahen fassungslos, wie Kinder gleich wieder verkauft wurden, die eben erst von der thailändischen Polizei an der Grenze abgeladen worden waren. Schritt für Schritt entwickelte Goutte d'Eau ein Modell, die verstörten Kinder langsam zu stabilisieren, ihnen den Schonraum eines zeitweisen Zuhauses zu geben und sie erst in die Familien zu entlassen, wenn die Eltern vertraglich versprechen, sie nicht wieder zu verkaufen.

Ein Teich mit Enten, Gänse lärmen, Kätzchen streichen herum, eine grüne Idylle am Stadtrand von Poipet. Ein Halbrund geräumiger Strohhütten – sie sind zugleich Klassenzimmer, Schlafzimmer, Speisesaal, je nach Tageszeit; 150 Kinder lernen hier, ein Kind zu sein. Gerade ist Schule. Srei Neing, die stille Ernste aus der Hütte der kleinen Sätze, sitzt in der ersten Reihe auf dem Boden, vor einem grobgezimmerten Pult, ihr wirrer Haarschopf fliegt umher, sie lacht.

Nith Oudom, zwölf Jahre alt, trägt seinen behinderten Zwillingsbruder Nith Da zum Essen. Oudom ist klein für sein Alter, wie alle vernachlässigten Kinder in Poipet, und seine Beine sind krumm geworden unter dem Gewicht des Bruders. Er trägt ihn zum Klo und zum Waschen, er trug ihn auch durch die Touristenbars in Pattaya, zum Betteln bis morgens um Fünf. Die Zwillinge leben im Zentrum von »Goutte d'Eau«, wollen nicht zurück zur Mutter, die sie verkaufte. Oudom, ein kleiner Held; er umgibt seinen Bruder mit einer Fürsorge, die er selbst nie erfuhr.

»Vater« und »Mutter«, so nennen die Kinder hier die kambodschanischen Betreuer.

Ein Kleinbus kommt an, eine Art Hochsicherheitstransport: Die »International Organization for Migration« bringt Kinder aus dem Bangkoker Sammelgefängnis im verschlossenen Wagen über die Grenze, zurück nach Poipet, gleich in einen bewachten Hof. Etwa 20 Kinder pro Monat werden so dem Kreislauf des Wiederverkaufs entrissen, meist in die Obhut von »Goutte d'Eau« gegeben. Hunderte andere im Monat, niemand kennt genau ihre Zahl, bleiben Treibgut im Menschenhandel.

Poipet ist die Drehscheibe des Exports nach Thailand, aber auch im Land selbst grassiert der Handel. Manches vermeintliche Waisenkind, für hohe Summen an ausländische Adoptiveltern vermittelt, wurde seiner Mutter geraubt, als sie gerade einkaufen war. Etwa 20.000 Mädchen unter 18 Jahren arbeiten nach Schätzung von Hilfsorganisationen in Kambodscha als Prostituierte; meistens wurden sie verkauft an die Bordelle. Eine Minderjährige zu entjungfern schenke Manneskraft, sagt ein alter Glaube. Reiche Freier zahlen für eine Woche Erstnutzung 500 Dollar, das sind zwei Jahresgehälter eines Lehrers.

Eine Stunde Fahrt von Poipet, ein Steinhaus, kein Schild am Tor. 48 Mädchen leben hier versteckt beim kambodschanischen »Women's Crisis Center«, versteckt vor der eigenen Familie. Die 14jährige Him Thorn hält sich manchmal die Hand vor den Mund, als müsse sie erbrechen, während sie ihre Geschichte erzählt. Sie sollte eine wertvolle Jungfrau sein, als ihre Mutter sie an ein Bordell in der Hauptstadt Phnom Penh verkaufte. Aber Him Thorn war es nicht; ihr Onkel hatte sie regelmäßig vergewaltigt. Das Mädchen konnte mit niemandem darüber reden – bis zum Jungfräulichkeitstest im Puff. Die Mutter war zornig, denn der Bordellbesitzer beschuldigte sie des Betrugs. Dann brachte sie die Tochter in ein billiges Dorfbordell, für die schon Benutzten.

Him Thorn hat ihre Mutter seit Monaten nicht gesehen. Ihre Gefühle sind so zerrissen wie die Gefühle aller verkauften Kinder. »Ich vermisse meine Mutter«, sagte sie. »Aber ich weiß, wenn ich sie sehe, wird sie mir wieder Schlechtes zufügen.«

Die Schweizer Organisation »Goutte d'Eau« hat für Spenden aus Deutschland folgendes Konto: Sparkasse Dießen, BLZ 700 520 60, Kto 63 31 07. Kontakt: *www.gouttedeau.ch*

Fußlose hüten Kopflose

In den Tempeln von Angkor

Frank Vincent, ein junger amerikanischer Abenteurer, brauchte von Bangkok zu den Tempeln von Angkor 17 Tage; das war 1872. Die Tempelstadt des Khmer-Reiches war damals halbverschlungen vom Dschungel. Als der junge Vincent vom Rücken seines Elefanten aus das erste steinerne Antlitz eines Gottkönigs sah, schlug ihm vor Glück das Herz bis zum Halse.
Köstliche Vorfreude; sie zu verlängern in elefantenloser Zeit fahre ich über Land. Eine Buckelpiste aus roter kambodschanischer Erde, die Brücken haben mehr Löcher als Planken. Sechsjährige Brückenwärter lotsen stoische Fahrer über das Nichts hinweg. Am nächsten Fluss muss mein Wagen zurückbleiben, die Pick-ups hüben und drüben tauschen routiniert ihr menschliches Frachtgut. Regenzeit, der Himmel öffnet Schleusen, wie eine Fata Morgana tanzt ein bunter Beerdigungszug durch die braunen Fluten. Dann

Kambodschanische Straße mit Brückenwärtern

stundenlang Reisfelder, hypnotisierend. Die Ankunft am Reiseziel, in der Kleinstadt Siem Reap, schreckt auf wie aus einer Trance. Im Foyer des Hotels steht ein Mann aus Atlanta; seine Wangen sind noch gerötet vom Drink an Bord. Starten, Landen, 45 Minuten dauerte der Flug von Bangkok, »superb«, sagt er. »*How is Cambodia?*«

Die Regenzeit hat die Touristen weggewaschen, für ein Weilchen. Der neue Checkpoint am Eingang zum Tempelkomplex ähnelt der Auffahrt einer Maut-Autobahn, baldigen Ansturm der Massen verheißend. *Open sky*, jubeln die Reiseveranstalter, ganz Hongkong kommt bald im Direktflug. Offener Himmel, in der Regenzeit hat man ihn für sich allein, und die Tempel dürfen ihre Größe zeigen.

Angkor war vom neunten bis ins 15. Jahrhundert das Zentrum eines Khmer-Reiches, das sich über weite Teile Südostasiens erstreckte. In seinen Tempeln verschmelzen Hinduismus und Buddhismus, sie wurden nach kosmologischen Prinzipien gebaut, Abbilder eines mythischen Verständnisses vom Universum. Ein solches Architektur gewordenes Weltbild verlangt Zeit; auch muss man der Versuchung des Kleinformats widerstehen: der blickverengenden Kühlbox eines Autos, das von Tempel zu Tempel düst. Oder dem detailbesessenen *Guide*, der vor den kilometerlangen Reliefs des hinduistischen Ramayana-Epos in Angkor Wat in zermürbenden Singsang verfällt – *enemy, battle, king, enemy, battle*... Die Tempel von Angkor sind ein Gesamtkunstwerk, nicht erlebbar ohne die sinnliche Erfahrung von Landschaft und Natur. Der Geruch tropisch-feuchter Luft, die Baumriesen, die dampfenden Wiesen. Die zitternde Entdeckungsfreude des jungen Vincent ist dem modernen Menschen verstellt; den riesigen archäologischen Park auf dem Rücksitz eines Mopeds zu erkunden, ist die nächstmögliche Annäherung an Glück.

Auf Angkor, das Symbol verlorener expansiver Größe, hat sich im geschrumpften modernen Kambodscha jeder politische Führer berufen; ein kriegerisches Erbe. Rare Szenen zivilen Alltags zeigen die Reliefs am Bayon-Tempel – und wer sie zum Leben erwecken will, braucht sich nur die Bauern von heute anzusehen. Sie siedeln im Umkreis der Tempel wie eh und je, lenken holzrädrige Ochsenkarren wie vor tausend Jahren. Im archäologischen Park sitzt Archaisches auch im Gesicht der Gegenwart. Den scheuen Bauern sind die kamerabehängten schwitzenden weißen Ungetüme so fremd wie uns die Dämonenkönige der hinduistischen Sagenwelt.

In Angor Wat tanzen erotische himmlische Wesen über die Mauern, 1850 an der Zahl, »Apsaras« werden die Nymphen genannt. Manche Brüste glänzen dunkel vom Betatschen. Gieriger aber als der Griff der Besucher ist der Zahn der Zeit und des Klimas, mancher hübsche Unterleib ist schon verwittert. »Es liegt in der Natur des Sandsteins, das er zerfallen will«, sagt der deutsche Steinmetz Peter Houy elegisch; sein Team kam vor drei Jahren nach Angkor Wat, die Apsaras zu retten. Schadensklassifizierung, Notsicherung, Steinergänzungsmasse – das Vokabular der Retter ist unerotisch. Peter Houy führt zu einer Mauerecke, die aussieht wie rotbraun abgebrannt. Eisen tritt heraus, innen Dauerfeuchte, Nymphen-Köpfe lösen sich ab wie alte Rinde. Da ist der Steinmetz machtlos. Die Tempel leben, auch tausendjähriger Zerfall kennt qualitative Sprünge.

Abends halten in den Cafès am Flussufer von Siem Reap bettelnde Minenopfer ihre Handstümpfe neben die gebratenen Nudeln. In Angkor Wat stakst eine winzige Alte fußlos über die hohen Stufen wie ein krankes Fohlen. Sie hütet eine Buddha-Statue, deren Kopf Plünderer raubten. Fußlose hüten Kopflose; ein Piktogramm der kambodschanischen Tragödie. Wie eine schüttere Decke liegt die touristische Geschäftigkeit über einer Vergangenheit, die ans Schweigen gewöhnt ist. Ältere französisch sprechende Tempel-Führer behelligen den zahlenden Gast nicht mit dem Umstand, dass sie rare Überlebende sind, der Ausrottung der Gebildeten unter Pol Pot entgingen. Der junge Mann, der mich auf dem Moped herumfährt, erwähnt nur beiläufig, dass die Khmer Rouge ihm die Eltern nahmen. Später bringt er mich zu einer buddhistischen Stupa, einem Schrein; er ist voller Totenschädel. Das örtliche *Killing Field*; nicht weit davon rattern die Busse zu den Zeugnissen der Hochkultur.

Preah Khan war ein Kloster. Dunstverhangene Stille am frühen Abend, nur das Geschrei der Dschungelvögel. Die Natur drängt nach Wiederaneignung des Steinernen, schickt das Moos vor, wuchert hinterdrein. Fast dunkel ist es schon in den Galerien, Wasser tropft einen einsamen Takt. Die Durchgänge verkleinern sich hin zum sakralen Herzstück, so muss sich der Gläubige beugen in

Demut. Weltlich betrachtet geht man in eine sich verengende Perspektive hinein, wie in das eigene Spiegelbild.

Letztes Licht fällt auf eine Komposition von Baum und Stein: Wie eine Riesenhand halten die Wurzeln ein Häuschen aus verrutschten Quadern zusammen, ein Kartenhaus, erstarrt in der Sekunde vor dem Einsturz. Waghalsige Stabilität, wechselseitige Abhängigkeit, wer stützt wen und wie lange schon? Unbemerkt hat sich ein Regenschauer herangeschlichen, die Vögel sind verstummt. Flucht ins Kartenhaus, unter das fragilste Regendach der Kunstgeschichte.

Der Tempel Ta Prohm im archäologischen Park von Angkor

Pol Pot und das Schweigen

Eine Reise auf den Spuren des Genozids

Eine Blüte ist auf das Folterbett geweht; weiß liegt sie auf rostigem Gestell. Eine schmierige Decke, eiserne Fußfesseln und der Batteriekasten für Elektroschocks. Durch das offene Fenster dringt Kinderlachen herein. Draußen toben kleine Mädchen mit fliegendem Haar über die Wiese, ohne Scheu vor den Relikten des Grauens hier drin.

Tuol Sleng, das Völkermord-Museum in der kambodschanischen Hauptstadt Phnom Penh, ist ein Ort wie aus der Zeit gefallen. Einst eine Schule, dann das schlimmste Gefängnis der Khmer Rouge; von 14.000 Häftlingen überlebten sieben. Die rostigen Gestelle, die Batteriekästen, alles steht so herum wie eben verlassen. Wie die Vietnamesen es vorfanden, als sie 1979 das Pol-Pot-Regime stürzten. Auch die kargen Beschriftungen tragen die politische Handschrift der Vietnamesen:»Pol-Pot-Clique«, als sei nur ein Häuflein Renegaten abgewichen vom rechten Weg.

Fast zwei Millionen Menschen starben in den vier Jahren eines totalitären agrarkommunistischen Experiments. Mehr als 20 Jahre später hat die Khmer-Rouge-Zeit noch immer keinen Platz gefunden im nationalen Gedächtnis Kambodschas. In Tuol Sleng, dem einzigen Museum, spürt man das Vakuum zuerst. Das Gelände ist jetzt umzäunt – vorher hatten sich Wohnungslose an dieser Stätte des Leids angesiedelt. Gegenüber steht eine neue prächtige Villa; ihre Besitzer blicken jeden Tag auf das Holzgerüst, von dem aus die Opfer kopfüber in den Wassertrog gesenkt wurden.

Die Haare von Vann Nath haben das intensive Weiß der schockartigen Bleiche. Er ist einer der Sieben, die überlebten. Ein Maler, er malte im Gefängnis um sein Leben, Bilder von Pol Pot in Serie. Das Buch, das er darüber schrieb, ist nur in englischer Übersetzung erschienen, nicht in Khmer, der Sprache Kambodschas.»Kein Markt dafür, kein Geld«, sagt Vann Nath. Wir sitzen auf seiner Dachterrasse, er ist 55 jetzt und ein wenig müde. Er hat auch den Horror gemalt, später. Exakt realistische Bilder, vor denen man die

Der Maler Vann Nath überlebte, sein Haar wurde weiß im Gefängnis

Augen zusammenkneifen möchte wie ein Kind beim Gruselfilm: die Technik des Armeinklemmens beim Herausreißen der Fingernägel. Es gibt kein einziges Geschichtsbuch in Khmer über den Völkermord. Gäbe es eines, könnten es 40 Prozent der Kambodschaner nicht lesen, so hoch ist die Rate der Analphabeten. Schulbücher? In der Zeit vietnamesischer Besatzung hatten sie ein paar Seiten über die Pol-Pot-Clique. Ab 1991, als die sogenannte Politik nationaler Versöhnung begann, war das Thema Khmer Rouge im Unterricht tabu. Erst seit kurzem kommen neue Bücher in die Schulen. Jeder zweite Kambodschaner ist jünger als 18 Jahre; für die meisten Nachgeborenen ist der Genozid nur *oral history*, Familienerzählung. Zu ungezogenen Kindern sagen Ältere manchmal: Ihr benehmt euch wie die Khmer Rouge.

Wie ein gestaltloser Schatten liegt die Pol-Pot-Zeit über dem Land. Ein Tribunal gegen die verbliebenen Führer der Khmer Rouge würde dem Schatten Konturen geben, das Schweigen zerreißen.

»Während die jüdische Antwort auf den Holocaust die Betonung der Erinnerung ist als ein Akt der Katharsis, hat sich in Kambodscha bisher nichts Vergleichbares entwickelt«, schreibt der Sozialpsychologe Seanglim Bit.

Der Schatten der Gewalt in der zweiten Generation

Ein Viertel der Bevölkerung verhungert oder erschlagen; Tod war allgegenwärtig im Land der *Killing Fields*. 1979 gingen die Menschen mit ihren zerstörten Seelen wieder aufs Reisfeld, flickten die Hütten aus Palmstroh. Der Nachbar, der Onkel war vielleicht bei den Khmer Rouge gewesen, auch er kam zurück, flickte seine Hütte, man sprach nicht viel. Unzählige Kinder hatten mitangesehen, wie ihre Liebsten vor ihren Augen starben. Manche Opfer waren am Ende den Tätern ähnlich geworden, sie zerhackten ihre gefangenen Peiniger in blutrünstigem Hass.

Wer heutzutage sein Moskitonetz zu laut annagelt, bekommt leicht vom Nachbarn ein Messer in den Rücken. Beim Einparken eine Schramme verursacht – Bauchschuss. Der Dieb eines Mopeds wird auf offener Straße gesteinigt. Säureattentate auf Hochzeitspaare sind grausame Mode geworden, ihre Gesichter fürs Leben entstellt, symbolträchtige Zerstörung von Glück und Schönheit.

»Die ganze Bevölkerung, die vor 1975 geboren wurde, ist mehr oder weniger traumatisiert«, sagt Kann Kall; er leitet einen kleinen psycho-sozialen Dienst, den die Niederlande finanzieren. »Die Leute klagen über körperliche Beschwerden, über Kopfschmerzen und Schlaflosigkeit, sie sind sich der Verbindung zur Vergangenheit nicht bewusst.« Kall verlor seine Eltern mit 13, er ging selbst durch all das durch, was sein Häuflein von 25 Mitarbeitern nun auf den Dörfern diagnostiziert. Der Verlust jeglichen Vertrauens in die Gemeinschaft, tiefsitzende Furcht, krankhaftes Misstrauen, Antriebsschwäche und eine Unfähigkeit, für die Zukunft zu planen. Individuelle Symptome; aber sie summieren sich zum Bild eines kraftlosen Landes, dessen Staatshaushalt fast zur Hälfte immer noch von internationalen Spendern aufgebracht wird. Noch vor fünf Jahren gab es keinen einzigen in Kambodscha ausgebildeten Psychologen; jetzt haben gerade 100 Absolventen die Uni verlassen. Die meisten psychischen Störungen, die aus der Pol-Pot-Zeit und auch aus den nachfolgenden anderthalb Jahrzehnten Bürgerkrieg resultieren, werden nie eine Behandlung erfahren; sie werfen den Irrsinn in die täglichen Kriminalmeldungen, sie schlüpfen in die Gestalt des prügelnden Ehemannes. In gleichem Maße wie die politisch motivierte Gewalt in Kambodscha nachgelassen hat, ist die Kurve häuslicher Gewalt gestiegen.

Die meisten Gewalttätigkeiten werden einer Studie zufolge jetzt von 20- bis 24jährigen begangen, den Erben der unbewältigten Verwüstung.

»Die Folgen des Völkermords sitzen wie eine chronische Krankheit in unserem Volk, und diese Krankheit wird die nächsten zwei Generationen zerstören, wenn die Leute nicht endlich lernen zu reden«, sagt Kann Kall. Könnte ein Tribunal gegen die Khmer Rouge das große Reden erzwingen? »Ja, aber das ist kein Spiel. Auf der internationalen Bühne mag es ein politisches Spiel sein. Aber für Kambodscha wird dieser Prozess entweder eine riesige psychologische Erleichterung bedeuten oder eine neue Traumatisierung.«

Die Suche nach der Wahrheit

Kein Hinweisschild draußen, ein massives Tor: das Dokumentationszentrum für den Völkermord. Aufgebaut mit Hilfe der amerikanischen Yale-Universität, jetzt ein unabhängiges Forschungsinstitut. Youk Chhang, der Direktor, sitzt vor seinem Laptop; er hat in den USA studiert, ein überaus selbstbewusster Mann. Als Kind musste er die Ermordung seiner Schwester mitansehen. »Das ist immer bei mir«, sagt er, »aber ich fühle mich heute frei«, sein Blick schweift über die Aktenregale, »das jahrelange Studium hat mir geholfen. Ich bewege mich nach vorn, ich weine nicht, ich bin nicht einmal mehr wütend.«

400.000 Seiten Dokumente hat das Zentrum bisher gesammelt, darunter Lebensläufe von 8.000 Khmer-Rouge-Kadern, Tagebücher, Folterprotokolle, diplomatische Korrespondenz. Der verbreiteten Annahme, am kambodschanischen Genozid sei nicht viel zu erforschen, widerspricht Youk Chhang vehement. »Es gibt keine einfache Wahrheit über die Khmer Rouge,« sagt er. »Das hier«, der Blick geht wieder über die Regale, »handelt nicht von Kambodscha. Es handelt vom Menschen. Es kann überall passieren.«

Gerade hat das Zentrum die ersten Ausgaben des Magazins »Die Wahrheit suchen!« herausgebracht, endlich eine Publikation in Khmer. Ein Projekt »Familienspuren« hilft, Hinweise auf tote

Angehörige zu finden. Und auf dem Papier existiert schon ein modernes neues Museum, eine Kombination von Forschungs- und Gedenkstätte, im Stil der großen Holocaust-Museen. »Wenn das Tribunal eingerichtet ist, werden wir auch Geld bekommen«, sagt Youk Chhang. »Niemand kann dann in Würde Nein sagen.«

Für die demokratischen Aktivisten in Phnom Penh, meist Rückkehrer aus dem Exil, hat die Suche nach der Wahrheit noch eine andere Seite: die Verantwortung des Westens. Nach dem Sturz Pol Pots bekamen die weiterkämpfenden Khmer Rouge noch lange Unterstützung – die Vietnamesen waren von der falschen Seite des Kalten Kriegs gekommen, als sie den Massenmord beendeten. »Heuchelei«, ruft der Politologe Kao Kim Hourn, wenn man ihn auf ein Tribunal anspricht. »Wer interessiert sich denn für Kambodscha? Alles Unsinn. Es hat auch niemanden interessiert, als hier zwei Millionen abgeschlachtet wurden.« Aber natürlich, fügt er leiser hinzu, müsse ein Prozess stattfinden.

Lao Mong Hay, Direktor eines Demokratie-Instituts, schreibt seit 15 Jahren Leserbriefe an die Presse in aller Welt, solange fordert er schon ein internationales Tribunal. Wenn man ihn fragt, warum er so viel schreibe, sagt er abrupt: »Ich fühle mich schuldig.« Er studierte in London, als die Khmer Rouge an die Macht kamen. »Ich saß an einem sicheren Ort, während meine Brüder starben.« Seine Protestbriefe unterzeichnet er nur stellvertretend, mit dem Zusatz: »Im Namen meiner zwei Brüder«.

Die Kultur der Straflosigkeit

Die Ärztin Kek Galabru empfängt mit heiterem Zynismus: »Ich ging 1971 nach Paris. Darum sehen Sie mich hier; sonst wäre ich bei den anderen im Massengrab.« Eine Dame von Welt mit glitzernder Aura, 57 Jahre, in den Fältchen sitzt noch die Schönheit früher Jahre. Sie parliert französisch und englisch in rasantem Wechsel. Vor allem aber ist sie eine beinharte Kämpferin. Ihre Liga für Menschenrechte, unter dem Kürzel Licadho bekannt, ist die hartnäckigste Anklägerin der »Kultur der Straflosigkeit«: Wer Macht hat oder reich ist oder staatliche Protektion genießt, kommt mit Verbrechen ungeschoren davon. An der Spitze der Außergesetzlichen stehen beispielgebend die Khmer-Rouge-Führer: Wenn sogar Massenmord straffrei bleibt, kämpft die Moral auf verlorenem

Posten. Dann kann auch ein Polizist eine Karaoke-Sängerin erschießen, weil sie seine sexuellen Avancen ablehnte.

Licadho hat einen Bericht über Folter veröffentlicht, er gibt Einblick in einen »Teufelskreis von Gewalt und Trauma«. Die kambodschanische Polizei foltere routinemäßig, um Geständnisse oder Geld von Verhafteten zu erpressen. Folter nicht aus politischen Gründen, sondern »um Dinge erledigt zu kriegen«.

Das Mobiltelefon der Ärztin klingelt: Es sind wieder Landvertriebene in Phnom Penh angekommen! Auch dies gehört zur Kultur der Straflosigkeit: Bauern wird einfach ihr Land weggenommen, niemand wird dafür belangt. Wir fahren zu einer zertretenen Wiese am Ufer des Mekong. Hier sammeln sich die Ärmsten der Armen, flankiert von einem Luxushotel auf der einen Seite und einem Kasino-Schiff auf der anderen. Der Reisbauer Sar Sopheap ist halbnackt angereist, um sich bei der Regierung zu beschweren; bis sie ihn anhört, will er auf der Wiese campieren, mit nichts als einer Plane über dem Kopf. Soldaten haben ihn und 125 weitere Familien von ihren Stückchen Land vertrieben, um es an eine koreanische Firma zu verkaufen. Er bekam dafür eine Entschädigung, die in der Stadt für zwei Mahlzeiten reicht.

Die Roten Khmer verbrannten außer Büchern auch viel anderes Papier; deshalb kann fast kein Kambodschaner heute beweisen, dass sein Land ihm gehört. Aber nun beginnen die Opfer sich zu wehren; Worte wie Recht und Beschwerde sind in ihre Köpfe geraten, selbst wenn sie diese Worte nicht schreiben können. Und deshalb sagen langjährige Beobachter der kambodschanischen Tragödie, vieles sei nun besser geworden. Zarte Keime einer Civil Society mühen sich aus dem verdörrtem Boden. Gewerkschaften sind entstanden, es wird gestreikt und demonstriert.

In kaum einem anderen Land der Welt hat sich so viel ausländischer guter Wille ausgetobt – mit so zwiegesichtigen Folgen. 1992 kamen die Vereinten Nationen mit 16.000 Blauhelmen und 8.000 Zivilisten; der milliardenschwere UNTAC-Einsatz bewirkte wenig außer sozialen Verwerfungen. Kinder konnten mit Wagenwaschen plötzlich mehr verdienen als ihre Eltern auf dem Reisfeld. Im Gefolge der UN explodierte die Zahl der Nichtregierungsorganisationen; 300 solcher NGOs sind heute im kleinen Kambodscha registriert, die Hälfte davon internationale. Ihre Arbeit bewirkte zweifellos viel Gutes, säte vor allem den Menschenrechtsgedanken. Aber im Sog der Dollar-Gehälter bieten sich heute einheimische Ärzte, so rar im Land, lieber Ausländern als Übersetzer an, und Lehrer stehen Wache vor den Toren von Hilfsorganisationen.

Die geistige Armut und die Scham der Gebildeten

Das ländliche Kambodscha zeigt seine Armut in graziöser Gestalt. Weltabgewandte Melancholie liegt über den Dörfern, ein Leben wie ehedem, ohne Plastik, oft ohne Strom. Der Fluch des Landes ist seine geistige Armut. Nach dem Sturz der Khmer Rouge hatte Kambodscha noch 300 Akademiker. Wer nur die Grundschule absolviert hatte, wurde gleich Lehrer.

Besuch in einer Dorfschule: Der Lehrer ist gerade nicht da, das kommt öfters vor, denn das Gehalt eines Lehrers reicht nicht zum Leben, er muss nebenher sein Feld bestellen. Im Klassenraum des zweiten Schuljahrs drängt sich eine riesige Menge erwartungsvoller Gesichtchen – 144 Kinder, sie sitzen so eng, dass manche links und rechts fast von den alten Holzbänkchen hinunterfallen. Die sechste Klasse nebenan zählt nur noch 32 Schüler, und selbst von denen ist gerade die Hälfte auf dem Feld.

Der Schwund hält den Kreislauf von Armut und Unbildung in Gang. Landesweit beendet nicht einmal jedes zehnte Kind die Grundschule. In der Stadt blüht Korruption sogar im Klassenzimmer; die Schüler müssen dem unterbezahlten Lehrer Waren abkaufen, wenn sie versetzt werden wollen. Viele Eltern akzeptieren Bildung für ihre Kinder nur als vermeintlich kurzen Weg zu Reichtum.

Das Bewegendste, was man bei der Inspektion dieser Gesellschaft erleben kann, ist vielleicht die Scham, die gebildete Kambodschaner befällt angesichts des kulturellen Niedergangs ihres Volkes. Neth Barom, der Vize-Rektor der Königlichen Universität von Phnom Penh, sagt sehr leise: »Kambodscha ist das Abfall-Land Asiens geworden. Alles mit abgelaufenem Verfallsdatum wird hierhin exportiert. Unser Land stellt nichts Bemerkenswertes her. Selbst die Fernsehreparateure auf dem Markt sind Vietnamesen, weil unsere Leute es nicht können.«

Frühmorgens an der Fakultät der Schönen Künste: Zehnjährige kleine Grazien beugen ihre Finger zur geheimnisvollen Zeichensprache, üben die Schrittfolgen klassischen kambodschanischen Tanzes. Um die Hüften tragen sie ein zur Pluderhose gewickeltes Tuch, einen funkelnden Gürtel; mit kindlichem Singsang geben sich die Mädchen selbst den Rhythmus. Neun Jahre Training sind nötig, um die disziplinierte Geschmeidigkeit eines professionellen Tänzers am Königlichen Ballett zu erreichen. Im Dämmerlicht der Übungshalle leuchten Kerzen auf, Opfergaben stehen bereit, eine Zeremonie beginnt für die Verstorbenen. Kaum ein Tänzer überlebte die Pol-Pol-Zeit. Die kleinen Grazien sind zu sehr auf ihre Schrittfolge konzentriert, um die Bürde zu spüren: Sie verkörpern die Wiederauferstehung traditioneller Kultur aus den Schädelstätten der *Killing Fields*.

Reise zu den fernen nahen Tätern

Der Zustand der Piste nach Pailin, wo die verbliebenen Khmer Rouge in einer autonomen Zone leben, wirkt wie ein Symbol für die Unerreichbarkeit der Schuldigen. Der Wagen schlägt von Loch zu Loch, braucht fünf schmerzhafte Stunden für die letzten 90 Kilometer, dann kommt das Hochland an der Grenze zu Thailand in Sicht; Panzer rosten am Wegesrand. Das Herz der Finsternis begrüßt mit Massagesalons und Thai-Pop aus allen Kanälen. Welch ein seltsames lärmendes Kaff! Die Gegenwart scheint verruchter als die Vergangenheit.
1996 lief Ieng Sary, einst der Außenminister Pol Pots, mit 12.000 Anhängern zur Regierungsseite über; für die Niederlegung der Waffen bekamen sie Straffreiheit. Seitdem blüht in Pailin der legale wie illegale Handel mit Tropenholz und heimischen Edelsteinen. Das Refugium der Khmer Rouge ist ein höhnisches Nachwort zu ihrem einstigen Egalitarismus: einige Anführer reich, mit unzugänglichen Villen, drumherum das ärmliche Dorfleben des Fußvolks. Der gewöhnliche Khmer-Rouge-Soldat steht nun im Sold der Regierungsarmee oder er bekam vom Staat ein Stückchen Land geschenkt, zur Versöhnung.
Es bedarf vorsichtiger Annäherung über vier Stufen von Mittelsmännern, dann sitzen wir der 45jährigen Frau Sakha gegenüber, einer ehemaligen Roten Khmer:»Pol Pot war ein gutaussehender Mann«, sagt sie,»und er war freundlich, er lächelte immer, jeder mochte ihn sofort.« Sie trauerte, als Pol Pot 1998 starb.»Was heu-

te über die Vergangenheit gesagt wird, stimmt nicht. Es gab genug zu essen, das Leben war leichter als heute.« Sie schaukelt ihr jüngstes Kind in der Hängematte, wischt sich die Augen. Ihr Mann hat einen Splitter im Kopf, er ist immer nervös. Frau Sakha weint, vielleicht über sich selbst.

Herr Hoeun, der freundliche Dorfchef, war eine Art Gruppenführer bei den Khmer Rouge; auch er besteht darauf, dass es genug zu essen gab. Unsere plauschende Runde erweitert sich, ein Alter, fast taub, gesellt sich dazu, er war ein Offizier der Gegenseite, ein Weggenosse des prowestlichen Generals Lon Nol, der sich 1970 mit CIA-Hilfe an die Macht putschte. Als sein Regime kollabierte und die Khmer Rouge siegten, versteckte sich der Offizier, vier Jahre lang. Was macht der Alte jetzt hier bei seinen einstigen Todfeinden? »Ich denke gar nichts über Politik«, schreit der Schwerhörige, »wir sind jetzt alles normale Leute.«

Herr Savuth wohnt in einem besseren Haus; er war Kommandeur der Khmer Rouge, heute kommandiert er in der königlichen Armee. War die Pol-Pol-Zeit gut oder schlecht, Herr Savuth? »Tja«, sagt er, »schwer zu beurteilen. Die Prinzipien waren gut, aber dann wurde zu viel untereinander gekämpft.« Seinen halbwüchsigen Kindern hat er kaum etwas erzählt; sie stehen plötzlich hinter uns, angespannt lauschend. Die Füße von Herrn Savuth baumeln nervös. »Ein Prozess ist jedenfalls überflüssig«, sagt er, »denn die Khmer Rouge gibt es nicht mehr.« Als wir uns schon verabschiedet haben, sagt Herr Savuth noch: »Ich wollte nie, dass Blut fließt.«

Ein paar Häuser weiter wohnt ein Armeeoffizier, der nach 1979 an der Seite der Vietnamesen die Khmer Rouge gejagt hat. Unter den Gejagten war sein eigener Bruder; Der wohnt gegenüber, nun sind sie wieder Freunde. »Die Pol-Pot-Zeit war die Hölle«, sagt der Offizier; er heiratete eine Kämpferin der Khmer Rouge. Seltsame Verbindungen. Alle Sorten Vergangenheit leben in dieser Zone, in Schweigen vereint.

Den Gouverneur von Pailin treffen wir beim Sonntagsausflug an, er ist umringt von Leibwächtern. Dicke Goldketten um den Hals, ein funkelnder Klunker am Finger, Bermuda-Shorts. Herr Chhean war ein Vertrauter Pol Pots. Er gehe gerade wandern, sagt er. Kurz darauf ist sein Trupp im Kasino »Caesar« verschwunden, mit

Blick auf den thailändischen Grenzbaum. Unser Fahrer weigert sich, vor dem Kasino zu parken. Bitte die Herren nicht stören! Angst. Viele Stufen führen hoch zur alten Pagode von Pailin. Oben stellt eine Figurengruppe die grausamen Strafen in der buddhistischen Hölle dar, Zungen werden herausgerissen, Köpfe in Wassertröge gesenkt; die Methoden wirken vertraut, vertraut aus dem Foltergefängnis Tuol Sleng. Mild senkt sich Abendlicht, unten im Tal singen die Mönche.

Bis zur Stunde wurde niemand für die Verbrechen der Khmer Rouge (1975 – 1979) zur Verantwortung gezogen. Seit Jahren verhandeln die Vereinten Nationen mit Kambodschas Regierung über ein Tribunal. Einem rein internationalen Tribunal widersetzt sich Regierungschef Hun Sen, selbst ein abtrünniger Khmer Rouge, der an der Seite Vietnams für ihren Sturz kämpfte. In Haft sind gegenwärtig nur zwei ranghohe Khmer-Rouge-Kader, darunter der Leiter des Tuol-Sleng-Gefängnisses. Drei weitere Anführer leben in der autonomen Zone Pailin. Ein für das Tribunal vorgesehener kambodschanischer Richter wurde 2003 auf offener Straße erschossen.

Malaysia

Eine Stadt als Fanal
Die glitzernden Türme von Kuala Lumpur

Oh schöne neue Welt, von Utopisten erdacht, hier wurde sie hingebaut, unter islamischen Vorzeichen! Wohlgenährte Menschen in züchtigen bunten Gewändern schlendern um künstliche Seen, fröhliche Kinder baden, die Wasserspiele rauschen und durch den Schleier, den die Fontänen ins weiße Tropenlicht werfen, glitzern zwei stählerne Riesen in den Himmel.
Der Park zu Füßen des höchsten Gebäudes der Welt, der Zwillingstürme der Ölgesellschaft Petronas, wirkt so wunderbar sorgenfrei, als spaziere man durch eine Computersimulation. Frieden, Wohlstand, Harmonie, Moderne, alles wie perfekt kombiniert. Liebe deinen Park, halte ihn sauber!, mahnt ein Schild.
Faszination und ein leichtes Gefühl von Unwirklichkeit, dieses zwittrige Empfinden wird zum steten Begleiter in Kuala Lumpur. Die Hauptstadt Malaysias ist nicht einfach nur Stadt, im Sinne von Gebautem, Gewachsenem, Gewordenem, sondern ein politisches Fanal. *Malaysia boleh!*, Malaysia kann's!, lautet die allgegenwärtige Parole der Regierung, und jeder Wolkenkratzer setzt dahinter ein Ausrufezeichen. Malaysia will sich im Jahr 2020 zu den voll entwickelten Ländern zählen; seine Hauptstadt erweckt den Eindruck, als sei diese Vision schon im Zeitraffer verwirklicht. Tatsächlich gleicht Kuala Lumpur einem Schaufenster: Die Exponante sind echt, aber sie zeigen nur den ambitioniertesten Zipfel der Realität des Landes.
Ein Druck auf den *Touchscreen*, die Fahrkarte schnappt aus dem Automaten, und ihr Aufdruck besagt, dass man gerade im Begriff ist, den »weltlängsten vollautomatischen fahrerlosen Zug« zu besteigen. Er verbindet 24 Stationen. Die Jagd nach Rekorden ist

in diesem so rasch modernisierten Land zu einer Art Nationalkultur geworden. In Dörfern und Kleinstädten werden sonntags erstaunliche Dinge vollbracht, um im heimischen Guiness-Buch Eintrag zu finden, etwa mit der längsten Reihe zusammengeschobener Essenstische oder dem größten Reiskuchen aller Zeiten. Im Vorfeld des jährlichen Feiertags der Unabhängigkeit wetteifern Schulen beim Anfertigen fußballfeldgroßer Nationalflaggen. Kuala Lumpur spielt diesen Sport in der internationalen Liga, sammelt Superlative in Form von Gebäuden. Der höchste Wolkenkratzer der Welt, der längste Flaggenmast, der vierthöchste Fernsehturm, der größte und modernste Flughafen Südostasiens, die größte *Mega-Mall*. Durch Geldmangel vorerst gestoppt: das längste Gebäude der Welt. Über zwölf Kilometer sollte ein Flussufer im Stadtzentrum mit einem durchgehenden Büro- und Wohnkomplex bebaut werden. Bereits eingeweiht: »der welterste virtuelle City-Airport«. Das ist in irdischen Worten ein Zentralbahnhof, wo Flugpassagiere ihr Gepäck einchecken können, um dann unbeschwert, wenngleich nicht fahrerlos, zum 57 Kilometer entfernten modernsten Flughafen zu rauschen. Die Schnellbahn wurde bei Siemens gekauft, doch viele Malaysier glauben, sie sei ein Beweis einheimischer Spitzentechnologie. Der Stolz auf das eigene Land und seine Errungenschaften wird von Politik und Medien so nachhaltig beschworen, dass ein realistisches Selbstbild oft nicht mehr möglich ist.

Strategische Planung, politische Propaganda, Fortschrittseuphorie sowie staatliche Kredite für staatsnahe Unternehmen – aus dieser Mixtur sind die sogenannten Mega-Projekte entstanden. 2,4 Milliarden Dollar hat ein Großflughafen im Süden Kuala Lumpurs gekostet; er erstreckt sich über 10.000 Hektar, angelegt für eine »Anfangskapazität« von 25 Millionen Passagieren jährlich – das ist mehr als Malaysias Bevölkerung. Der japanische Architekt Kisho Kurokawa hat Funktionalismus, Raumfahrt-Design und tropische Stilelemente überaus elegant kombiniert. Ein ausladend-futuristisches Ambiente, endlose Marmorflure, eisig heruntergekühlt. Wer hier zum erstenmal landet, mag kaum glauben, dass im selben Land Dörfler noch im traditionellen Holzhaus auf Stelzen wohnen.

Kuala Lumpur, das heißt übersetzt etwa: sumpfiger Zusammenfluss. Wo sich zwei Flüsse trafen, entstand vor 140 Jahren eine malariaverseuchte Bretterbuden-Siedlung, gebaut von Abenteurern, vor allem chinesischen Einwanderern. Sie waren auf der Suche nach Zinn, und sie wurden fündig. Das Kaff hatte nur zwei Lehmstraßen und einer Chronik zufolge ungefähr so viele Prostituierte wie Häuser.

In jeder Hinsicht ist das heutige Kuala Lumpur eine demonstrative Negation seiner Ursprünge. Sauber, sicher, selten sündig – und zumindest optisch kaum chinesisch. Im multiethnischen Malaysia sind die Chinesen als größte Minderheit immer noch die ökonomisch einflussreichste Gruppe, doch ihre Macht wird durch Kuala Lumpurs alte Chinatown eher verniedlicht. Die imposanten Neubauten verleihen der Hauptstadt einen bewusst islamischen Akzent. Die muslimischen Malaien, mit 60 Prozent eine knappe Bevölkerungsmehrheit, sollen sich in den architektonischen Wahrzeichen Kuala Lumpurs als Herren im Land erkennen. Die modernsten Einrichtungen der Stadt haben oft die Namensbestandteile »Bumi« und »Putra« – *Bumiputra*, Söhne der Erde, nennen sich die Malaien, sie haben das Recht des Erstgeborenen, vor allen späteren Einwanderern.

Es ist vor allem die Architektur, die Kuala Lumpur von gesichtslosen asiatischen Boomtowns unterscheidet, auch von Singapur mit seiner Phalanx rechteckiger Klötze. Kurioserweise waren es die Briten, die der Stadt vor hundert Jahren als erste ein Flair orientalischer Märchenhaftigkeit gaben. Aus Indien importierten die Kolonialherren Kuppel und Zwiebelturm der Mogul-Paläste, mixten eine Prise Gotik mit islamischen Ornamenten, Bögen und Minaretten. Heraus kam ein Bahnhofsgebäude und ein Ensemble von Konialbauten, die heute ganz einheimisch wirken – wie zuckerbäckrige Vorläufer einer nun viel kühleren tropischen Moderne, die im Design von Hochhäusern mit Abstraktionen von Lotusblüten und Bambussprossen spielt.

Sich mit fremden Federn schmücken, bis alle sie für eigene halten – das funktioniert auch in der Architektur. Die stahlumhüllten Petronas-Towers, als Symbol für Malaysias Erfolg tausendfach abgebildet, wurden von amerikanischen Architekten entworfen. Sie erfüllten ihre Aufgabe perfekt: Die islamische Vorliebe für Geometrie und Ornamentik bedenkend stellten sie auf einen achtzackigen Grundriss zwei Türme, die so dynamisch wirken wie Raketen vor dem Start. Wenige Tage nach dem Anschlag vom 11. September auf das New Yorker World Trade Center wurden Kuala

Lumpurs Zwillingstürme wegen einer Bombendrohung evakuiert. Eine leise, eher klammheimliche Genugtuung durchzog das Land: Seht ihr, unsere Türme können mithalten! Der Titel des höchsten Gebäudes der Welt wird den Petronas-Towers abhanden kommen, sobald das Finanzzentrum in Shanghai fertig ist. Malaysia antwortet: Wir haben immer noch die höchsten Zwillingstürme. Kuala Lumpur hat nur 1,5 Millionen Einwohner, das ist wenig für eine Hauptstadt Asiens. Dennoch ist Kuala Lumpur eine Autostadt, hat sich freiwillig die Missbildungen größerer Metropolen zugelegt. Drei- und vierspurige Highways umschlängeln sich nach einem schwer durchschaubaren Einbahnstraßen-Prinzip; so werden eine Million Autos und Mopeds jeden Tag auf eine maximale Strecke Asphalt verteilt. Ein Fahrtziel auf kürzestem Wege anzusteuern, ist schlechterdings unmöglich, und wenn es in Sichtweite geraten ist, zwingt die Straßenführung so lange zu Umkreisungen, bis der Ortsfremde alle Orientierung verloren hat. Fußgänger sind nur in der Nähe von Shopping-Malls vorgesehen.

In all dem spiegelt sich die malaysische Auffassung von Entwicklung & Fortschritt. Fortschritt ist materiell, bedeutet mehr Konsum, ein schnelleres Fahrzeug, ein größeres Haus. Das Land hat wenig intellektuellen Ehrgeiz, es werden wenig Bücher gelesen, und wenn jemand eines schreibt, dann heißt es in den Zeitungen: Das Buch habe den Literaturnobelpreis verdient.

Die Knochenarbeit an den Mega-Projekten haben meistens indonesische Gastarbeiter geleistet. Viele leben in hingeduckten Squattersiedlungen, in hastig gebauten Buden aus Holz, Blech und Pappe. Kuala Lumpurs Armenquartiere sind nicht mit denen von Jakarta zu vergleichen, doch leben immerhin 28.000 Familien nach offizieller Schätzung in den illegalen Siedlungen. Die Indonesier respektieren Malaysia wegen seines Wohlstands und weil sie dort Arbeit finden; aber sie mögen das Nachbarland nicht, bemitleiden es sogar insgeheim: Weil es ihnen kalt und materialistisch erscheint. Abseits der Schaustücke nationaler Prosperität zeigt Kuala Lumpur disparate Wirklichkeiten. In den grünen Vierteln der Weststadt blinken die Mercedesse vor den Bungalows. Am südlichen Stadtrand drängen sich die Wäscheleinen an heruntergekommenen Billigblocks. Von hier wirken die silbernen Petronas-Türme in dunstiger Ferne wie die Wächter fremden Reichtums.

120 Armenian Street, Penang

Kampf um den Erhalt einer Altstadt

Hier riecht es nach Asien, nach dem untergehenden alten Asien. Dünnbeinige Chinesen in kurzen Hosen brutzeln an ihren rollenden Garküchen; vor den Tempeln qualmen Räucherstäbe in allen Größen. Die Altstadt von Penang atmet diese tropische Melange, Moder, Fäulnis, die Ausdünstung alter Gemäuer. Wohlgenährte Ratten huschen durch die offene Kanalisation. An den Wänden dämmriger Coffeeshops hängt Zigarettenwerbung aus dem Blech der 30er Jahre.
Polternd verbarrikadiere ich abends das Haus. Das Poltern ist unvermeidlich, die Tür ist nahezu drei Meter hoch, sie hat das Gewicht und die Ernsthaftigkeit einer Zugbrücke. Dies ist ein chinesisches Haus, es ist über hundert Jahre alt und nicht dafür gemacht, allein gelassen zu werden: Wie eine Festung wird es von innen verschlossen. Zwei massive Planken verriegeln die Tür; sie trägt ungezählte Schichten weinroten Lacks, darauf steht in goldenen Schriftzeichen eine konfuzianische Gleichung: Wenn die Familie gedeiht, gedeiht das Land. Die konfuzianische Gleichung blickt nun abweisend auf die dunkle Gasse hinaus.
120 Armenian Street, Penang. Die Fassade in verwaschenem Indigo-Blau; das Blaue Haus, für vier Monate wohne ich hier, ein Zaungast, ein Fremdkörper, befristet geduldet. Ausländer strolchen nur als Touristen durch die Altstadt, sie wohnen nicht hier, hier wohnt überhaupt niemand, der Geld hat. Einheimischen aus der Mittelschicht sind die Gassen kaum mehr vertraut, die Gegend gilt als ärmlich, schmutzig, kriminell.
Vor der Haustür liegt ein indischer Junkie, ein magerer dunkler Junge, er wird die Nacht wieder auf dem Kachelboden unter den Arkaden verbringen; seine leeren Augen blicken durch mich hindurch. Hüte Dich vor den Junkies!, lautet eine eherne Regel der Altstadt, sie stehlen, sie brennen das Haus ab – was immer passieren mag, es waren die Junkies. Sie stehlen angeblich sogar die grünen Plastikmülltonnen, deshalb steht die wertvolle Tonne

leer im Haus und der Müll türmt sich nachts in Tüten am Straßenrand.

Penang ist eine Insel vor Malaysias Westküste, multiethnisch und heute mehrheitlich von Chinesen bewohnt. Die Briten gründeten hier eine Handelsniederlassung, 1786, noch vor Singapur. Die Straßennamen der Altstadt erinnern an die Immigrantenströme einer Zeit, als Globalisierung noch zu Fuß ging, als Einwanderer und Durchwanderer die Handschrift ihrer Kulturen und Religionen hinterließen. Jene Armenier, die der Armenian Street den Namen gaben, kamen als christliche Händler aus Persien. Um die Ecke bauten sich indische und arabische Muslime ihre je eigenen Moscheen, in Sichtweite der drallen, barbusigen Fruchtbarkeitsgöttinen auf dem Dach eines Hindu-Tempels.

Anderthalb Jahrzehnte lang, bis 1997, war dies eine der rasantest entwickelten Regionen Asiens. Ausländische Investitionen, vor allem in der Halbleiter-Produktion, verhalfen zu zweistelligen Wachstumsraten; Hochhäuser schossen aus dem Boden, Apartmentburgen, Shopping-Malls. Kulturerbe und Boomtown – Penang verkörpert eine exemplarische Schnittstelle von Zeiten und Mentalitäten. 600.000 Menschen leben heute auf der Insel. Das Alte ist eingekesselt, gefährdet, teils schon zerstört: Eine Kollektion von Architektur des 19. und frühen 20. Jahrhunderts, die in Menge und Vielfalt zu den Bedeutendsten in Südostasien zählt.

Elegante viktorianische Villen in palmenbestandenen Gärten verleihen Penang heute noch ein Flair von Grandezza. Doch so manches Herrenhaus sieht hohläugig dem eigenen Verfall zu, in andere zogen Nachtclubs mit wummernder Disco; die Fassade lila zu pinseln verbietet kein Denkmalschutz. Nur in Einzelfällen fanden sich reiche Gönner für eine stilgerechte Restauration; Penangs chinesische Millionäre investieren lieber in Penthouses oder in den Zweit-Mercedes. Dabei ist Penangs koloniale Alltagsarchitektur singulär: Komplette Straßenzüge mit zweistöckigen sogenannten *Shophouses*. Im Grundriss wie ein extrem schmales Handtuch, unten meist Laden oder Werkstatt, davor schattenspendende Arkaden. Eine tropentaugliche Mischung anglo-indischer, chinesischer und portugiesischer Elemente.

Das Blaue Haus ist ein solches Shophouse. Wer es betritt, lässt die grelle Hitze der Straße hinter sich, wird von einer kühlen Dämmrigkeit empfangen, die sich auf überraschende 40 Meter Länge dehnt. Nachts durchmisst eine ansässige Fledermaus die Strecke, vorbei an filigran geschnitzten Trennwänden und intarsiengeschmückten Holzsesseln, die eine konfuzianisch gerade Sitzhaltung verlangen. Tagsüber fällt durch zwei offene Innenhöfe Licht ins Haus; die Chinesen nennen diese Höfe »Luftbrunnen« oder »Himmelsbrunnen«, sie folgen den Regeln von Feng Shui. In der Tat hört es sich an, als stürze der Himmel ins Haus, wenn ein heftiger Regenguss auf den Steinboden im Erdgeschoss prasselt.

Lange vor Morgengrauen reißen mich wimmernde Gebetsrufe aus dem Schlaf: die zwei Moscheen in der Nachbarschaft. Das Haus für eine Festung zu halten, erweist sich in akustischer Hinsicht als Irrtum. In den Fenstern keine Scheiben, bloß Lamellen, und die Wände im Haus aus dünnem Holz mit großen Öffnungen: natürliche Ventilation statt Klimaanlage. Wer so lebt, genießt wenig Privatsphäre. Wenn der Nachbar nach chinesischer Sitte morgens seine verschleimte Kehle klärt, haben viele Anteil. Und kaum hat sich nach dem Aufruf zum Frühgebet noch mal ein kleiner Schlaf eingestellt, beginnen die Inder zwei Häuser weiter mit dem Platthauen von Kakaobüchsen. Sie arbeiten mit der Unermüdlichkeit von Geringentlohnten für einen Recycling-Betrieb, und aus unerfindlichen Gründen beginnen sie frühmorgens mit den Kakaobüchsen, während sie nachmittags mit lautlosen Mundbewegungen ausgemusterte Reissäcke zählen.

Der Kaufmann Tan Chong Khen gehört zur kleinen Schar von Denkmalschutz-Enthusiasten; sein Hobby: Er rettet altes Holz. Wenn ein Gebäude abgerissen wird, schafft er Schnitzwerk, Türen, Rahmen und Fensterläden beiseite, sogar mächtige Stützbalken. Die Fundstücke füllen eine Lagerhalle, ein heimlicher Friedhof des Zerstörten. »Unsere Gesellschaft ist sehr profitorientiert, das ist typisch für ein sich entwickelndes Land«, bedauert Herr Tan. »Das Alte wird nicht geschätzt, nur Neues hat Wert.«

Die Verachtung für traditionelle Materialien, Stile, Farben zeigt sich in den meisten malaysischen Wohnzimmern: Kunstledersofas und Schleiflack-Schränke, dazu der Rauchglastisch mit einer Kleenex-Packung obendrauf. Teakholz, Rattanmöbel, Handgewebtes, das ist für Ausländer. Und nur durch deren Wertschätzung wird manches Alte kalten Blicks rehabilitiert – als touristisch wertvoll. Weil der morbide Charme von Penangs Altstadt westliche Besucher fasziniert, setzt die Stadtverwaltung auf *Heritage*-Tourismus, auch bemüht sie sich bei den Vereinten Nationen um die Anerkennung Penangs als Weltkulturerbe. Die UN erwarten als Vorleistung ein Denkmalschutz-Gesetz und ein Heritage-Management-

Nur Neues hat Wert. Am Rand der Altstadt

Konzept; an beidem doktern die Stadtoberen seit mehreren Jahren lustlos herum. Es fehlt ihnen schlicht an Liebe zum Sujet: Die wohlhabenden Nachfahren der einst mittellosen Immigranten sehen in den Shophouses nur die Relikte jener ärmlichen Vergangenheit, der sie durch Glück und harte Arbeit entronnen sind.
Als ärgster Feind des Kulturerbes erwies sich in den zurückliegenden Jahren der Bodenpreis. Wachstumseuphorie schraubte ihn höher und höher, mancher Hausbesitzer bekannte mit Tränen in den Augen, nun müsse er die Familienvilla leider opfern, der Boden sei einfach zu viel wert. Vor einigen Jahren wohnten noch 60.000 Menschen in der Altstadt, jetzt sind es nur noch 25.000. In vielen Fällen war der Exodus nicht freiwillig, sondern Flucht vor einer jähen Mieterhöhung. Jahrzehntelang hatte ein malaysisches Gesetz die Mieten der 12.000 Altbauten in Penang auf einem Niedrigsniveau eingefroren, mit zwiegesichtigen Folgen: Die Eigentümer ließen die Häuser verkommen; andererseits überlebte viel Kleingewerbe nur dank der Billig-Mieten, all jene Barbiere, Korbstuhlflechter, Teestuben-Betreiber, die einer Altstadt ihren Charme geben. Als die Mietbindung fiel, schnellte manche Miete um tausend Prozent nach oben. Keine abfedernde Stadtplanung mäßigte den Kapitalismus pur.
Über der Prangin-Gasse liegt eine geisterhafte Stille. An jedem zweiten Haus hängt ein Schild: »to let«. Türen und Fenster vernagelt mit Latten, die Rollgitter zusätzlich mit schweren Ketten gesichert: Damit Obdachlose und Junkies nicht den Leerstand füllen. Nahebei dringt aus einem verlassenen Haus Vogelgezwitscher vom Tonband. Es lockt Schwalben an, sie sollen im verwaisten Gemäuer nisten: Schwalbennester sind eine teure chinesische Delikatesse. Es ist profitabler, ein Haus an Vögel zu vermieten als an Menschen.
Dunkel, kaum möbliert ist das Büro von »SOS«, das Notsignal bedeutet hier »Save Ourselves!«, eine Selbsthilfe-Initiative. Einige tausend Mieter sind Mitglied, die Initiative verhandelt für sie mit den Hauseigentümern. Viele Altstadtbewohner kannten kaum ihre minimalsten Rechte, manche bezahlten mit dem letzten Geld einen Anwalt, der gleichzeitig ihren Gegner, den Vermieter, vertrat.
Ong Boon Keong malt gerade ein Transparent; der SOS-Aktivist sieht aus wie ein altchinesischer Gelehrter mit Ziegenbart, langen Schnurrbart-Zipfeln und dünnem Pferdeschwanz. Tatsächlich ist

er ein stadtbekannter Tausendsassa, hat in Australien Architektur studiert, später eine Öko-Farm bewirtschaftet. Ein Intellektueller im Basiseinsatz; er spricht die Sprache der einfachen Leute, erklärt ihnen geduldig und sanft im örtlichen Hokkien-Dialekt, wie sie sich wehren können.

Oft nützt das Wehren nichts, wie im Fall von Daisy Chuah, die seit der japanischen Besatzungszeit, also seit dem Zweiten Weltkrieg, im selben Häuschen wohnt; nun frisst die Miete ihre ganze Rente. Die 65jährige Chinesin öffnet in einem frivol kurzen geblümten Hauskleidchen. In der Mitte des Zimmers liegt ihre senile Mutter mit Blickrichtung zum Fernseher in einer Art Pflegestuhl aus Rattangeflecht, den Nachttopf untergeschnallt. Die 93jährige wird gerade gefüttert, ihre Zehen schauen wie Vogelkrallen unter einem Batiktuch hervor.

Asiatisches Monopoly: Mehr als die Hälfte der Altstadthäuser ist in den Händen von nur 20 Eigentümern. Allein 200 Shophouses gehören dem Khoo-Klan; im frühen 19. Jahrhundert war das eine Lobbygruppe der Einwanderern aus Südchina, alle mit Familiennamen Khoo. Bald lenkte der Klan eine mächtige Geheimgesellschaft; die Unterwelt lieferte sich Verteilungskämpfe in Penangs Gassen. Jetzt stehen alerte junge Vermögensverwalter an der Spitze der ehemaligen Gang; sie ließen den Klantempel, Penangs berühmteste Touristen-Attraktion, aufwendig renovieren und vertrieben aus den umliegenden Häusern die Mieter. Die heißen alle Khoo, das nützte ihnen nichts; ein Boutique-Hotel verspricht mehr Rendite als der Solidargedanke des Klans. Eine besonders schöne Shophouse-Gasse nahebei möchte der Klan ganz pulverisieren: Parkfläche für Touristenbusse. Auch hier wohnen Khoos; manche schämen sich für den Klan.

Kulturerbe soll lebendiges Erbe sein, sagen die Richtlinien der Vereinten Nationen, *Living Heritage*, eine Altstadt mit gewachsenen Communities, seien sie ethnisch, religiös oder gewerblich. Der »Penang Heritage Trust« arbeitet nach diesem Konzept: eine Bürgerinitiative von Architekten, Historikern, Künstlern, Publizisten, einig im Bemühen, sterbende Häuser und sterbende Berufe vor dem kalten Wind des Marktes zu schützen. Eine wohlmeinende Elite, sachkundig, international vernetzt – aber vom sozialen Mikrokosmos der Altstadt-Bewohner selbst weit entfernt.

Darin liegt eine gewisse Ironie: Diejenigen, die *Heritage* leben, verstehen am wenigsten davon. Die Altstadt wird heute notdürftig bewahrt durch den schieren Konservatismus einer chinesischen Unterschicht, in der Malaysias Modernisierung noch nicht Fuß gefasst hat. Mit Denkmalschutz haben die Leute nicht viel im Sinn.

Verlassene Häuser in Penangs Altstadt

Ihr Leben soll bleiben, wie es ist – oder wieder so werden, wie es war, und wenn etwas repariert werden muss, dann bitte billig. Der *Heritage*-Berater mit seinem Sortiment von Dachziegel-Proben ist nicht gern gesehen. Und die Akademiker von nah und fern, die in Penang *oral history* sammeln wollen, stoßen oft auf argwöhnische Abwehr.

Abendlicher Streifzug durch die Gassen: Alle Türen stehen offen, der trägen Brise wegen. In jedem Häuschen vorne der rote Hausaltar mit blinkenden Lämpchen, weiter hinten ein kreischender Fernseher, irgendwo zwischen den Utensilien ein Moped, zu wertvoll, um es dem Dunkel der Straße zu überlassen. Manche wohnen in ihrem Warenlager, die chinesische Haltung zur Arbeit verdeutlichend; ein Sargmacher schläft neben den Särgen, sie schützend. Und hochoben an der Wand in jedem Haus, knapp unter der Decke, hängt gerahmt der Ahn, der männliche Vorfahr; vergilbte Schwarz-Weiß-Fotographien aus einer Zeit, als die Kamera den Menschen noch Würde verlieh.

In einer schwülen Nacht erwacht die Altstadt jäh zu fieberndem Leben, vertrieben alle geisterhafte Stille. Mit ohrenbetäubendem Scheppern windet sich ein religiöser Umzug durch die Gassen. Die Fassaden sind vernebelt von tausenden Räucherstäben, Weißgekleidete marschieren durch die Rauchwolken, sie begleiten ein Gefährt mit einer großen kupfernen Urne, das taoistische Symbol des Allerhöchsten. Kräftige Männer fallen in Trance, schweißüberströmt tänzeln sie auf bloßen Füssen, im breitbeinigen wiegenden Hüpfschritt der Entrückten, den Kopf rastlos schüttelnd, Stunde um Stunde, unermüdbar tänzeln sie durch Dreck und durch Feuer. Am Hafen wird die Urne auf ein kleines Boot gesetzt, unbemannt treibt das Boot ins Meer hinaus, dort draußen werden sich die Elemente vereinigen.

Dr. M

Mahathir Mohamad, Asiens letzter Patriarch

Er trägt immer ein Namensschildchen: Mahathir. Als sei niemand verpflichtet, ihn zu kennen, nach 22 Jahren im Amt des Premierministers. Das schlichte Auftreten dieses schmalgliedrigen Malaien steht in auffallendem Kontrast zu seiner Machtfülle. Mahathir Mohamad regiert sein Land autoritär, durchtrieben und erfolgreich; nur so wurde er Asiens dienstältester Regent. Von Indonesien bis Südkorea sah er die Statthalter seiner Generation über Bord gehen in politischen und wirtschaftlichen Turbulenzen; die Generation der Führer, der starken Männer dankte ab – er blieb.

Manchmal steht der 77jährige oben am Fenster seines Büros und blickt mit einem Feldstecher ins Land. Ringsum entsteht eine neue Regierungsstadt, er war ihr erster Bewohner, in diesem kuppelbewehrten Palast von düsterer Schönheit. Ein Mann im Abendlicht, der sich noch eine Stadt hinstellt, so ist Mahathir.

»Dr. M« nennen ihn die Zeitungen. Die staatsnahe Presse würdigt den agilen Patriarchen täglich mit einer erstaunlichen Zahl von Artikeln. Zu jeder Frage ist sein Wort das letzte; solange er schweigt, hält das Land den Atem an. Dr M: Tatsächlich war Mahathir praktizierender Arzt; in seinem liebsten Selbstbildnis ist er der erfahrene Hausarzt einer jungen, noch unreifen Nation. Sein Ton ist oft von bedauernder Sorge unterlegt.

Wer nur ein paar polemische Fetzen seiner Reden kennt, mag sich einen wütenden Eiferer vorstellen. Doch ganz im Gegenteil: Der Mann spricht sanft, geduldig, hebt selten die Stimme. Seine Sprache ist einfach, gerade und schlicht, verzichtet auf jeden Schnörkel. Ein kurzer Satz folgt dem nächsten, so baut sich ein Gerüst auf von scheinbar unanzweifelbarer Logik. Seine Ideologie, der »Mahathirismus«, ist durchaus widersprüchlich, er argumentiert prokapitalistisch, antiwestlich, antikommunistisch, wirft oft eine Prise Antisemitismus dazu. Aber ihm gelingt, was einen großen Kommunikator auszeichnet: Er entwirft ein stimmiges Bild der Welt von seinem Standpunkt aus, ein Bild, das zur Parteinahme zwingt, zum Kampf, zur Einheit.

Es ist immer die Einheit gegen einen äußeren Feind, meistens heißt er Kolonialismus, eine Fremdherrschaft, die sich aus der Vergangenheit in die Gegenwart und die Zukunft drängt; stets steht Malaysia in der Gefahr, in erneute Abhängigkeit zu geraten, das Erreichte zu verlieren, seinen Wohlstand und seine Stabilität. Mahathir ist Jahrgang 1925; er wuchs in der britischen Kolonialzeit im damaligen Malaya auf. Dass sein Land die »psychologische Last« der kolonialen Ära, das Unterlegenheitsgefühl gegenüber den Weißen, abwerfen müsse, wird zum roten Faden seiner Politik und seiner Rhetorik. Der Lehrersohn hat sich selbst hochgearbeitet; alle Premierminister vor ihm entstammten der einheimischen Elite, waren Sprösslinge einer britisch geprägten malaiischen Aristokratie, studierten in England. Mahathir studiert in Singapur. Unter seiner Regie endet die anglophile Phase, die das junge Malaysia nach der Unabhängigkeit 1957 zunächst kennzeichnete. Mahathir ruft »Look East!«, für ihn sind Japan und Südkorea in den 80er Jahren Vorbild.

Attacken auf westliche Dominanz und sogenannte westliche Werte machen ihn später zum populären Wortführer der Dritten Welt; Fidel Castro nennt den Antikommunisten spöttisch »Genosse Rebell«. Auf einer UN-Vollversammlung erntet er Ovationen für solche Sätze: »Was aus dem Westen kommt, gilt als universal. Andere Werte und Kulturen sind überflüssig und unnötig. Wenn sie bleiben, gibt es einen *clash of civilizations*.« Beim Thema Menschenrechte bringt er vermeintlich asiatische Werte in Stellung: »Während der Westen sich fast obsessiv um das Recht des Individuums sorgt, sorgt sich der Osten mehr um das Recht der Gemeinschaft.«

Mega-Projekte werden zu Malaysias Wahrzeichen, riesige Sportstadien, eine Formel-Eins-Rennstrecke, ein Stahlwerk – überdimensioniert, verschwenderisch. Sie sollen dem Land Stolz und Selbstachtung geben, sie symbolisieren seinen Ehrgeiz, eine vollentwickelte und erst dann auch »psychologisch befreite« Nation zu werden. Wenn Mahathir im Fernsehen darüber spricht, dass die Entwicklungsfortschritte Malaysias heute weltweit anerkannt seien, fügt er hinzu: »Sie demütigen uns nicht mehr, sie lachen nicht mehr über uns.« Sie, die Weißen. Manchmal sagt er »die europäische Rasse«.

Mahathir redet oft radikal und handelt pragmatisch; er schimpft auf den Westen, öffnet zugleich die Tore weit für dessen Investoren. Aber bloß kein Kniefall! Sein Antikolonialismus, halb Attitüde, halb Überzeugung, erweist sich oft als wirksames Instrument, das multiethnische Malaysia gegen ein äußeres Feindbild zu einen. In der schweren Wirtschaftskrise der 90er Jahre polemisiert Mahathir mit antisemitischen Obertönen gegen die Währungsspekulanten, während sich im Nachbarland Indonesien der Hass gegen einen inneren Sündenbock, die chinesische Minderheit, entlädt.

Angst vor dem Verlust von Stabilität muss in Malaysia nicht erst geschürt werden; sie ist im Land aufgrund seiner ethnischen Struktur tief verwurzelt, fast eine nationale Paranoia. Die Malaien, denen Mahathir entstammt, sind ausnahmslos Muslime, sie stellen mit rund 60 Prozent nur eine knappe Mehrheit der 22 Millionen Staatsbürger. Etwa 30 Prozent sind Chinesen, meist Buddhisten; sie sind seit der Kolonialzeit die wirtschaftlich einflussreichste Gruppe. Die Inder, etwa acht Prozent, teilen sich ihrerseits in Hindus, Muslime und Christen. Malaysia versteht sich als muslimische Nation, doch ist der Staat säkular. Die Parteien in Mahathirs regierender Nationaler Front repräsentieren jeweils eine Ethnie. Insgesamt ist dies ein einzigartiges Modell staatlich organisierter Konfliktvermeidung, ebenso starr wie fragil. Malaysia ist das Gegenteil eines *melting pot*; Malaien, Chinesen und Inder leben nebeneinander her, in den rigiden Regeln von Friedensbewahrung.

Mahathir galt zumal den Minderheiten als Garant dieses Friedens. Die Hindus sahen jedes Jahr an ihrem Deepavali-Fest, wie der muslimische Premierminister im Fernsehen die Festtagstorte anschnitt, Arm in Arm mit einem chinesischen und einem indischen Politiker. Fünfmal wurde Mahathir wiedergewählt, lange folgten die Malaysier willig seinen Prioritäten: Stabilität und Wohlstand seien wichtiger als Demokratie und Meinungsfreiheit. Seit den frühen 80er Jahren hat sich das Bruttosozialprodukt verdreifacht, eine Mittelschicht entstand, viele Haushalte haben Auto und Fernseher. Niemand hungert, alle Kinder gehen zur Schule.

Dass Entwicklung durch Demokratie eher behindert werde, diese Auffassung teilt Mahathir mit anderen Führern der südlichen

Hemisphäre. Nur zeigt sein eigenes Land, wie dieses Modell am Erfolg erkrankt. »Für wachsende Teile der malaysischen Gesellschaft ist ein voller Bauch nicht mehr genug«, stellte eine Kommission fest, die von Mahathir selbst berufen wurde. Sie forderte mehr bürgerliche Rechte und Demonstrationsfreiheit.

Malaysias jüngste Geschichte begann mit einem blauen Auge. Es war das blau geschlagene Auge eines verhafteten Vize-Premiers, misshandelt im Gefängnis. Eine Zeitlang bewahrten malaiische, indische und chinesische Taxifahrer das Bild des maltraitierten Anwar Ibrahim zusammengefaltet hinter ihrer Sonnenblende, um es je nach Gesprächsverlauf hervorzuziehen. Anwar war Mahathirs Kronprinz, der ausersehene Nachfolger. 1998 schaffte der Alte ihn unsanft beiseite. Es war ein Machtkampf, ein Generationenkampf, nur partiell durch politische Differenzen befeuert. Mahathir sah durch die Asienkrise plötzlich sein Lebenswerk bedroht, Wohlstand und Aufstieg des Landes; brüsk verschob er seinen geplanten Rückzug vom Amt. Anwar, 22 Jahre jünger, ehrgeizig, eloquent, geschmeidiger gegenüber der westlicher Welt und dem Weltwährungsfond, drängte zur Macht.

Eine hörige Justiz verurteilte den Gestürzten später wegen Machtmissbrauch und Homosexualität zu 15 Jahren Haft. 117 Verhandlungstage lang wurde erörtert, ob der eben noch zweitmächtigste Mann im Staat Beischlaf mit dem Fahrer seiner Frau hatte. Verstört wandten sich viele Muslime von Mahathir ab, stärkten bei der nächsten Wahl eine orthodox islamische Oppositionspartei, die den Ruf nach mehr Demokratie mit dem Kampf gegen gemischtgeschlechtliche Friseurstuben verbindet.

Anwar, der prominente Häftling, wird noch lange einsitzen, doch er ist geschrumpft zum bloßen Katalysator einer Entwicklung. Nun hat der Wettstreit um den »richtigen islamischen Weg« die politische Bühne des Landes okkupiert. Dass Malaysia ein säkularer Staat mit zivilem Recht ist, galt als eine wichtige Voraussetzung für die Wirtschaftsentwicklung in den vergangenen zwei Jahrzehnten: Das Land bot ausländischen Investoren alle Möglichkeiten. Und Mahathir wollte beweisen, dass Islam und Modernität vereinbar sind – genauer gesagt: ein moderater Islam und ein technologischer hochmoderner Kapitalismus. »Wenn wir eine Muslim-Nation aufbauen wollen«, sagte er, »ist das nicht eine Frage der

Zahl unserer Moscheen, sondern der Entwicklung unserer Fähigkeiten«. Darum kaufte Malaysia zum Beispiel neueste Kampfflugzeuge, beteiligte sich an vielen UN-Missionen.

Nun aber wird offenbar, dass der schnelle Aufstieg von einem agrarischen Land zu einer modernen Dienstleistungsgesellschaft einen Preis fordert. Traditionelle Werte und Bindungen sind verloren gegangen, kaum neue an ihre Stelle getreten. In der nationalen Propaganda ist westliche Dekadenz ein geläufiges Schreckensbild, doch sind längst Züge der apostrophierten Dekadenz in Malaysia selbst heimisch geworden. Die Scheidungsrate ist unter den Muslimen am höchsten; in der Hauptstadt erreicht sie 40 Prozent.

Der Präsident einer Universität beklagt, der wirtschaftliche Erfolg habe bei vielen zu einem »Verlust des Richtungsgefühls« geführt. Materialismus und Individualismus griffen um sich, jeder sei nur noch mit dem eigenen sozialen Aufstieg beschäftigt, unfähig zu einem stabilen Familienleben. Viele Jugendliche nehmen Drogen, unbeeindruckt von hohen Strafen. Die Islam-Partei greift diesen Orientierungsverlust auf, profiliert sich als sauberer, brüderlicher, mithin »islamischer«. Mahathir, der sich sonst alle Konkurrenten vom Hals zu schaffen wusste, hat ungewollt ausgerechnet jenen Gegner gestärkt, der sein Lebenswerk am wirkungsvollsten bedroht. Die muslimischen Malaien genießen in Malaysia Privilegien, seit mehr als 30 Jahren erfreuen sie sich einer Bevorzugung, einer Förderpolitik, wie es sie andernorts auf der Welt nur für benachteiligte Minderheiten gibt. Hier ist es umgekehrt: Quoten an den Unis, Stipendien, garantierte Posten und Unternehmensbeteiligungen protegieren die malaiische Mehrheit, damit sie sich gegen die Minderheiten, zumal gegen die Chinesen, behaupten kann.

Mahathir war nicht der Erfinder dieser Politik, doch ihr geistiger Vater. In jungen Jahren ein hitzköpfiger malaiischer Nationalist, hatte er ein Buch über »Das malaiische Dilemma« geschrieben: eine rassistisch getönte Abrechnung mit der freundlichen Apathie seiner Volksgruppe. Diese gemächlichen Fischer und Reisbauern, wenig gebildet, waren schon unter den Briten durch die hart arbeitenden indischen und chinesischen Einwanderer beiseite geschoben worden. Als Malaysia 1957 unabhängig wurde, gehörte den Malaien nicht einmal drei Prozent des Eigentums in einem Land, wo sie als Ältesteingesessene doch die Herren sein wollten.

Nach drei Jahrzehnten muss die promalaiische Politik als gescheitert betrachtet werden. Ihr ökonomisches Ziel – 30 Prozent Anteil am Eigentum in malaischer Hand – wurde nicht erreicht. Gravierender: Die einseitigen Privilegien haben das Zusammenwachsen der Ethnien erschwert, und sie haben auch das Bild des Islam verdüstert: Muslime gelten in Malaysia als per se Bevorzugte; das schafft ein ungesundes Klima.

Wieder ist Mahathir so scharf wie kein Zweiter mit seinen Leuten ins Gericht gegangen: Faul und selbstzufrieden hätten sich die Malaien in der Förderpolitik eingenistet; sie sähen »die Krücken« der Privilegien als Beweis ihres höheren Status im Land, anstatt an ihnen laufen zu lernen und sie dann wegzuwerfen. Würde sich die nationale Wirtschaft nur auf den Beitrag der Malaien stützen, »dann stünde Malaysia heute nicht viel besser da als einige der afrikanischen Entwicklungsländer.« Für diesen Satz hätte jeder andere eine Anklage wegen Aufrufs zum Rassenhass riskiert. Malaysias Gesetze erlauben keine öffentliche Debatte über solch sensible Dinge, nur Mahathir darf alle Tabus verletzen.

Hinter der Schärfe der Worte verbirgt er Enttäuschung und Verbitterung. Er wollte seine Malaien emanzipieren – so wie sich das ganze Land von seinen mentalen Abhängigkeiten befreien sollte. Das misslang; die Malaien werden heute beneidet oder verachtet, doch kaum respektiert. Es gibt keine Abkürzung zur Entwicklung, das ist die Lehre aus dem Experiment Förderpolitik; Mentalität und Kultur, über Jahrhunderte gewachsen, ändern sich nicht in ein paar Jahrzehnten. Die Chinesen sind durch ihre Benachteiligung nur härter, durchsetzungsfähiger geworden. Die Malaien, sagt Mahathir, kennen keine Arbeitsethik, keinen Stolz auf Leistung. International gilt Malaysia als seltenes Beispiel für die geglückte Ehe von Islam und Fortschritt – Malaysias Chinesen waren immer klug genug, dieser Einschätzung nicht zu widersprechen.

An den Schulen wird jetzt wieder auf Englisch unterrichtet; die Kolonialsprache war früher durch Malaiisch ersetzt worden, um eine nationale Identität zu fördern. Nun zeigt gerade die junge Generation, wie wenig sich eine Ethnien und Religionen übergreifende Identität bisher entwickelt hat. Das Fremdheitsgefühl zwischen den Communities hat zugenommen, Muslime und Hindus wollen sich keinen Schlafraum teilen. Die meisten Schulen sind fak-

tisch monoethnisch geworden. Nur eine winzige Minderheit im Land empfindet sich tatsächlich als »Malaysier«, alle anderen sind immer zuerst Malaie, Inder, Chinese. Der Nation, die Mahathir zusammenschweißen wollte, fehlt ein starkes Herz.
Im Oktober 2003 zieht sich Mahathir Mohamad seines Alters wegen vom Amt zurück. Er hat sein kleines Land stets überragt, in seinem Spiegelbild hielt sich Malaysia selbst für groß. Im letzten Akt schrumpft alles auf ein Familienfoto. Der Vater des modernen Malaysia beklagt die Undankbarkeit seiner Malaien. Der alte Fuchs kämpft mit den Tränen.

Nation im Brüter

Malaysias Traum vom Silicon Valley

Grüne Hügel in milchigem Morgendunst. Irgendwo hier muss das Herz der Zukunft schlagen. *Cyberjaya.* Magie der Worte, in Malaiisch heißt jaya siegreich. Cyberjaya soll die erste intelligente Stadt der Welt werden, Malaysia liebt den hohen Ton. Noch liegt verträumte Ruhe über ein paar Straßenkreuzungen im Niemandsland. Vor dem Hotel *Cyberview Lodge* haben die Bosse der internationalen Software-Industrie Bäumchen gepflanzt. Es ist leicht, sich zu verirren zwischen den grünen Hügel der Erwartung.

Dies ist ein Reisebericht aus Phase Eins. Phase Eins ist 50 Kilometer lang, 15 Kilometer breit und heißt »Multimedia Super Corridor«. Sein nördliches Ende markieren die glitzernden Zwillingstürme der Ölgesellschaft Petronas im Zentrum Kuala Lumpurs, das südliche Ende die kühlen Marmorflure eines neuen internationalen Flughafens. In Phase Drei, sie ist für das Jahr 2020 vorgesehen, soll ganz Malaysia ein Multimedia-Korridor sein. Die Menschen, die jetzt bereits in diesem Korridor leben und arbeiten, beginnen ihre Sätze gern mit den Worten: »Dies ist Phase Eins....«; sie fühlen sich als Pioniere.

Der Multimedia-Korridor ist Malaysias Traum von einem Silicon Valley. Auf den ersten Blick handelt es sich nur um eine Sonderwirtschaftszone entlang einer Datenautobahn: Glasfaserkabel bis zu jedem Haus, hohe Datengeschwindigkeit, zehn Jahre Steuerfreiheit. Aber der Korridor ist auch eine Sondergesellschaftszone, ein Menschen-Labor, eine Teststrecke für das Leben der Zukunft.

In der Einöde von Ölpalmplantagen erhebt sich auf einem Hügel ein Palast von düsterer Schönheit; hier residiert der Premierminister umgeben von der Baustelle einer neuen Regierungsstadt. Als stünde 45 Fahrtminuten entfernt nicht bereits die hochmoderne Hauptstadt Kuala Lumpur, wächst hier ein Regierungsbezirk vom Reißbrett. *Putrajaya,* die siegesgewisse Schwester von Cyberjaya, ist das politische Herz des Multimedia-Korridors.

Edel und grün ist die Geometrie der Moderne, weitläufige Planquadrate für das elektronische Regieren der Zukunft. Bezirk 1 bis 20, Parzelle A bis G, mit Springbrunnen, zierlichen Laternen und künstlichen Seen. 75.000 Staatsangestellte werden hier leben, in zehn Jahren soll Putrajaya 330.000 Einwohner haben in 67.000 Wohneinheiten – sauber, sicher, videoüberwacht und rundumvernetzt. Irgendwann wächst das alles zusammen, Cyberjaya, Putrajaya, der ganze Korridor eine IT-Metropole mit zweieinhalb Millionen Menschen – *Megajaya*. Schnurgerade schlägt sich die Achse des Regierungsboulevards durchs Land, vier Kilometer lang, 100 Meter breit. Hier wird groß gedacht.

Früher wurden diese gottverlassenen Plantagen von den Malaien *Perang Besar* genannt, Großer Krieg. Nun findet hier der lautlose Krieg des Informationszeitalters statt, die Konkurrenz der Nationen um die IT-Ökonomie. Der Krieg handelt von Standortvorteilen und Arbeitskräftereservoirs, er handelt auch von der Frage, ob Malaysia den Sprung in die Riege der vollentwickelten Länder schafft. Deshalb das neue Regierungszentrum, hier wird alles an die Front geworfen, ein Staatsapparat samt Tausenden Familien.

Die blauverspiegelte Polizeizentrale in Putrajaya wird von ihren neuen Nachbarn ehrfürchtig Raumstation genannt. Ein wenig übertrieben, aber so ist der Geist des Ortes. »Bodenpersonal«, sagt Major Khalil Kadir, wenn er über seine Männer auf der Straße spricht. Von denen soll nicht viel zu sehen sein, Sicherheit wird in Putrajaya durch Kameras gewährleistet, jede Straße videoüberwacht. Wird es erlaubt sein, in der rundum kontrollierten Regierungsstadt zu demonstrieren? Der Major lächelt nur.

Das »City Command Center« ist ein halbdunkler Raum, nur von 17 Monitoren beleuchtet. An den Kontrollpulten sitzen keine Polizisten, sondern Firmenangestellte. Dieses Center wird kommerziell betrieben, von einem privatwirtschaftlichen Partner der Polizei. Noch wird geübt – die Vernetzung von Häusern, Menschen, Polizei, Regierung, Krankenhaus und Versorgungsbetrieben. Warum ist der Lift zwischen dem vierten und fünften Stock steckengeblieben? Hier wird man es wissen. Ein Stromengpass? Hier wird er vorausgesehen. Ein Unfall? Automatisch werden die Ampelphasen angepasst. Ein Einbrecher? Die Sensoren an der Wohnungstür lösen rote Blinklichter im Command Center aus.

Niemals sollen die Einwohner von Putrajaya und Cyberjaya rätseln müssen, wann der Bus kommt. Die künftigen Busse haben satellitengestützte Standortpeilung; kombiniert mit dem elektronischen Verkehrs-Management-System ergibt sich daraus am interaktiven Kiosk die Meldung »Drei Minuten Verspätung«. Über dem Ausgang des Command Centers flimmert: *We wish you a pleasant day*.

Es war irgendwann Anfang der 90er Jahre, als Malaysias Premierminister Mahathir mit seinen Beratern zusammensaß, darunter Kenichi Ohmae, japanischer Seniorpartner bei McKinsey und Experte für strategisches Management. Die Runde diskutierte über Telekommunikation und Malaysias Aussichten in der medialen Welt der Zukunft – die Idee eines Multimedia-Korridors wurde geboren, Multimedia war gerade der Hit. Heute ist der Name des Korridors irreführend, klingt seltsam veraltet und enthüllt damit ungewollt das Problem der Verspätung. Erst ging nichts voran, dann nahte die Rezession der Asienkrise – und mitten in der Krise startete die Regierung durch. Peitschte den Bau von Putrajaya voran, nutzte dafür gezielt das Riesenheer billiger indonesischer Arbeiter, vom wirtschaftlichen Zusammenbruch im Nachbarland an die Küste Malaysias geschwemmt.

Singapur und Hongkong, die regionalen Konkurrenten im Rennen um die IT-Investitionen, waren schon weiter mit ihren *Cyberports*; in Vietnam wiederum sind die Programmierer billiger. Also puschte Malaysia seinen Korridor-Plan hoch zur digitalen Rund-um-Vision fürs ganze Land: Online-Kommunikation zwischen Regierung und Bürger, jedem Malaysier eine Smartcard, Computer in die Klassenräume von Smartschools, Telemedizin. »Flagschiff-Anwendungen« heißen die staatlichen Pilotprojekte; sie sollen schnell große ausländische Firmen ins Land ziehen. Die Modernisierung der Gesellschaft steht im Dienst ökonomischen Ehrgeizes. Eine *Multi-Purpose-Card* soll als Personalausweis, Führerschein, Krankenkarte, Studentenausweis und Kreditkarte dienen. Vom Zugang zum Parkplatz bis zum elektronischen Wählen, alles mit einem einzigen Stückchen Plastik. Von der Aids-Erkrankung bis zum Strafmandat im Verkehr, alles an einer Stelle erfasst. Die Regierung wirbt mit den Bequemlichkeiten künftiger Bürger-Staat-Kommunikation, verspricht besseren Service, Transparenz, sogar mehr Demokratie. Gefahren, Missbrauch, Überwachung sind kein Thema in einem Staat, der zwar formal demokratisch ist, aber in der Praxis die bürgerlichen Rechte oft willkürlich beschränkt. Datenschutz ist im öffentlichen Bewusstsein ein weitgehend unbekannter Begriff, und die Privatsphäre steht rechtlich nicht unter Schutz. Gegenwärtig erlaubt sich die Realität des Alltags noch ein ironisches Lächeln über alle Ankündigungen der schönen, neuen Welt. Eine Wasserrechnung zu bezahlen, erfordert halbstündiges Schlangestehen am Postschalter; einer Behörde eine E-Mail zu schicken, ist ein Wagnis mit ungewissem Ausgang. Und auch der Wunsch, es sollten 35.000 IT-Arbeitsplätze im Multimedia-Korridor entstehen, ist von seiner Erfüllung weit entfernt.

Aber die Spielregeln der Zukunft gelten im Korridor schon. Erstmals wagt die Regierung, die Ethnien frei konkurrieren zu lassen – ein Tabubruch. Denn überall sonst genießen die muslimischen Malaien gesetzlich garantierte Privilegien, um ihren traditionellen Rückstand gegenüber den agileren Chinesen zu reduzieren: vom quotierten Studienplatz bis zur staatlich garantierten Unternehmensbeteiligung. Der futuristisch wirkende Campus der neuen Multimedia-Universität ist nun ein Experimentfeld der freien Konkurrenz. Von 20.000 Bewerbern pro Jahr werden die 2.000 Besten genommen, ohne jede Quote. Davon profitieren die ethnischen Minderheiten, Chinesen und Inder stellen zwei Drittel der ersten Studentengeneration. Das Klima hier ist liberaler und individualistischer als an anderen Universitäten; Musliminnen werden nicht bedrängt, ein Kopftuch zu tragen.

Gesellschaftliche Modernisierung zum Wohle wirtschaftlicher Ziele, das ist ein zwiegesichtiges Unterfangen, doch es ist nicht immer zum Nachteil der Bürger. Keine Zensur im Internet!, hat die Regierung feierlich versprochen, damit sich ausländische Investoren im Korridor ansiedeln. Um zu ermessen, was das Versprechen bedeutet, muss man Malaysias Presse kennen. Am straffen Zügel jährlich zu erneuernder Lizenzen marschieren alle großen Zeitungen im Gleichschritt mit der Regierung, unterwerfen sich in vorauseilender Selbstzensur. In ausländischen Magazinen schwärzt der ängstliche Zensurstift des Zeitungshändlers sogar einen von Rubens gemalten Busen, und bei CCN, über Satellit empfangen, bleibt das Bild weg, wenn die Werbung zu sexy ist.

»Malaysia muss seine ganze Gesellschaft umformen«, sagt Frau Norsaidatul, die elegante Chefin eines Gründerzentrums in Cyberjaya. »Die sich entwickelnden Länder werden abgehängt, wenn sie nicht schleunigst Wissen und Kompetenz aufbauen. Die junge Generation ist entscheidend. Wir brauchen kreative Individuen, es muss eine ganze neue Mentalität entstehen. Die ganze Nation muss sich ausbrüten.« Darüber schreibt sie gerade ein Buch; Titel: Nation im Brüter.

Jeder Bürger kann für den Kauf eines Computers einen zinslosen Staatskredit bekommen. Etwa fünfzehn Prozent der 22 Millionen Malaysier nutzen privat, im Büro oder im Cyber-Café das Internet, das ist zu wenig für die ehrgeizigen Pläne der Regierung. Und ein *Digital Divide* teilt die Gesellschaft; die urbane Oberschicht ist längst in virtuellen Welten zuhause, während Dörfler nun mit scheuem Finger erstmals auf die Tastatur eines Modellcomputers im örtlichen Postamt tippen. Vor dem Ziel einer *K-Economy*, einer Wissensökonomie, steht indes noch eine steilere Hürde: Wie soll massenhaft Kreativität wachsen in einem autoritär geführten Land?

»Schüler, die viel surfen, sind mutiger und widersprechen. Das ist neu in unserer Gesellschaft.« Die Mathematiklehrerin Thamilchelvi Patha unterrichtet seit 17 Jahren an einem Jungeninternat – aber nun ist plötzlich alles anderes als zuvor. Ihre Oberschule ist eine »Smartschool« geworden, eine von 89 Modellschulen im Land. Frau Thamilchelvi hat einen Kurs des Erziehungsministeriums besucht und sich dort nicht nur mit dem neuen computergestützten Unterrichtsmaterial vertraut gemacht. Auf dem Programm des IT-Kurses stand auch, ganz offiziell, »kritisches Denken«. Gewissermaßen als Flaggschiffanwendung. Die Lehrerin definiert: »Kritisches Denken heißt: vergleichen, Alternativen sehen, eine eigene Meinung finden.«

Aus Frontalunterricht wird nun Gruppenarbeit, selbständiges Lernen, die Schüler bestimmen das Tempo, sollen sich gegenseitig kritisieren. All das ist neu für Malaysia; gewöhnlich sind die Unterrichtsmethoden autoritär, und die Schüler müssen viel auswendig lernen. Wenn die Jungen dieses Internats allerdings in der Freizeit am Schulcomputer surfen, sollen sie die besuchten Websites in ein Buch eintragen. Hilfe zur Selbstdisziplin nennt das die Schule.

Eine halbe Autostunde entfernt machen in einem Büro unterm

Dach 14 überarbeitete Journalisten *Malaysiakini.com*, »Malaysia jetzt«, eine unabhängige Online-Tageszeitung. Unter den oppositionellen Websites ist dies die professionellste; 100.000 Nutzer suchen hier tägliche geistige Nahrung, stöbern in Nachrichten, Analysen, Enthüllungen. »Kritisches Denken?« Steven Gan, der 37jährige Chefredakteur, lacht wegwerfend. »Wenn sie kritisches Denken wollen, dann sollen sie den Leuten erlauben zu demonstrieren.« Kreativität könne nicht isoliert entstehen, könne nicht von oben eingeimpft werden.

Malaysiakini balanciert am Rand der Legalität. »Es gibt keine völlige Freiheit im Internet«, sagt Steven und zählt die Strafgesetze auf, die ihn und seine Kollegen morgen ins Gefängnis bringen könnten: Verleumdungsgesetz, Gesetz zur Inneren Sicherheit, der Paragraph gegen das Verächtlichmachen von Gerichten, das Gesetz über die Geheimhaltung staatlicher Dokumente, das Gesetz gegen Aufhetzung. Alles bewährte Paragraphen gegen die Opposition. Nicht Recht, sondern politisches Kalkül bietet dem Online-Journalismus gegenwärtig einen gewissen Schutz: Ein Verbot wäre schlecht für das Image des Multimedia-Korridors.

Ein winziges Fernsehstudio, kaum sieben Quadratmeter groß: das Web-TV der orthodox-islamischen Oppositionspartei. Mat Zahari Ali bindet sich eilig eine Krawatte um, setzt sich das schwarze malaiische Samtkäppi auf, an den Füßen trägt er nur Socken. Seine Kollegin schiebt sich die Kopfhörer übers Kopftuch, bedient mit einer Hand die Videokamera und zieht mit der anderen langsam eine beschriftete Papierfahne hoch, der Teleprompter, in Großdruck. »Salam aleykum«, Mat beginnt mit dem Verlesen der Nachrichten.

Die karge Ausstattung des Studios kann leicht täuschen, die islamische Partei hat an Boden gewonnen. »Das Internet wird verändern, wie das Volk in Malaysia denkt«, sagt der Chef des Web-TV emphatisch. »Die Regierung wirbt für den Multimedia-Korridor, aber die Websites sind ihr Feind.« Der Frontverlauf im Kampf um politische und kulturelle Freiheit ist ein wenig bizarr: Wo die Orthodoxen regieren, in zwei Staaten Malaysias, verhängten sie einen Bann über das traditionelle Schattenspiel, die älteste Form von Multimedia. Zugleich verlangen sie Presse- und Informationsfreiheit, Hand in Hand mit säkularen Oppositionellen.

»Malaysia ist eine Ausnahme unter den islamischen Ländern. Nur hier wird Informationstechnologie zum Bestandteil der Gesellschaft«, sagt Abu Bakar Abdul Majeed, ein junger Wissenschaftler an einem Islam-Institut in Kuala Lumpur. Er geißelt in seinen Zeitungskolumnen die technologische Rückständigkeit der islamischen Welt, wirbt mit Koranzitaten für die Vereinbarkeit von Glaube und Hightech. Sogar Mekkapilgerer möchte er mit Multimedia-Simulationen auf den Massenandrang an der Kaaba vorbereiten, um ihnen die Angst zu nehmen. Abu Bakar hat in vielen Moscheen Vorträge gehalten. »Danach werde ich oft gefragt: Muss es nicht eine Zensur des Internet geben wegen der Pornographie?« Seine Antwort: »Nein. Da hilft nur Selbstzensur.«

Korridor nach Mekka
Ein islamisches Sittenbild

Der »Strand der leidenschaftlichen Liebe« wurde umbenannt, er heißt nun keusch »Strand des schimmernden Mondes«. Die Malaiinnen baden dort in Kleid und Kopftuch, wenn überhaupt. Im Odeon-Kino bleibt stets die Beleuchtung an, denn im Dunkeln könnten sich Hände auf fremde Knie verirren. Im Supermarkt weisen Schilder an den Kassen Männer und Frauen in getrennte Warteschlangen.

Dies ist Kelantan: Ein grüner Landstrich in Malaysias Nordosten, nicht weit von Thailand. »Korridor nach Mekka«, so wird Kelantan wegen seiner strengen Sitten genannt; sie sind ungewöhnlich für Südostasiens Islam. Anderthalb Millionen Menschen, kein Nachtclub, keine Spielhalle, keine Karaoke-Bar. Seit dreizehn Jahren regiert die »Islam-Partei Malaysia«, kurz PAS, das Bundesland Kelantan; auf nationaler Ebene steht PAS in Opposition zum säkularen Kurs der Regierung. Von allem, wofür Malaysia bekannt ist, hat Kelantan weniger: weniger moderne Entwicklung, weniger Wohlstand, weniger Verwestlichung – auch weniger Korruption. Die Islam-Partei hat nie versprochen, Armut abzuschaffen, und eine niedrige Kriminalitätsrate ist ihr wichtiger als Wirtschaftswachstum. Zweimal wurde diese Landesregierung bereits wiedergewählt. Nach gängigem westlichem Etikett herrscht hier Fundamentalismus, allerdings demokratisch legitimiert, auch mit den Stimmen der Frauen.

Reise durch einen tropischen Winkel im Abglanz der Weltpolitik. »Amerika ist nicht gut«, hatte ein Mann unvermittelt schon am Flughafen gesagt. Auf den Dörfern hängt dieses Statement später wie ein unsichtbarer Schriftzug zwischen den Kokospalmen. In Kelantan ist Islam *way of life*, und viele fühlen sich deswegen jetzt kollektiv angegriffen.

Ein Freitagmorgen: Vor dem Parteigebäude in der Landeshauptstadt Kota Bharu sitzen Hunderte unter schattenspendenden Baldachinen auf der Straße, getrennt nach Männern und Frauen.

Schweigend warten sie auf den Mann, den alle »Tok Guru« nennen, wörtlich »Großvater Lehrer«: Nik Abdul Aziz Nik Mat, so sein voller Name, ist Ministerpräsident, Parteivorsitzender und islamischer Gelehrter. Eine zierliche Gestalt mit weißer Tunika und weißem Turban; der 71jährige kommt leichten Schritts und ohne Aufwand. Geübt heftet er sich ein kleines Mikrophon ans Gewand, beginnt mit einem Koranvers leise, wie beiläufig seine Ansprache. So ist es an jedem Freitagmorgen. Der Freitag ist in Kelantan wie Sonntag, und Tok Gurus wöchentliche Unterweisungen sind legendär, besonders zur Rolle der Frauen. Hübsche Frauen sollten nicht im Staatsdienst eingestellt werden, hat er einmal gesagt – da haben die liberalen City-Malaien in der fernen Hauptstadt Kuala Lumpur sehr gelacht. Hier spricht ein Patriarch, kein finsterer Mullah: Nik Aziz ist für entwaffnende Freundlichkeit bekannt. Er lebt bescheiden und für jeden zugänglich in einem dörflichen Holzhaus, lässt die Residenz des Ministerpräsidenten leer stehen, lehnt auch sonstige finanzielle Vergünstigungen ab. Ein »Mr. Clean« in der oft schmutzigen malaysischen Politik.

Die Prinzipien, nach denen er die islamische Gesellschaft in Kelantan formen möchte, folgen meist diesem Muster: die Frauen vor den Männern beschützen und die Männer vor sich selbst, vor ihrer »Veranlagung«, wie er sagt. Nur Frauen, die älter als 40 Jahre sind, dürfen in die Politik gehen – damit sie »kein Spielzeug« werden, »damit ihr Körper nicht ausgebeutet wird, so wie er bei den Kapitalisten ausgebeutet wird für Profit«. Frauen mit verführerisch hohen Stimmen sollen jetzt nicht einmal mehr an Koran-Rezitier-Wettbewerben teilnehmen. Am Ende seiner Rede drängen sich die Männer, um Tok Guru die Hand zu küssen.

»Die Feinde des Islam«, sagt er anschließend im Gespräch, »nutzen alle Medien – Fernsehen, Internet, Zeitungen. Einmal pro Woche rede ich dagegen an und versuche den islamischen Geist zu stärken.« Politik und Religion sind für diesen Muslim untrennbar, sein Negativbild eines Politikers ist Kemal Atatürk, der Begründer der modernen säkularen Türkei. »Die USA«, sagt er, »fürchten den islamischen Geist, denn er kann auch kleine und arme Länder stark machen. Sehen Sie Palästina: so klein und doch dieser Kampfgeist! Sobald das islamische Bewusstsein wächst, redet Amerika von Terrorismus.«

Ministerpräsident Nik Aziz nach der Freitagsansprache

Die palästinensischen Selbstmord-Attentäter in Israel sind für Tok Guru keine Terroristen: »Sie kämpfen für Gott. Ein Terrorist kämpft für sich selbst, für Politik, für Ideologien.« Wird der Unterschied also bloß durch die Absicht definiert? »Ja«, sagt er, »und nur Gott kennt die Absichten der Menschen. Ich kenne Ihre Absichten nicht, und Sie kennen meine nicht.«

Senffarbene Plüschsessel, ein Foto der Kaaba in Mekka. »Fühlen Sie sich sicher bei uns?!« fragt der Vorsitzende des Stadtrats von Kota Bharu zur Begrüßung. Sicherheit und Sauberkeit sind vorrangige Ziele in der Landeshauptstadt; man braucht eine Weile, um zu verstehen, wie mehr Sauberkeit, mehr Sicherheit und mehr Islam zusammengehören. Kota Bharu will den Ehrentitel »islamische Stadt« erringen, »100prozentig islamisch«, sagt der Ratsvorsitzende emphatisch. Aziz Abdul Rahman hat seine Krawatte leger nach hinten über die Schulter geworfen, ein kleiner Mann von untersetzter Gestalt und großer Geschäftigkeit; er hat in England studiert. Die Leutseligkeit seines Gebarens bildet einen erstaunlichen Kontrast zur puritanischen Strenge seiner Auffassungen. »Sängerinnen dürfen nur vor weiblichem Publikum auftreten.« Die Scheidelinie liegt beim Alter von zwölf Jahren: Mit zwölf hört ein Mädchen auf, ein Kind zu sein, mit zwölf wird ein Mädchen eine sexuelle Versuchung. Die Hotels müssen künftig zwei Swimmingpools haben – oder nach Geschlechtern getrennte Schwimmzeiten einrichten. Dem Ratsvorsitzende ist daran gelegen, dass sich Frauen nicht etwa benachteiligt fühlen: »Wir werden ein Sportstadion nur für Frauen bauen!«

Abend im Stadtzentrum von Kota Bharu: Die Straßenlaternen sind mit religiösen Kalligraphien geschmückt; auf Stelltafeln Koranzitate, eine noch größere Tafel warnt vor Aids mit den Worten: »Liebe Deine Familie!« Die Grenze zu Thailand ist nahe, dort ist fast alles erhältlich, was in Kelantan verboten ist. Die Imbissstände des Nachtmarkts verkörpern das alkoholfreie Nachtleben von Kota Bharu. Städtische Hygiene-Kontrolleure markieren die Stände mit drei Farben als »sauber«, »nicht sauber«, »sehr sauber«. Manche Imbisswirte locken Gäste mit Satelliten-Fernsehen, es läuft amerikanischer Ringkampf, mit Frauen-Ringen als Unterhaltungseinlage: Bikini-Blondinen mit strammen Po-Backen hauen sich gegenseitig auf die Silikonbrüste. Die muslimischen Jungs sitzen hinter ihrer Kokosmilch und starren wortlos.

Drogensucht ist verbreitet bei der Jugend von Kelantan; aus Thailand kommen billige Amphetamin-Pillen. Wo soviel Wert auf Sauberkeit gelegt wird, ist Drogensucht ein Schandfleck – oder ein Ventil. »Die Eltern können die Jugendlichen nicht mehr kontrollieren«, klagte der Stadtratsvorsitzende. Als Ursachen für Drogensucht führte er an: das Fernsehen, das Internet, die *peer groups*, die Scheidungen. »Religion ist eine Kur gegen Drogenanfälligkeit, aber sie muss schon im Kindergarten beginnen. Gott schützt die, die seinem Pfad folgen.« Das alles klingt wie von der CDU in den 50er Jahren.

Das Filmplakat des Odeon-Kinos zeigt eine Frau im Profil, über ihr bloßes Haar wurde mit Buntstift ein Kopftuch gemalt. Ein paar

Ecken weiter werden Magazine verkauft mit Minirock-Mädchen auf dem Titelbild. Die Bedienung im Café trägt zum züchtigen Kopftuch ihre Jeans auf der Hüfte und ein knappes T-Shirt. Und die Schulmädchen, die unter den großen weißen Kopftüchern der Schuluniform fast verschwinden, haben auf dem Rücken einen »Eastpak«-Rucksack am langen Riemen so weit runter hängen, wie es Mode ist bei allen Kids der westlichen Welt.

Abschottung ist nicht möglich, Kelantan zeigt sich als eine Gesellschaft voller Widersprüche, und selbst die Begründung, warum im Kino das Licht nicht ausgeschaltet wird, erzählt von diesem Widerspruch: Heutzutage könne sich doch jeder alle Filme im Fernsehen anschauen; wer ins Kino gehe, habe also »etwas« vor.
MTV kann nicht verboten werden in Kelantan, aber Schattenspiel lässt sich verbieten. Das traditionelle *Wayang Kulit* mit punktierten Figuren aus Wasserbüffelhaut ist hinduistischen Ursprungs; die klassischen Stories der Schattenspieler sind berühmte Hindu-Legenden, vor allem der Ramayana-Epos. Zwei Jahrhunderte lang hat das niemanden gestört, jetzt stört es die Islam-Partei. Viele Kelantanesen sind über das Verbot betrübt, doch der Unmut wird kaum laut. Kritik an einer religiös begründeten Entscheidung ist nicht leicht, zumal in Zeiten, wo die Feinde des Islam mächtig sind – soll ein Reisbauer da dem gelehrten Tok Guru widersprechen? Einmal wöchentlich gibt es noch Schattenspiel für Touristen: Dann sitzen tatsächlich fünf Touristen in der öden Halle des Kulturzentrums und hinter ihnen hundert Einheimische.

Die neun Minister der Landesregierung sind allesamt Männer. Nicht einmal im Parlament sitzt eine Frau – es hat keine kandidiert. Aus dem Frauen-Flügel der Islam-Partei sind vier Frauen in die Parteiführung delegiert; bei Parteitagen setzen sie sich nicht zu den Männern an den Vorstandstisch. »Wir brauchen uns nicht in der ersten Reihe zu zeigen«, sagt Jamillah Ibrahim, »es macht uns nichts, wenn die Leute nicht wissen, was wir tun. Wir helfen den Männer und arbeiten für die Gemeinschaft.«
Jamillah ist 55, ganz in rosa gekleidet, sanft und mütterlich; sie verkörpert den Typ Politikerin, den die Islam-Partei toleriert. Über ehrgeizige Musliminnen in Malaysias säkularen Parteien sagt sie verächtlich: »Die denken an Ruhm, Macht und Geld.« In Jamillahs

Ideal einer islamischen Gesellschaft würden die meisten Frauen zu Hause bleiben, vom Staat bezahlte Mütter. Nicht wie bei den Taliban, davon distanziert sie sich vehement. »Keine Bildung, das ist nicht islamisch. Im Islam ist die erste Schule das Zuhause, der erste Lehrer ist die Mutter. Die Frauen sind verantwortlich für die Erziehung und für die Gesundheit der Familie.«

Besuch einer Oberschule auf dem Land: In Batu Gajah, »Elefantenhöhle«, lernen 1.300 Jugendliche im Alter von 13 bis 17 Jahren, mehr als die Hälfte davon Mädchen. Ganz selbstverständlich hat der Schulleiter als Begleitung für die Reporterin ein Mädchen gewählt, die Schulbeste in Englisch. »Mädchen sind intelligenter«, sagt der Rektor, »sie machen das bessere Examen, und später gehen mehr Mädchen als Jungen zur Universität.« In der Bibliothek wird gerade das Ende des Schuljahrs gefeiert, die Bibliothek ist der Stolz der Schule, und die Mädchen, die sie hüten, tragen eine besondere Uniform. Ihr Chef aber ist ein Junge. Auf die Frage, warum das so sei, antwortet die Englischlehrerin Rosmanizam: »Nach unseren Sitten steht immer ein Mann an der Spitze. Nur wenn es gar keinen qualifizierten Mann für den Posten gibt, wählen wir eine Frau.« Rosmanizam ist eine resolute Person; sie hat in den USA studiert, sie kennt die Welt jenseits der Grenzen von Kelantan. Ohne einen Anflug Zweifel in der Stimme verficht sie die vorrangige Stellung des Mannes. –

Stacheldraht rollt sich über dem Tor zum Mädchen-Wohnheim Nr. 1 im Dorf Pulau Melaka: um zudringliche Jungs abzuwehren, sagen die Bewohnerinnen. Make-up ist hier verboten, das Wohnheim gehört zu einem islamischen Internat. Es heißt »Licht des Hauses« und ist quasi eine Privatschule von Tok Guru, dem Landesführer. Die Schulgebäude, eine Moschee und das Wohnhaus des Politikers bilden ein dörfliches Quarée; so hielt es schon sein Vater. Zum Unterricht gehört neben den üblichen Fächern Arabisch sowie das Studium des Korans.

Die Islam-Schulen entstanden im 18. Jahrhundert, sie verbreiteten sich von hier aus über die malaiische Halbinsel; heute zählt allein Kelantan 71, ganz Malaysia 500. Westliche Medien portraitieren solche Internate gern als Brutstätten für Fanatismus und Terrorismus, sie zeigen als Schüler stets nur junge Männer. Hier, im »Licht des Hauses«, lernen 700 Mädchen; mit ihren 800 männlichen Mitschülern kommen sie kaum zusammen, teilen sich gleichwohl Lehrpersonal und Examensstoff.

Gespräch im Hof des Mädchenwohnheims: Kann eine Frau Regierungschefin sein? »Warum denn nicht?!«, ruft die 16jährige 'Izzati vergnügt, »vielleicht ich?!« Alle in der Runde haben ehrgeizige Berufsziele, möchten Ärztin oder Dozentin werden. Frauen seien mehr wert als Männer, sagen sie, auf jeden Fall intelligenter. Dann verrät eine noch, sie laufe einmal die Woche zum Cybercafé, um nach Filmstars zu surfen. Schon ist Gebetszeit, sie schlüpfen in ihre weißen Gebetsumhänge und flattern durch das Tor mit dem Stacheldraht zur Moschee.

Die Medizindozentin Rashida Shuib, 49, trägt ihr kurzes Haar unbedeckt. Ihr Büro in der Universität ist vollgestopft mit Büchern und Notizen über Familienplanung, Aids, Frauenrechte. »Wenn ein Mann seiner Ehefrau verbieten kann, die Pille zu nehmen, dann hat das nichts mit Islam zu tun«, sagt sie. »Das ist schlicht patriarchalisch.« Die Professorin ohne Kopftuch ist eine Ausnahmeerscheinung; eine Feministin!, tuscheln manche. Sie lacht darüber – aber das Lachen ist nicht echt.

Es ist kraftraubend, gegen den Strom zu schwimmen, und es ist besonders kraftraubend, als überzeugte Muslimin tagtäglich gegen den Mehrheitskonsens einer muslimischen Gemeinschaft zu verstoßen. Rashida bezahlt dafür mit wachsenden Selbstzweifeln und inneren Konflikten. »Ich will keine westlichen Ideen predigen. Ich bin oft perplex, wie sehr der Westen uns missversteht«, sagt sie. »Für mich ist Islam ein Konzept der Gerechtigkeit, und das schließt die Gleichberechtigung der Frau ein. Aber ich weiß nicht, wie lange ich diese Überzeugung noch durchhalte.« Ihre eigene Tochter kritisiert sie. Alle ihre Freundinnen zogen irgendwann das Kopftuch über. »Ich spüre den Druck überall«, sagt Rashida. »Wenn ein Foto gemacht wird, dann verderbe ich immer das Bild.«

Die Geschichte vom Mangobaum

Auf der Suche nach Borneos Wildnis

Als dem Affenjungen die Banane hinunter ins Gebüsch fiel, seufzten 40 Ökotouristen mitfühlend auf. Es war ein gedämpfter Seufzer, denn die Besucher im Schutzgebiet für Orang-Utans sind gehalten, nicht zu lärmen. Der Bananenlose schaute melancholisch herab auf seine entfernten Verwandten, denen der Schweiß in Bächen über die Gesichter lief beim Fokussieren ihrer Teleobjektive. Der naturliebende Reisende ist ein guter Mensch; er sucht das Unverdorbene, Unzerstörte, und wenn er durch das Bezahlen dieses Wunsches zum Schutz der Wildnis beitragen kann, dann rundet sich alles harmonisch. Borneo lockt mit diesem Traum.
Die Wirklichkeit ist, wie könnte es anders sein, komplizierter. »Sepilok«, das Reservat der Orang-Utans, erzählt einen ersten Ausschnitt. Eigentlich ist es ein Rehabilitationszentrum, seit 40 Jahren: Orang-Utans, befreit aus einer Gefangenschaft, in die sie menschliche Vergnügungsgier zuvor geschlagen hatte, oft verwaist, oft verletzt, lernen hier das Leben in der Wildnis. Und weil sich manche der Ausgewilderten zweimal am Tag auf den Glockenschlag genau zu einer hölzernen Plattform schwingen, um ihre Walddiät mit Bananen aus dem Eimer eines Rangers anzureichern, wissen die Reisebusse, wann sie kommen müssen. So wurde Sepilok ein Magnet für Tourismus. Was das bloße Auge nicht sieht: Die 4.000 Hektar Dschungel sind zu einem neuen riesigen Käfig geworden; wegen des Kahlschlags ringsum ist das Schutzgebiet übervölkert – darum ist es so leicht, die Orang-Utans zu sehen.
Ich war planlos im malaysischen Norden der Großinsel Borneo eingetroffen. Sabah, wie der Landesteil regulär heißt, vermarktet sich geschickt unter dem Etikett »Borneo«, legendäre Wildnis und tropische Abenteuer verheißend. Ich wollte herausfinden, wieviel Natur sich noch erleben lässt in einer Region, die unter Ökologen wegen der weitflächigen Vernichtung des Regenwalds bekannt wurde. Überrascht fand ich mich in der fürsorglichen Umarmung

ökotouristischer Agenturen wieder, die mir binnen einer Woche die Begegnung mit mehr Arten verschafften, als mein Vokabular umfasste – und mich zugleich vor allen denkbaren Abenteuern in Schutz nahmen. Für einen eintägigen Bootsausflug überreichte mir »Wildlife Expeditions« einen 13 Punkte umfassenden Merkzettel (nicht die Extra-Batterie für die Kamera vergessen!); auch ermahnte man mich, wann ich Mückenschutz aufzutragen hätte. Im Spiegel der Fürsorge erkennt der Ökotourist sich selbst: reich und etwas debil.

Am Kinabatangan-Fluss sah ich binnen weniger Stunden Nasenaffen, diverse Rhinozerosvögel, ein Krokodil, Makaken sowie eine Herde wilder Elefanten. Das war unverdient viel, mein Glück profitierte gewissermaßen von größerem Unglück. Die Naturreservate sind Nischen zwischen der Ödnis von Ölpalmplantagen, hierhin fliehen die Wildtiere, und so erlebt der Bequem-Reisende von heute womöglich an einem Tag, was früher die Trophäe einer strapaziösen Expedition gewesen wäre.

Aber gäbe es die Schutzgebiete überhaupt ohne Tourismus, ohne den ökonomischen Anreiz? Experten sind geteilter Meinung. Bis zu 2.000 Reisende erkunden im Monat die Mangroven- und Flussbiotope nahe der Stadt Sandakan, übernachten in schlichten Herbergen am Kinabatangan-Fluss und zahlen für die naturnahe Komfortlosigkeit vergleichsweise viel Geld. Die »Sukau Rainforest Lodge« zum Beispiel hat Umweltpreise bekommen; sie arbeitet mit Solarenergie, in den Lampen brennt recyceltes Küchenöl, und die Gäste lernen sparsames Duschen mit Regenwasser.

Ringsum wohnen Fischer in traditionellen Häuschen auf Stelzen; sie zählen zu den ärmsten Bürgern Malaysias, gewöhnlich schöpfen sie sogar ihr Trinkwasser aus dem Fluss, der gelb ist von ausgeschwemmten Sedimenten. Der Betreiber der Rainforest Lodge steckt einen Prozentsatz seiner Einkünfte in einen Sozialfonds, stiftet Fischerfamilien Regenwassertanks; so können die Touristen das beruhigende Gefühl haben, an einem guten Werk beteiligt zu sein, wenn sie morgens zum Ruf der Gibbons erwachen. Utensilien, die einem deutschen Reisenden die Exotik einer abenteuerlich-spartanischen Nacht vermitteln, sind bei den einheimischen Nachbarn der Luxus ihres Lebens – eine ironische Facette der Legende Borneo.

Gemessen an der Nachfrage ist Ökotourismus in Sabah durchaus erfolgreich, er kann zumindest den bereits bestehenden Naturreservaten jene ökonomische Rechtfertigung liefern, derer sie offenbar bedürfen. Zugleich ist dieses Gewerbe wiederum naturgemäß begrenzt: Strömen noch mehr Touristen in die Schutzgebiete, wird der Schutz ad absurdum geführt. So zeigt das Testfeld Sabah Ökotourismus im typischen Dilemma. Im Mikro-Maßstab steckt in seinem Erfolg der Keim des Todes. Im Makro-Maßstab sind die Einkünfte zu gering, fließen zu langsam, um Staat und Privatfirmen von weiterer Naturzerstörung abzubringen.

Die Holzwirtschaft trägt zum Einkommen des Staates Sabah heute noch 20 Prozent bei; in den 70er und 80er Jahren, der Ära des großen Kahlschlags unter dem Banner »Entwicklung«, waren es 50 Prozent. Der Rückgang spiegelt geschwundene Ressourcen und eine veränderte Marktlage, jedoch kaum ein neues Bewusstsein. Sabahs Regierung ermuntert die 854 Holzfirmen der Region zumindest verbal, mehr hochwertige Endprodukte wie Möbel herzustellen, statt ganze Stämme zu exportieren – bisher mit wenig Erfolg. In manchen Gebieten ist nur selektives Abholzen erlaubt, ab einer bestimmten Stammesdicke. Ob dies das Etikett »nachhaltig« rechtfertigt, ist nicht erwiesen. Und selbst lasche Schutzgesetze werden oft gebrochen; illegales Abholzen ist weit verbreitet. Die Forst-Ranger müssen jetzt rotieren, ihre Einsatzorte wechseln – so soll Korruption durch Holzfirmen erschwert werden. –

Der Flachland-Regenwald im Danum-Tal gilt als eine der artreichsten Zonen der Welt. Dschungelbeobachtung verlangt Zeit, Geduld und Kenntnisse; der Regenwald gibt seine Schätze nicht dem Eiligen preis. Aber selbst das Offensichtliche reicht, sich zu verlieben: die Wucht jahrhundertealter Dipterocarp-Bäume, die Säulen der Würgefeigen, wie von riesiger Hand verflochten. In einer »Rainforest Lodge« wurde ich naturkundlich rundumbetreut: eine Stunde Vogelbeobachtung vor dem Frühstück, drei Stunden Dschungelwanderung am Vormittag, drei Stunden nachmittags, und dann noch ein »Night Walk«, bevor man aus den Blutegel-Schutzstrümpfen ins Rattanbett fällt.

Aber darf man sich guten Gewissens überhaupt in den bedrohten Resten jungfräulichen Regenwalds einmieten? »Ihr Besuch hilft uns, den Wald zu retten«, so empfängt die Lodge. Eine gewagte

Behauptung. Schon der Bau der ersten fünf Chalets in diesem strikten Schutzgebiet war umstritten, jetzt stehen bereits 18 Bungalows. Die Nacht im Rattanbett kostet mehr als in einem malaysischen Luxushotel. Fotos zeigen prominente Besucher in Blutegelstrümpfen, Filmstars, auch das schwedische Königspaar. Die Lodge gehört zu einem halbstaatlichen Konsortium; hier wird Staatsgästen ein heiles, exotisches Borneo gezeigt.

Zum Schluss die Geschichte vom Mangobaum. 200 Jahre war er wohl alt, ein ganz Großer seiner Art. Der Stumpf erzählt noch davon, bedeckt mit Sägespänen. Eine Depesche war eingetroffen: Der Sultan von Brunei kommt, der Regent des benachbarten Ölstaats. Flugs wurde ein Sultans-Chalet gebaut, mit drei Badezimmern für eine Nacht, und Sicherheitsabstand drumherum. Der Mangobaum stand plötzlich falsch. Die Landesregierung verordnete kurzen Prozess, die Sägearbeiter sägten in Trauer. Der Sultan kam dann gar nicht, wie das so ist. Nur eine kleine Geschichte aus dem wilden Borneo.

Ravi, geliebter Ravi

Das Lebensbild einer indischen Mutter

Dieser Ernst in den Augen. Sie war 18 Jahre damals; eine schöne junge Frau vor eleganter Kulisse. Für den Fotographen hatte sie ihren besten Sari angezogen. Ein Bild wie aus einem Film, ein weitläufiges Leben versprechend, große Leidenschaften. Ach, falsche Kulisse, falsche Versprechen. Sie war an diesem Tag um vier Uhr morgens aufgestanden, die Wäsche der Herrschaft einzuweichen. Ein Dienstmädchen im post-kolonialen Malaysia, Mitte der 60er Jahre. Eng ist das Leben der Ernsten, Stolzen bereits in diesem Augenblick, es wird noch viel beklemmender werden, eine finstere Parabel auf männliche Gewalt und weibliche Ohnmacht, auf Erniedrigung und Selbsterniedrigung.

Dies ist die Geschichte der Inderin Manonmani, kurz Mani genannt. Es ist eine sehr indische Geschichte, wenngleich sie in Malaysia spielt. Die tamilischen Einwanderer aus Südindien haben ihre Sitten mitgebracht in die neue Heimat und ihre abgründigen Familienstrukturen, und aus diesem Stoff reproduzieren sich Dramen Generation um Generation. »Unsere Sitten, du weißt schon....«, sagt Mani immer dann, wenn ihre Erzählung eine absurde Wendung nimmt, wenn es gilt, Unbegründbares zu begründen. Mani ist 56 jetzt, ihre Hände sind breit geworden von vier Jahrzehnten Putzen.

Die Eltern lassen sich scheiden, als sie sechs ist. Mani und ihre Schwester werden den Vater viele Jahre lang nicht wiedersehen. Eine Frau braucht Schutz, die Sitten!, die Mutter darf nicht allein bleiben, also betritt ein Stiefvater die Bühne. Die Mutter, auch sie ein Dienstmädchen, kommt nur am Wochenende von der Arbeit heim. Die beiden Mädchen leben mit dem Stiefvater in einer Ein-Zimmer-Wohnung; er spielt und nimmt Drogen, braucht andauernd Geld, noch gilt seine Gier nur dem Geld, anderes passiert später. Er stiehlt Mani das Schulgeld, das die Mutter ihr zusteckt, jagt sie mit einem Messer durch die Nachbarschaft, droht sie zu töten, wenn sie die Schule nicht aufgibt. Mani ist 15 jetzt, eine blendende Schülerin, sie weint und fleht, vergeblich.

Das 18jährige Dienstmädchen Mani, Mitte der 60er Jahre

In der nächsten Szene vergewaltigt der Stiefvater Manis Schwester, zwei Jahre älter als sie. Die Schwester wird schwanger, sie muss den Verursacher der Schwangerschaft heiraten, obwohl es der Stiefvater ist. Das klingt unglaublich, aber so geschieht es – die Sitten. Mani ist jetzt 18, die junge Frau mit den ernsten Augen. Für Männer empfindet sie nur Abscheu, sie will nicht heiraten. Es dauert acht Jahre, bis sie in eine billige Falle tappt. Die indischen Gärtner ihres Arbeitgebers schließen eine Wette ab: Wer bekommt diese hübsche verschlossene Frau herum, die nie ausgeht und nie nach einem Mann schaut? Einer der Gärtner erzählt Manis Verwandten, sie sei schwanger von ihm. Mani streitet alles ab, das hilft ihr nicht. Ihre Mutter sagt: »Du musst ihn heiraten. Dein Name ist beschmutzt.« Sie heiratet. Erst viele Jahre später wird sie erfahren, dass sie das Opfer einer fröhlichen Wette wurde. Da ist sie emotional schon längst abgestumpft. Denn diese Ehe ist in jeder Hinsicht aus Betrug geboren: Ihr Mann ist bereits verheiratet, hat bereits eine Familie. Sie findet das ein paar Monate nach der Hochzeit heraus; da ist es zu spät.

Eine Pseudo-Ehe nimmt ihren Lauf: Er kommt nur, um sich Geld zu holen und manchmal ein bißchen Sex. Sie fügt sich in alles, denn sie trägt um den Hals jene Schnüre, die der Hindu-Priester im Tempel als Zeichen der Verheiratung verknotet hat. Mani wird die Schnüre noch 30 Jahre später tragen, immer treu dem Treulosen, so will es die Sitte. Aber in ihrer Erzählung hat der Ehemann keinen Namen, sie nennt ihn abfällig nur »dieser Mann«.

1976 wird Ravintheran geboren, Ravi, der Sohn. Geliebter Ravi – das Kind wird ihr Ein und Alles, auf den Jungen richtet sich ihre Hoffnung auf Liebe, auf ein bisschen Glück.

Sie rackert von früh bis spät. Wenn Zahltag ist, holt sich der Mann die Hälfte ihres Gehalts ab. Ravi wächst auf mit den regelmäßigen Streitereien, wenn der Vater die Mutter besucht. Noch weiß er nicht, dass der Vater eine andere Familie hat. Mit elf Jahren greift er in einen Kampf zwischen den Eltern ein, nimmt einen Stock, will den Vater schlagen. Mani erinnert die Szene genau; es ist das letzte Mal, dass ihr Sohn sie verteidigt.

Wenig später erfährt er von Außenstehenden die Wahrheit über seinen Vater; er kommt aus der Schule nach Hause und fragt die Mutter: »Stimmt das?!« Er ist jetzt zwölf Jahre alt. »Von dieser Zeit an

beginnt er mich zu hassen«, sagt Mani. »Ravi fing damals an, mich in seinem Herzen zu hassen, aber ich wusste es noch nicht. Ich begriff es erst Jahre später.«
Ravi hasst nicht den Vater, denn der Vater ist ein Mann, und Männer sind eben so. Die Heirat war Manis Fehler, sie hätte klüger sein müssen, sie hätte es besser wissen müssen. Und darum ist sie schuld, dass Ravi mit der Schande leben muss, der Sohn einer Zweitfrau zu sein. Die Inder schauen herab auf die Kinder der Zweitfrau, nur die Kinder der Erstfrau werden respektiert. Ravi sucht den Anschluss an diese geachtete Familie seines Vaters, an seine älteren Halbgeschwister; er freundet sich mit ihnen an, geht auf jede ihrer Familienfeiern. Er ist 16 jetzt; er ist überzeugt: Mani, seine Mutter, ist eine schlechte Frau. Er kommt oft nachts nicht mehr nach Hause.
Nun beginnt ein verzweifeltes Ringen. Mani kämpft um die Liebe ihres Sohns, und je mehr sie kämpft, desto mehr wird er sie verachten. Sie versucht, seine Zuneigung zu erkaufen, sie bezahlt ihm ein College in der Hauptstadt, der Sohn der alleinerziehenden Putzfrau fährt dort im Auto vor. Sie legt jeden Penny beiseite, isst selbst nur das einfachste Essen, spart noch am Busfahrschein, alles ist für Ravi. Jeden Wunsch versucht sie ihm zu erfüllen, damit er sich seiner Herkunft nicht mehr schämt. Ravi, der Verwöhnte, verliert jedes Maß, spielt sich auf wie ein Playboy. Und hasst die Mutter.
Erfolglos versucht sich der Sohn später in allerlei Geschäften, scheitert als Autoverkäufer, scheitert mit einem Restaurant. Jeden Start bezahlt die Mutter. Ravi ist jähzornig, hat keine Ausdauer, verkraftet keine Frustration. Er sagt, er ertrage keinen Chef über sich; lieber lässt er sich von der Mutter aushalten. Sie gibt alles hin, was sie für ihr Altenteil gespart hatte. Auch Ravis Beziehungen zu Mädchen scheitern, schließlich verlangt er von der Mutter, sie müsse ihm eine Braut besorgen. Wenn er nachts nach Hause kommt, weckt er Mani, beschimpft sie, weil sie noch kein Mädchen gefunden hat: »Du taugst zu überhaupt nichts!« Seine Wutanfälle werden gewalttätig, er zerschlägt die Einrichtung – und er schlägt seine Mutter. Mani sagt es niemanden, zu groß wäre die Schande, aber andere sehen, dass sie jetzt Angst hat vor ihrem Sohn. Verwandte werfen ihr vor, sie habe Ravi verdorben, weil sie ihn verwöhnte.

Endlich kann sie eine Hochzeit für Ravi arrangieren. Ein Mädchen aus der Hauptstadt, alles ist mehr ein Zufall. Ravi will eine große traditionelle Hochzeit, die ganze Verwandtschaft des Vaters soll kommen, er will seinen Freunden zeigen, dass er einen netten Vater hat und eine große Familie. Der Vater hat ihm zeitlebens nicht einmal ein Paar Schuhe bezahlt, aber das spielt keine Rolle. Mani muss zu »diesem Mann« gehen, Ravi verlangt es, muss ihm die Einladungskarte persönlich übergeben, muss den Kniefall machen und ihn bitten, zu kommen. Warum kann der Sohn nicht selbst gehen? »Das wäre gegen unsere Sitten«, sagt Mani. »Der Jüngere kann nicht einladen.«

Hochzeit im gemieteten Saal: 300 Gäste, Mani hat ihre restlichen Ersparnisse geplündert. Ravi, 26, ist groß und schlank, klare Gesichtszüge, ein gut aussehender junger Mann. Die Zufalls-Braut kommt im Miet-Mercedes. Ein Traumpaar, eine Traumhochzeit. Mani hat sich schön gemacht, im leuchtend blauen Sari, mit einem künstlichen Dutt, aber ihr dunkles Gesicht ist grau vor Nervosität. Wird »dieser Mann« wirklich kommen, um dem Brautpaar seinen väterlichen Segen zu geben? Er kommt. Er hat seine erste Ehefrau mitgebracht; sie steht neben ihm, als er das Brautpaar segnet. Mani steht am Rand, wie eine Statistin.

Manchmal lauert ihr »dieser Mann« auf der Straße auf, immer noch will er Geld. Mani fürchtet Gerede – weil sie, eine Frau Mitte 50, mit einem Mann auf der Straße steht. »Die Inder sagen dann: du hast einen Boyfriend.« Einmal schlägt ihr Mann ihr ein Bein grün und blau, sie habe einen Boyfriend, sagt nun er. Mani verbirgt ihr Unglück wie eine Schande, nirgendwo kann sie Rat oder Hilfe holen, denn familiäres Scheitern darf nicht bekannt werden. Die Sitten! –

Santhi, so heißt ihre Nichte; es ist das Kind von Manis Schwester, gezeugt durch jene Vergewaltigung damals. Santhi ist jetzt 36, sie hat seit elf Jahren kein Wort mehr mit ihrer Mutter gesprochen. Die Mutter hat ihr nie erzählt, was geschah, aber Santhi muss es erfahren haben, irgendwie. Sie nennt die Mutter nicht mehr Mutter und sie weigert sich, über sie zu reden. Vor sechs Jahren starb Santhis Vater, der Vergewaltiger; Santhis Mutter ging nicht zur Beerdigung, und sie weigerte sich, die hinduistischen Rituale der Witwe zu vollziehen. Das hat die Tochter zusätzlich erbost. Sie hat früher gese-

hen, wie der Vater die Mutter schlug mit Gummibaum-Holz, doch sie hält zu ihm, über den Tod hinaus.
So schließt sich ein Kreis. Die Tochter des Vergewaltigers klagt die Mutter an, dass sie sich hat vergewaltigen lassen – so wie Ravi seine Mutter anklagt, weil sie sich in einer betrügerischen Ehe fangen ließ. »Es ist, als läge ein Fluch auf dieser Familie«, sagt Mani. »Immer sind die Frauen schuld. Niemand beschuldigt die Männer.«
Ravi wohnt mit seiner Frau jetzt in der Hauptstadt, ein paar Fahrtstunden entfernt. Mani bezahlt seine Telefonrechnung, aber wenn sie Geburtstag hat, ruft der Sohn sie nicht einmal an. Wenn Ravi Geburtstag hat, stellt sich Mani am Vorabend den Wecker, damit sie um Mitternacht aufwacht und garantiert die erste Gratulantin ist. Für die ständigen Kränkungen, die der Sohn ihr zufügt, hat sie keine Worte mehr und nur in den gröbsten Fällen noch ein paar Tränen. Aber den Sohn loslassen, den Kreislauf ihrer Ausbeutung durchbrechen, das kann sie nicht. »Ich bin seine Mutter«, sagt sie, »zu wem soll er denn sonst gehen?«
Neulich war sie bei einem indischen Wahrsager, sie wollte herausfinden, »warum da nie Glück war, in diesen 56 Jahren meines Leben.« Der Wahrsager sagte ihr: Es ist Schicksal. Es wird sich nicht mehr ändern. Er sagte ihr auch: Dies ist ihr letztes Leben, ihre siebte Reinkarnation, sie wird nicht wiedergeboren werden. »Vielleicht habe ich im vorigen Leben Schulden gemacht«, sagt Mani, »jetzt zahle ich zurück mit Zinsen.«
Ein letztes Bild: Mani, das Haar grau gesträhnt, geht mit Tüten voller alter Getränkedosen zur Bushaltestelle. Ihr Sohn versucht sich gerade mit einem Recycling-Betrieb; deshalb sammelt sie leere Dosen in allen Haushalten, wo sie putzt. Sie puhlt sie aus dem Abfall, wäscht sie ab und haut sie dann mit einem Schuh flach. Ihr Sohn kommt nicht mehr oft zu Besuch. Aber wenn er kommt, wird sie ihm eine große Sammlung von Dosen geben.

Philippinen

Der reiche Held der Armen

Joseph Estrada, seit drei Jahren vor Gericht

Vor dem Tor Nummer 7 zum Präsidentenpalast in Manila blieb ein See ausgetretener Latschen zurück. Barfuss flohen die Habenichtse; der Sturm der Armen auf den Palast war gescheitert. Die automatischen Gewehre von Polizei und Soldaten hatten ein paar tausend Angreifer auseinander getrieben, die nur mit Steinen bewaffnet waren und mit Wut.
Dieses Bild hat keine Moral, jedenfalls keine vernünftige. Denn der Aufstand der Armen, ihr Schrei nach Gerechtigkeit diente der Verteidigung eines Mannes, der Mitleid keineswegs verdient. Joseph Ejercito Estrada, der gestürzte Präsident der Philippinen, hat sich in jenen 31 Monaten, da er den Palast bewohnte, um eine Summe bereichert, die in den Slums von Manila jenseits allen Vorstellungsvermögens ist. Vier Milliarden siebenundneunzig Millionen achthundertviertausend einhundertdreiundsiebzig Pesos und siebzehn Centavos, so steht es in der Anklageschrift; das sind etwa 100 Millionen Euro.
»Plünderung« heißt das Delikt nach dem philippinischen Anti-Korruptions-Gesetz, Diebstahl großen Stils »zum Schaden des Volkes«. Darauf steht lebenslänglich oder Todesstrafe, nichts Geringeres. Es war eine Premiere im ständisch geprägten Asien, als der mächtige Delinquent im Augenblick seiner Verhaftung behandelt wurde wie jeder gemeine Straßenräuber: Verbrecherfoto von drei Seiten, Fingerabdruck für die Akten.
Es ist schwer zu glauben und doch wahr, dass diese Szene als tiefe Kränkung empfunden wurde in Manilas endlosen Elendsvierteln, in den Verschlägen aus Pappe und Wellblech zwischen rauchendem Müll. Zum Beispiel in der Bruchbude des Rischkafahrers Totoy, wo

sich der ganze Besitz einer sechsköpfigen Familie mit einem Blick erfassen lässt: Zwei Schlafmatten, ein paar Plastikbecher, ein Topf, drei Kleiderbügel an der Decke, ein Kruzifix. Kein Strom, kein Wasser. So wohnt die Liebe zu einem Mann, der den Armen Häuser versprach und stattdessen seinen Mätressen Villen mit Swimmingpool baute.

Joseph Estrada war ein Filmschauspieler, ein Star der Massen-Unterhaltung; auf dem Strahl dieser Popularität kletterte er ins höchste Amt. Reiche Bosse, *Cronies* des einstigen Diktators Ferdinand Marcos, finanzierten 1998 seinen Wahlkampf; die meisten Stimmen kamen von den Besitzlosen, den Marginalisierten. Der Präsident bleibt ihr Held, gibt sich volksnah, geht in die Slums. Die Intellektuellen verachten ihn: ein Schulabbrecher mit lächerlich schlechtem Englisch, ein Objekt für Partywitze. Schwarze Wolken ziehen sich über Estrada zusammen, als ein abtrünniger politischer Kumpan auspackt: Gewinne aus illegalem Glücksspiel und unterschlagene Steuern häuften sich auf Estradas Konten. Kardinal Jaime Sin, Oberhaupt der mächtigen katholischen Kirche, spricht ihm noch am selben Tag das moralische Recht zu regieren ab. Der Kardinal nimmt Rache: Der promiske Lebemann Estrada war gegen seinen Widerstand gewählt worden.

Nun überschlagen sich die Ereignisse. Im philippinischen Senat beginnt ein Amtsenthebungs-Prozess; das Stück wird ein Reißer, fünf Stunden täglich – *Guilty or not guilty?* – live im Fernsehen übertragen. Die Chefin einer Bank bezeugt, sie habe aus 30 Zentimeter Entfernung gesehen, wie der Präsident des Landes einen Millionenscheck mit falschem Namen unterschrieb. Das Senatsgebäude ist von Demonstranten umzingelt, sie nennen sich Jericho-Marschierer, sie schlagen Krach, sie wollen die Mauern der Unwahrheit zum Einsturz bringen. Drinnen senken sich Köpfe zum Gebet: »Herr, erfülle die Männer und Frauen dieser Kammer mit Weisheit...« Aber – Verrat! Estrada-nahe Senatoren blockieren die Beweisfindung, der Prozess wird abgebrochen, der Peso fällt, nun beginnt ein Kampf zweier Kulturen: Die modernen Sektoren der philippinischen Gesellschaft stehen auf gegen Estrada, gegen das populistische Modell, gegen die Korruption. Mittelschicht, Wirtschaftsverbände, Nonnen, Gebildete gehen tagelang auf die Straße, unterstützt von fast allen Medien. Auch die Gegenseite mobilisiert, *Prayer-Rallies* versammeln Hunderttausend hüben wie drüben; Imelda Marcos, die Frau mit den 3.000 Paar Schuhen, tippelt auf Pro-Estrada-Demonstrationen. Das Militär gibt den Ausschlag – als es auf die Seite der Estrada-Gegner wechselt, verlässt der Präsident unter Protest den Palast. Das Oberste Gericht vereidigt seine Nachfolgerin Gloria Arroyo auf offener Straße. Ein Staatsstreich der besseren Moral.

Sheila Coronel hat vor zwölf Jahren mit einer gebrauchten Schreibmaschine und ein paar wackligen Stühlen das »Zentrum für investigativen Journalismus« gegründet. Nun hat die zierliche Frau 14 Mitarbeiter; ihr couragiertes Team gibt staatlicher Korruption Name und Anschrift. Zwei Drittel des Etats für Schulbücher fließt als Schmiergeld der Verlage an die Auftraggeber im Erziehungsministeriums zurück; entsprechend mangelhaft sind die Bücher. Coronels Team hat die Luxusvillen für Estradas Geliebte ans Licht gebracht und die Spur gefunden, wie die beteiligten Bauunternehmer bei staatlichen Großprojekten bevorzugt wurden. »Korruption ist dem öffentlichen Blick kaum entzogen«, sagt Sheila Coronel. »Jeder weiß es. Aber die Verantwortlichen werden fast nie zur Rechenschaft gezogen«.

Nach offizieller Schätzung verschwinden jährlich 20 Prozent des Nationalhaushalts in dunklen Kanälen. Dabei haben die Philippinen vorbildliche Gesetze und staatliche Instrumente gegen Korruption: einen Ombudsmann mit quasi-juristischen Befugnissen, einen separaten Gerichtshof. Aber nur acht Prozent der Bürger, von denen Beamte ein Schmiergeld verlangen, glauben an den Nutzen einer Beschwerde. Von den Beschwerden kommen nur 16 Prozent zur Anklage. Von den Angeklagten werden nur zwölf Prozent verurteilt. Die Richter, die Sanktionen verhängen sollen, gelten selbst als korrupt.

Dante Jimenez, der Vorsitzende der »Freiwilligen gegen Verbrechen und Korruption«, zückt einen roten Kugelschreiber. »Ich schreibe immer mit rot, das ist die Farbe des Bluts, ich bin wütend auf dieses System.« Jimenez ist ein theatralischer philippinischer Macho, aber er kämpft gegen Korruption mit dem heißen Atem des Betroffenen. Jahrelang hat er versucht, den Mord an seinem Bruder aufzuklären, er erlebte eine Justiz, in der Geld jede Entscheidung beeinflusst. Sein Verband hat Anzeige gegen Estrada erstattet, als der Präsident noch im Amt war. 4.000 Aktive sind bei den Freiwilligen; wenn sie eine Klage beim Ombudsmann einreichen, stellen sie sich gleichzeitig vor seine Tür und demonstrieren. »Sonst schlafen die Akten in seinem Schrank.«

Bei den Armen von Manila ist die Treue zu Joseph Estrada resistent gegenüber allen Enthüllungen. Dies liegt nicht nur daran, dass in den Slums keine Zeitungen gelesen werden. Steuerdiebstahl, gigantische Schmiergelder, illegale Aktiengewinne, schwarze Konten – instinktiv ahnen die Besitzlosen, dass all dies ohnehin zum Leben der philippinischen Oberklasse in ihren ummauerten Parkanlagen gehört. Und nur der eine, der die Hand zu ihnen ausstreckte und mit ihnen den Reis mit bloßen Händen aß, der steht nun am Pranger!
Estrada wird »Erap« genannt, das heißt rückwärts gelesen: Kumpel, und auch sonst ist alles nun irgendwie falschherum. Der Täter gilt als Opfer. Der Held der Armen gejagt von den Reichen – so war es in Estradas Filmen. Der Robin Hood der Leinwand litt stets unter den klassischen philippinischen Unterdrückern: Großgrundbesitzern, Gebildeten, korrupten Politikern im schmutzigen Bündnis mit den Reichen. Nun verschwimmen Film und Wirklichkeit, Fiktion überblendet Realität. »Gerechtigkeit für Erap und für jeden Filipino«, steht auf dem Transparent einer Pro-Estrada-Demonstration.
In ihrem schäbigen Süßigkeiten-Kiosk wischt sich die 60jährige Beth mit einem Zipfel des zerschlissenen T-Shirts die Tränen aus den Augen. »Es ist nichts bewiesen, wie können sie ihn verhaften? Er hat keine Chance!« Erap ist schön, sagt sie über den Mann mit den bleichen, verlebten Zügen, »er ist schöner als Bill Clinton, der hatte auch Mädchen, aber Erap ist schöner, das ärgert Clinton bestimmt, nicht wahr?«
Durch die Kulissen dieser Trugbilder huschen heimliche Regisseure. Den Aufstand der Armen, den Sturm auf den Palast befeuerte nicht allein spontane Wut. Wohlbestallte Senatoren riefen auf zum Klassenkampf, Agitatoren malten für Analphabeten, die kein Englisch sprechen, medienwirksame Parolen: *Poor is Power*. Estradas Meisteragitator in den Slums hat Politikwissenschaft studiert, der

intervievscheue Präsident einer »Bewegung gegen Armut« war in frühere Putschversuche verwickelt.
Der Zorn der Besitzlosen ist zur Manövriermasse im Machtkampf geworden. Angestauter Klassenunmut, formuliert der Soziologe Walden Bello, werde von einer populistischen Elite zur Geisel genommen. Missbraucht wurde die Wut – und doch ist eine Botschaft angekommen. Niemals sei das Land so von Furcht ergriffen worden vor dem Zorn der Armen, schreibt eine Tageszeitung. Ein bemerkenswerter Satz: 35 Prozent der Philippinen leben unter der Armutsgrenze; ein Fünftel der 14 Millionen Einwohner von Manila wohnt in Slums. Nun nimmt die Oberschicht überrascht zur Kenntnis, dass ihnen dieses Land nicht allein gehört.

People's Power, Volksmacht, ist ein geflügelter Begriff für philippinische Demokraten, seit der Diktator Ferdinand Marcos, zunächst ein Liebling der USA, dann fallengelassen, 1986 nach tagelangen Massendemonstrationen die Flucht ergriff. Aber welch ein Betrug am Ideal! Nach Marcos' Sturz restaurierte die alte Elite und die Landoligarchie rasch ihre Macht, wischte das Problem krasser sozialer Ungleichheit beiseite. Diese Ungleichheit ist schon Jahrhunderte alt – seit den Tagen, als spanische Kolonisatoren unter dem Zeichen des Kreuzes das Inselreich besetzten.

Auch die neue Präsidentin Gloria Arroyo, ins Amt gespült von der Bewegung gegen Estrada, von *People's Power No 2*, entstammt der dünnen Fettschicht der Gesellschaft. Sie hat eine Eliteausbildung in Ökonomie, ein näselndes Elitebewusstsein und sechs Haciendas mit mehr als tausend Hektar Land. Als Gloria Arroyo die Boten des Elends am Tor des Präsidentenpalasts rütteln sah, zog sie sich hastig eine Jeans an und fuhr auf Slum-Besuch.

Nicht alle Armen sind Estrada-Anhänger. Seine Machtbasis ist die allerunterste soziale Klasse, das sind immerhin 21 Prozent der Wähler. Eine düstere Welt der Bandenkriege, wo allein Drogen, Glücksspiel und Alkohol Hoffnung versprechen; wo dem Nachbarn noch die zerlumpte Wäsche von der Leine gestohlen wird.

Besuch eines anderen Armenviertels in Manila: An Pesos haben die Menschen hier nur geringfügig mehr, doch es gibt Nachbarschaftshilfe, ein paar *Community*-eigene Werkstätten – und ein ganz anderes Bewusstsein. »Der Kampf gegen die Reichen ist auch mein Kampf, aber Estrada ist dafür die völlig falsche Person«, sagt die 43jährige Rosita, Mutter von fünf Kindern. Sie demonstrierte für den Sturz des korrupten Präsidenten, nicht für seine Verteidigung. Meinungsumfragen zufolge wollen 53 Prozent der Filipinos Estrada vor Gericht sehen, 45 Prozent sind dagegen. Eine gespaltene Nation. Doch die Zahlen besagen auch: Arme mit ein wenig Bildung und ein wenig besserem sozialem Status können sehr wohl erkennen, dass dieser Mann eine Symbolfigur jener Korruption ist, unter der sie alle leiden. Man macht sich in Europa keine Vorstellung, wie Korruption einen ganzen Staat im Griff hält, eine Demokratie völlig käuflich macht. Gerade waren Wahlen, das heißt: eine Art Auktion. Gewählt wird, wer am meisten bietet. In manchen Dörfern hatten Kandidaten am Morgen des Wahltags alles Fleisch aufgekauft: Fleisch gegen Wählerstimme. Ausgezählt wird von Hand, eine chaotische wochenlange Prozedur, Einfallstor für vielfältigen Betrug – und warum? Weil die Automatisierung, per Gesetz längst beschlossen, bisher durch Korruption verschleppt wurde.

Immer konnten sie sich der Strafe entziehen, die gierigen Staatsführer armer Länder, sie flüchteten ins Ausland oder in mildtätige Vergreisung. Wird das nun endlich einmal anders im Fall Estrada? Der 63jährige sitzt im Militärhospital in Haft, nicht luxuriös, aber kommod – man will seine Anhänger nicht durch eine neue Demütigung des Helden reizen. Der Prozess: 58 Staatsanwälte werden 359 Dokumente und 51 Zeugen gegen Estrada präsentieren. Das klingt imposant – zu imposant. Der Ankläger ist schlecht beleumundet. Es ist jener sogenannte Ombudsmann gegen Korruption, dessen Amt selbst als chronisch korrupt gilt. Im Erdgeschoss des Amts hängt ein Plakat, auf dem eine mächtige Faust die eiserne Fessel der Korruption zerschlägt. Zwei Stockwerke höher steigt Schläfrigkeit hinter Papierstapeln auf.
Der Ankläger Margarito Gervacio gefällt sich in dunklen Andeutungen über die Widernisse in diesem Prozess. Angst! Geld! Einschüchterung! Morddrohungen! Auf dieses brisante Szenario folgt die gleichmütige Feststellung: Allein die Präsentation der Beweise werde zwei Jahre dauern, der gesamte Prozess vermutlich vier. Und Estradas Geld? Verschwunden. Die Konten geräumt, bevor der Staat zugriff. Irgendwann soll es in Estradas Haus ein Zimmer

voller Banknoten gegeben haben. Aber – keinen Durchsuchungsbefehl. Kann man das Geld nicht suchen? »Wir wissen doch nicht, wo es ist«, sagt der Ankläger und lächelt fein.

Drei Jahre später, Manila im Januar 2004: Siebenmal wurde der Prozess schon ausgesetzt, Verzögerungstaktik seitens der Verteidigung. Estrada ist gerade in die USA abgereist, das Gericht hat ihm drei Monate Haftverschonung gewährt für eine Operation am Knie. Eine Polizeieskorte begleitet ihn, doch die Staatsanwälte sind keineswegs sicher, ob sie den Angeklagten je wiedersehen. Hinter der großzügigen Entscheidung des Gerichts sehen philippinische Kommentatoren politische Motive: Die amtierende Präsidentin Gloria Arroyo will demnächst wiedergewählt werden, sie versuche, die Estrada-Anhänger auf ihre Seite zu ziehen. Denn in den Umfragen führt jetzt ein Filmstar. Ein *Action*-Star, die Massen lieben ihn, er könnte Präsident werden. Estrada unterstützt ihn.

Vietnam

Ein Sonntag auf dem Lande

Besuch bei alten Kommunisten:
Herr Minh und Frau Thinh

Über den Reisfeldern liegt ein zarter hellgrauer Dunst. Ausflug ins Ländliche an einem nasskalten Sonntagmorgen; hinter uns erwacht Hanoi, hupend, bimmelnd, klingelnd, vor uns sechzig Kilometer Landstraße Richtung Vorgebirge. Sechzig Kilometer lang bleibt unser Auto der einzige private Wagen, ein singuläres Zeugnis von Luxus. Holzkarren, Wasserbüffel, Fahrräder, Fahrräder, Fahrräder, und dann nur noch Stille.

Ein Bauerndorf im Norden Vietnams. Barfüßig flitzen Kinder voraus: Fremde!, Fremde!, eine Langnase!, wer hat sie zuerst gesehen? Vietnamesisch ist für den Ahnungslosen eine vertrackte Sache; alle Namen klingen verwirrend ähnlich, Provinzen, Dörfer, Personen purzeln einem leicht durcheinander. In diesem Fall heißt, wenn die Notizen nicht trügen, das Dorf Tau Linh, und die Gastgeber, die uns am Gartenzaun empfangen, sind Chu Van Minh und Bui Thi Thinh. Herr Minh. Frau Thinh.

Sie ist 55, er 65, und an beiden fällt zunächst auf, wie wenig sie den Erwartungen entsprechen, die ihre Lebensdaten zuvor geweckt hatten. Herr Minh: ein Oberst im Ruhestand, 40 Jahre beim Militär, Lehrer an einer Offiziersschule – und doch nichts von gravitätischer Strenge; leichtfüßig, agil, ganz liebenswürdige Zivilität. Frau Thinh: früher Bürgermeisterin des Dorfs, verdienter Kader, eine ausgezeichnete Schützin im Krieg gegen die Amerikaner – scheu und bescheiden verschwindet sie nach der Begrüßung gleich Richtung Küche.

Im Wohnzimmer des flachen Steinhauses hängt ein verblichenes Foto von Ho Chi Minh, es wirkt privat, wie das Bild eines Verwandten: Onkel Ho bei der Zeitungslektüre, 1947, eine Jacke leger über der Schulter. Herr Minh gießt bitteren gelben Tee in winzige Tassen, er stammt aus demselben Dorf wie Onkel Ho. Mit 19 war Herr Minh schon bei der legendären Schlacht von Dien Bien Phu gegen die Franzosen dabei, aber das ist ihm nicht der Rede wert, bitte trinken Sie jetzt Ihren Tee! Ein Gespräch in Vietnam beginnt mit dem Austausch von Familiendaten. Herr Minh hat fünf Töchter, in der Mehrzahl schon erwachsen, zwei studieren in Hanoi. In der Stimme von Herrn Minh ist der Vaterstolz verschattet. »Es ist traurig für eine vietnamesische Familie, keinen Sohn zu haben.« Aus der Küche dringt Gemüsehacken herüber. Die Söhne seien traditionell für die Versorgung der Alten zuständig, sagt Herr Minh, und eine zweite Frau nehmen, das ging nicht, denn als Mitglied der Kommunistischen Partei habe er sich an die Verfassung halten müssen, die Zweitfrauen verbietet.

An der anderen Wand des Wohnzimmers hängt ein großes Landschafts-Poster von Taiwan, darunter steht eine Stereoanlage, Sony. Für vietnamesische Verhältnisse lebt die Familie in Wohlstand, mit seiner Militärpension und ihrer Kaderrente kommen sie auf umgerechnet 50 Euro im Monat; der Durchschnittsverdienst eines Bauern in diesem sehr armen Distrikt liegt bei sieben Euro. Ein Fabrikarbeiter in der Stadt schafft mit Überstunden 60 Euro im Monat, für eine Übernachtung im Hilton Hanoi müsste ein Reisbauer anderthalb Jahre arbeiten.

Das Wohnzimmer ist offen zum Hof, draußen läuft ein schweigsamer Enkel herum; wenn er spräche, spräche er russisch. Die älteste Tochter von Herrn Minh und Frau Thinh lebt in Minsk; zu sowjetischen Zeiten war sie Vertragsarbeiterin, nun schlägt sie sich mit ihrem Mann irgendwie durch. Den sechsjährigen Sohn haben sie zu den Großeltern geschickt, damit er endlich vietnamesisch lerne. Unter dem Bild von Onkel Ho hängt das Foto einer belorussischen Kindergarten-Schar, ein paar vietnamesische Gesichtchen darunter. Wahrscheinlich war es die Kombination der Fotos, die mich viel zu früh zu der Frage veranlasste: Kann der vietnamesische Kommunismus überleben? Herr Minh lacht ein langes asiatisches Lachen, indem die Rüge für meine Hast inbegriffen ist, und antwortet: »Darf ich Sie jetzt einladen, unseren Garten zu besichtigen?« Lei-

Frau Tinh und Herr Minh, Kriegsveteranen

ser sagt er: »Ich will Ihrer Frage nicht ausweichen. Aber Sie müssen wissen, dass ein Besuch wie der Ihre vor einigen Jahren noch ganz unmöglich war.«
Gemüse, Mandarinen, ein Fischteich, eine Truthahnfamilie. Hinten im Garten eine offene Strohhütte, drinnen kleine Bänke, eine Schiefertafel. Herr Minh gibt seiner jüngsten Tochter und deren Freunden Englischunterricht. An der Tafel steht ein Übungssatz, der in der ländlichen Idylle wie eine kühle Nachricht vom modernen

Überlebenskampf wirkt: »I wish I had had a better job last month.« Herr Minh hat selten Gelegenheit, mit Ausländern englisch zu reden; wer kommt schon in dieses Dorf? So versagt im Mündlichen, was er in der Strohhütte unterrichtet, und er greift verlegen auf den Dolmetscher zurück. Zu glauben, Herr Minh sei von der Welt abgeschnitten, wäre dennoch falsch: Als Liebhaber von Eisenbahntechnik ist er mit der Diskussion über den Transrapid erstaunlich vertraut.

Während wir durchs Gärtchen spazieren, hat die jüngste Tochter im Wohnzimmer laute Disko-Musik aufgelegt. Vater Minh behauptet tapfer, doch, doch, die Musik gefalle ihm – und nutzt dann die Gelegenheit zur Klage: «Die Jugend von heute studiert nicht hart genug; sie stehen nur auf der Straße herum und wollen ein besseres Leben. Vielleicht gelingt es den Amerikanern diesmal, die Jugend zu erobern.« Als wir uns zum Mittagessen mit vielen Schüsselchen auf den Boden des Wohnzimmers setzen, ist die Musik von unsichtbarer Hand abgestellt.

Selbstgebrannter Reisschnaps aus einer französischen Cognacflasche, dazu Vietnam-Wodka, alles in kleinen Tässchen. Der Dolmetscher ist ein japanischer Journalist; Herr Minh singt für ihn leise ein paar Zeilen eines Lieds aus der japanischen Besatzungszeit, er singt es auf japanisch, und der Dolmetscher raunt mir zu: Das ist jetzt so, als sänge in Deutschland jemand eine Hymne auf das Hakenkreuz.

Die bescheidene Frau Thinh leistet uns nur zum Essen Gesellschaft. Auf meine Frage, wie sich das Leben ihrer studierenden Töchter von ihrem eigenen Frauenleben unterscheide, gibt sie eine selbstbewusste Antwort: »Deren Wissen ist viel größer als meines, aber meine Kenntnis der Gesellschaft ist viel breiter. Sie kennen ja nur Hanoi, die Universität.« Im Vietnam-Krieg, der in Vietnam der Amerikanische Krieg heißt, hat sie mit einer Maschinenpistole das Dorf verteidigt, den alltäglichen Notstand organisiert, die knappen Rationen Reis verteilt. Auf dem kleinen Hausaltar im Wohnzimmer stehen nur die Bilder der Ahnen ihres Mannes. »So ist es Tradition«, sagt Frau Thinh.

Achtlos waren wir bei der Ankunft an einem Lädchen an der Wegecke vorbeigelaufen; ungeübte Augen sehen in einem vietnamesischen Dorf zunächst nur stille Ärmlichkeit, übersehen Zeichen wirtschaftlicher Neuerung. Als die Regierung Privatbetriebe erlaubte, hat Frau Thinh gleich diesen Supermarkt im Miniaturformat eröffnet. Als sie sich später hinter die hohe Ladentheke stellt, sehen wir von der zierlichen Frau nur den Kopf und ihr stolzes Lächeln unter dem ergrauenden Scheitel.

Doi Moi, die vietnamesische Liberalisierung, »hat unseren Geist befreit«, sagt Herr Minh, »wir können jetzt unser Leben in die eigene Hand nehmen«. Früher, sagt der alte Kommunist, hätten alle gleich sein müssen, »und das hieß, gleich arm.« Wer mehr hatte, wurde verdächtigt, etwas Schlechtes getan zu haben. »Jetzt ist es möglich, legitim reich zu werden. Wer clever ist, kann mehr erreichen als ein anderer.«

Seltsam: Erst nach vielen Stunden Gespräch kommen wir auf das Thema, das uns eigentlich hergeführt hatte – die Rückschau auf den Amerikanischen Krieg. Ein Krieg, der drei Millionen Vietnamesen das Leben kostete und im Westen eine ganze Generation politisierte. »Dieser Krieg«, sagt der alte Soldat gelassen, »ist nur ein Teil unserer Geschichte, wie der Krieg gegen die Franzosen oder gegen die Mongolen.« Kein Hass auf die Amerikaner, die soviel Zerstörung und Leid über Vietnam brachten? »Bitte verstehen Sie den vietnamesischen Nationalcharakter«, antwortet Herr Minh. »Wenn wir gegen ein Land gekämpft haben, dann verschwenden wir danach nicht viel Zeit mit Hass. Wir sind schnell wieder Freund mit ehemaligen Feinden.«

Herr Minh hat im Süden Vietnams gekämpft, jedoch nicht in den Zonen, wo das Entlaubungsmittel Agent Orange gesprüht wurde; seine fünf Kinder sind gesund. Sein jüngerer Bruder kämpfte dort, wo der giftige Regen niederging; er hat ein geistig behindertes Kind. Herrn Minh hat keinen Zweifel, was das Unglück seines Neffen verursacht hat. »Wir bitten um nichts«, sagt er, »aber es wäre Pflicht der amerikanischen Regierung, dem vietnamesischen Volk zu helfen.«

Was ist die Lehre aus diesem Krieg? Was hat der alte Soldat seinen Töchtern mitgegeben, außer: Nicht zu hassen? Ach, sagt Herr Minh bekümmert. »Es ist unser Fehler, dass wir den jungen Leuten nicht genug mitgegeben haben. Heute merken wir, dass sie die Geschichte Vietnams nicht verstehen.« Neulich gab es einen Quiz im Fernsehen (der Fernseher steht neben der Stereoanlage), und die jungen Quiz-Teilnehmer konnten die Frage nicht beantworten, wer der berühmte Verteidiger Vietnams gegen die Mongolen war. Tran Hung Dao, 1282. Sie hielten ihn für einen Filmschauspieler! Herr Minh ist beschämt.

Bevor mit dem Austausch von Höflichkeiten der Abschied eingeleitet wird, sagt Herr Minh plötzlich: »Und nun zur Ihrer Frage.« Die Zukunft des Kommunismus. Die Antwort ist lang, verschlungen, voller Andeutungen, sehr asiatisch. Der Dolmetscher ringt die Hände. Zu verstehen ist: Herrn Minh traut der jetzigen Regierung wenig zu. Mit einem Blick auf das Foto an der Wand sagt er: »Einen Führer wie Ho Chi Minh bringt ein Land nur alle paar hundert Jahre hervor.«

Rückfahrt nach Hanoi, gegen den Strom. Die Fahrräder, Fahrräder, Fahrräder kehren zurück. Über die Reisfelder senkt sich Dämmerung.

Nur nicht zurückblicken

Erkundungen im 25. Jahr nach dem Ende des Amerikanischen Krieges

Beim Landeanflug hatte ihn plötzlich nackte Angst befallen. Oh Gott, was für ein Fehler, in dieses Land zurückkehren! »Mein Bild von Vietnam«, sagt der US-Veteran Chuck Searcy, »war eingefroren in der Vergangenheit. Das brennende Saigon, die Flüchtlinge, die Leichen.« Würden die Vietnamesen ihn beschimpfen, bespucken?
Die Vietnamesen lächelten, sie empfingen den Amerikaner mit einer Freundlichkeit, die ihn überwältigte. Chuck Searcys lange Gestalt ist immer ein wenig von Melancholie umweht; über die Freundlichkeit der Vietnamesen spricht er mit der Verlegenheit eines Menschen, der ein ganz unverdientes Geschenk bekommen hat.
Searcy leitet heute in Hanoi die »Vietnam Veterans of America Foundation«; die Stiftung hilft behinderten vietnamesischen Kindern mit Prothesen und künstlichen Gelenken. Ein winziges Stück Wiedergutmachung – ein Wort, das nur in der privaten Rede von Amerikanern existiert. »Was von unserer Regierung kommt, ist beschämend wenig«, sagt Searcy. Das Wenige muss sich noch tarnen, US-Hilfe erreicht Vietnam nur über Nichtregierungs-Organisationen. 25 Jahre ist der Krieg nun her, und das offizielle Amerika ballt noch immer die Faust in der Tasche.
Duane Ebnet muss ein harter Bursche gewesen sein, damals; er meldete sich freiwillig nach Vietnam, bei den *Marines*. Jetzt ist er 54, als Geschäftsmann in Hanoi, und manchmal sagt er zu seinen lokalen Business-Partnern salopp: »Gut, dass wir uns damals nicht getroffen haben.« Ebnet erzählt freimütig von seiner Vergangenheit, und er hat deswegen noch nie eine Spur Feindseligkeit erlebt. Bei Veteranen von der anderen Seite spürt er mitunter sogar »eine Art Kameraderie«.
Drei Millionen Tote, vier Millionen Verwundete, ein verwüstetes Land – das war für Vietnam die Bilanz eines Krieges, der hier »der

Amerikanische Krieg« heißt. Und dann Freundlichkeit statt Hass? Wer daran gewöhnt ist, in Europa ständig durch mentale Erinnerungslandschaften zu wandern, begegnet in Vietnam einem gegenteiligen Phänomen: dem festen Willen, nicht zurückzublicken. Die Vietnamesen sind demographisch ein junges Volk; von seinen 79 Millionen wurde fast die Hälfte nach Kriegsende geboren, 40 Prozent sind heute nicht älter als 15 Jahre. In Europa und Amerika mag Vietnam immer noch ein Synonym sein für Krieg, doch vielen jungen Vietnamesen scheint er heute nur noch eine ferne Legende. Ihre Eltern lehrten sie weder erinnern noch hassen – obwohl nahezu jede vietnamesische Familie einen stillen Schmerz hütet um verlorene Väter, Söhne, Töchter.

Im einstigen Südvietnam ist die Abwendung von der Vergangenheit besonders schroff. Dort kämpfte manchmal der Sohn gegen den Vater, ein Bruder gegen den anderen. Wenn man fragt, wie in solchen Familien Versöhnung entstanden sei, lautet die erstaunliche Antwort: Es sei über das Vergangene nicht viel gesprochen worden.

Im Süden: Nur nicht zurückblicken

Nhat Anh ist ein beliebter Jugendbuchautor, 65 Bücher hat er schon geschrieben, jeder Teenager kennt seinen Namen. Aber hart waren die Jahre, bevor er die erste Zeile veröffentlichen konnte. Sein Vater war in der Saigoner Verwaltung Spezialist für Verräter aus den Reihen des Vietcong; die Verbrechen, die ihm 1975 angelastet wurden, lagen auf dem 20jährigen Sohn wie ein Fluch. Anh fand keine Arbeit, schlug sich als Rischkafahrer durch, meldete sich schließlich verzweifelt zur Fron in einer Brigade, die Schlachtfelder wieder urbar machte. Erst dann war sein Name reingewaschen. Heute plädiert Anh dezidiert: »Wir müssen vergessen.« Es sei falsch, Schulklassen ins Kriegsmuseum zu schicken. »Wir müssen zum Frieden erziehen. Warum sollten wir Jugendliche mit Informationen über den Krieg belasten?« Zum Abschied sagt Anh heiter: »Wir Vietnamesen führen Krieg um jeden Preis, wenn wir gezwungen sind, aber wir führen auch Frieden um jeden Preis.«

Mit dem 70jährigen Herrn Lam über seine zehn elenden Jahre im Umerziehungslager zu reden, ist schlechterdings unmöglich: Er will nur über sein schönes neues Hotel reden. Ach, das Lager, sagt er beiläufig, natürlich war das ein tiefer Sturz aus dem privilegierten Leben eines Oberstleutnants der Saigoner Armee. Aber nun besichtigen Sie bitte mein Hotel! Nach zehn Jahren Lagerhaft wartete er sechs Jahre, bis Amerika ihn als Verfolgten einreisen ließ – und kam dann nach einem Monat schnurstracks zurück, fing völlig neu an, baute sich sein Hotel mit geliehenem Geld. Die Kopfkissen sind aus Amerika, das Dekor ist amerikanisch, sogar auf der Kloschüssel steht: American Standard. Qualität!, sagt Herr Lam stolz.

Die Direktorin einer Saigoner Mittelschule hatte einen Abend offenherzig geplaudert, aber dann bittet sie doch, nicht ihren vollen Namen zu schreiben. Der Krieg ist immer noch ein sensibles Thema für eine Schulleiterin, die einer Südfamilie entstammt. 1975, sagt Frau Do, »hatte jede Seite ihre eigene Philosophie über den Krieg. Für uns war Amerika nicht der Feind gewesen, wir hatten den Vietcong gehasst.« Sie wohnte in der Nähe des größten Militärlazaretts Südvietnams. »Jeden Tag Tod und Blut, es war so schrecklich. Wir müssen heute vergessen, weil die Erinnerung so furchtbar ist.«

Besuch in Cu Chi: Die unterirdischen Tunnel des Vietcong, westlich von Saigon, sind eine Attraktion für ausländische Touristen geworden; sie dürfen sich durch einige Röhren zwängen, die diskret für westlichen Leibesumfang erweitert wurden. Ein vietnamesischer Reiseleiter erläutert mit dramatischen Gesten die getarnten Menschenfallen des Vietcong und rühmt die Wirkung giftgetränkter Bambusspitzen; dem Mann ist nicht anzumerken, dass er bis zur letzten Minute des Krieges auf der Gegenseite kämpfte, in der Südarmee. »Wir haben eben verloren«, erklärt er lakonisch. »Im Dschungel kann nur ein Tiger der König sein.«

25 Jahre Kriegsende bedeuten 25 Jahre Vereinigung von Nord und Süd. Den Ehrentitel »Veteranen« tragen indes nur die ehemaligen Soldaten des Nordens sowie die Kämpfer des Vietcong. Die Süd-Soldaten sind, soweit nicht in die USA emigriert, namenlose Zivilisten. »Sie würden doch in Deutschland jemanden, der für Hitler gekämpft hat, auch nicht in eine Organisation von Widerstandskämpfern aufnehmen«, sagt ein Nord-Funktionär. Die Aussöhnung mit dem mächtigen äußeren Feind fiel leichter als die Aussöhnung mit dem verfeindeten Bruder – »Brüder« nennt eine offi-

ziöse vietnamesische Zeitung nun die US-Veteranen. Das »Museum der Kriegsverbrechen« in Saigon heißt jetzt »Museum der Spuren des Krieges.« –

My Lai: Das Massaker und die neue Diplomatie
Große getigerte Schmetterlinge schweben über dem Steinpfad, an dessen Ende ein Mahnmal steht. My Lai. Für einen Moment erinnert die Figurengruppe an Monumente in polnischen KZ-Gedenkstätten: Eine Mutter mit zum Himmel gereckter Faust, im anderen Arm schlaff das tote Kind. Trauer, heroisiert. Manche Kinder starben mit dem Frühstücksreis im Mund, an jenem Märzmorgen 1968, als eine amerikanische Einheit über das Dörfchen in Zentralvietnam herfiel. Unter den 504 Opfern waren 76 Säuglinge. Für einen Ort, der sich ins Weltgedächtnis eingegraben hat, ist die Gedenkstätte sehr bescheiden. »Dies ist die Wunde beider Länder; wir wollen sie nicht reizen«, sagt ein örtlicher Lehrer.

Über dem Eingang zur Ausstellung steht in vietnamesisch eine Parole, die zum neuen Kurs der Regierung in Hanoi nicht mehr passt: »Ewiger Hass den amerikanischen Invasoren!« Der Leiter der Gedenkstätte schreibt sich meine Fragen umständlich auf, um vor der Antwort Zeit zu gewinnen. Pham Thang Cong war 11, als seine ganze Familie umgebracht wurde. Hasst er die Amerikaner? »Ich stimme mit der vietnamesischen Politik überein, eine neue Phase der Beziehungen zu beginnen. Das Ziel, unser Land zu entwickeln, ist größer als meine persönlichen Gefühle.« Dann erzählt er, wie furchtbar es gewesen sei, als kleiner Junge in einem Krieg ganz allein dazustehen, ohne Liebe, ohne Angehörige. »In vielen Familien ist niemand übrig geblieben, um die Räucherstäbchen anzuzünden«, sagt er bitter. Nach vietnamesischem Glauben bringt erst die Verehrung der Ahnen den Toten ihre Ruhe.
Wiederaufgebaut wurde die Normalität eines ärmlichen Dorflebens. Gerade hat eine Erweiterung der überlasteten Schule begonnen; das Geld dafür haben US-Veteranen privat gesammelt. Eine Amerikanerin stiftete schon 1985 ein notdürftiges Krankenhaus. Ein Friedenspark entsteht, gleichfalls aus Spenden. Nur von der amerikanischen Regierung nichts. Als der US-Botschafter einmal nach My Lai eingeladen wurde, soll er gesagt haben: Amerika ist noch nicht soweit.

Eintrag im Gästebuch, von einem jungen Amerikaner: »Was sie taten, war nicht amerikanisch, jedenfalls nicht, wofür Amerika steht. Es tut mir so leid.«

Agent Orange: Das Gift und das Schweigen
Zwischen 1961 und 1971 fielen auf Südvietnam 44 Millionen Liter des Entlaubungsmittels »Agent Orange«. Das Herbizid, benannt nach der orangefarbenen Markierung auf den Fässern, verseuchte drei Millionen Hektar Land, ein Drittel davon so nachhaltig, dass dort heute kein Baum, kein Strauch wächst, nur das sogenannte »amerikanische Gras«: Mit seltsam dicken Halmen.
Die vietnamesische Regierung schätzt die Zahl von Agent-Orange-Opfern auf 800.000; davon seien rund 100.000 als missgebildete Kinder geboren worden: mit fehlenden oder verstümmelten Gliedmaßen, übergroßen Köpfen, geistigen Behinderungen. Einst gingen anklagende Fotos von Kleinkindern um die Welt; mittlerweile sind daraus junge Erwachsene geworden, die sich auf den Stümpfchen ihrer Beine an dörfliche Haustüren lehnen. Viele blieben geistig ein Kind.
Ein Panorama des Unglücks ohne wissenschaftlichen Beweis seiner Ursache. Die Folgen von Agent Orange umfassend zu untersuchen, fehlt es Vietnam an Geld und an Wissenschaftlern. Einer der wenigen Experten ist Professor Le Cao Dai; nüchtern referiert der einstige Militärchirurg, was die Analyse von Gewebeproben in ausländischen Speziallabors ergab: In den besprühten Zonen Südvietnams ist die menschliche Dioxinbelastung heute zehnmal höher als im Norden, mancherorts sogar 50 mal höher. Alles andere ist, wissenschaftlich gesprochen, nur Evidenz: Wenn man in einer Familie den Kindern ansehen kann, ob sie vor oder nach den amerikanischen Flugzeugen geboren wurden.
Die Regierung in Hanoi zahlt an Veteranen des Nordens eine winzige monatliche Entschädigung für Leiden, die dem Gift zugeschrieben werden. Für zivile Opfer gibt es nur einen knappen Spendenfond des vietnamesischen Roten Kreuzes und die tröpfelnde Hilfe internationaler Organisationen. Viele Eltern, die ihre behinderten Nachkommen seit Jahren jeden Tag mit zur Arbeit aufs Reisfeld schleppen, haben noch nie Hilfe gesehen. Kürzlich besuchte eine amerikanische Journalistin Opfer-Familien: Die Leu-

te waren überglücklich, sie hielten die Besucherin für eine Abgesandte der US-Regierung.

In Amerika bewirkte der Druck von Veteranen-Verbänden, dass zehn Krankheiten, darunter Krebsarten und Geburtsdefekte, anerkannt sind als »offenkundig« von Agent Orange verursacht; die Betroffenen bekommen Entschädigung. Gegenüber den vietnamesischen Opfer zieht sich Washington auf den Standpunkt zurück, nichts sei bewiesen.

Besuch bei Douglas Peterson, dem ersten Nachkriegsbotschafter der USA in Hanoi. Eine Biographie wie für einen Hollywood-Film: Als Bomberpilot 61 Einsätze in Vietnam, abgeschossen beim 62., sechs Jahre Kriegsgefangenschaft, inklusive Folter, und nun berühmt als Protagonist der Versöhnung. Peterson mag Vietnam, er hat hier geheiratet, ein neues Leben begonnen, doch beim Stichwort Agent Orange wird er plötzlich kühl: »Wir können nichts entschädigen, von dem wir gar nicht wissen, was es ist.« Und für Geburtsdefekte gebe es in Vietnam viele Gründe, »von Inzest bis zum verseuchten Wasser«.

Wenn die Vietnamesen den Krieg verloren hätten, bekämen sie leichter Hilfe von Amerika – sagen Amerikaner hinter vorgehaltener Hand. Auch folgende Information trägt das Siegel der Diskretion: Eine US-Firma hat ein Enzym entwickelt, das Agent Orange im Boden innerhalb von sechs Monaten zerfallen lässt. Damit könnte endlich eine leidbringende Hinterlassenschaft beseitigt werden: In der Nähe von vier ehemaligen US-Luftwaffenbasen, wo Gift-Container gefüllt und ausgewaschen wurden, sind Boden und Gewässer immer noch hochgradig verseucht; Krebs und Geburtsdefekte treten in den umliegenden Dörfern besonders häufig auf, nun schon in der zweiten Generation. Aber die Entdeckung auf den Markt zu bringen, sei heikel, sagt ein Repräsentant der Firma, »weil Amerika die Schäden durch Agent Orange nicht anerkennt«. Statt an die US-Regierung kann das Produkt nur an eine Hilfsorganisation verkauft werden.

Nicht nur Amerikaner, auch Vietnamesen in offizieller Funktion reden plötzlich wie auf Zehenspitzen beim Stichwort Agent Orange: Vorsicht, Politik! Die Regierung in Hanoi hat die Spätfolgen des Gifts lange eher vertuscht, statt Forderungen an die USA zu stellen. Hanoi fürchtete um die Marktchancen vietnamesischer Exporte, besonders der Meeresfrüchte. Der Veteranen-Verband bedrängt die Regierung bisher vergeblich, vor einem internationalen Gericht gegen die USA zu klagen. »Die Ängste der Regierung sind dumm«, kritisiert der Dioxin-Experte Professor Dai überraschend offen; »wir können die Vergiftungen nicht verstecken.« In vielen Gesprächen, die von der Tugend des Vergessens handeln, fällt auch dieser Satz: Wir bitten um nichts, aber wir warten auf eine humane Reaktion Amerikas. –

Missing in Action: Zählbare und unzählige Tote

Die Vietnamesen konnten ihre Kriegstoten nur schätzen (drei Millionen), die Amerikaner konnten sie zählen: 57.939. Die ungleiche Buchhaltung setzt sich bis heute fort: Verschollene Vietnamesen geschätzt 300.000, verschollene US-Soldaten präzise 1519. Seit mehr als 25 Jahren graben die Amerikaner in einstigen Schlachtfelder nach ihren Toten; die erschöpfendste Suche jeglicher Kriegsgeschichte brachte 402 Särge heim, bedeckt mit dem Sternenbanner. Seit 1992 unterstützt Hanoi die Suchaktionen des Pentagon – MIA, »missing in action«, war das Codewort für Washington, die politische und wirtschaftliche Blockade gegen Vietnam zu lockern. Der Weg zur sogenannten Normalisierung führt durch das Reich der Toten. Aber was ist hier normal? Als der erste US-Verteidigungsminister seit dem Krieg Vietnam besuchte, stellte er sich für die Weltpresse in Gummischuhen auf ein Holzpodest in einem Reisfeld; ringsum buddelten vietnamesische Frauen im Matsch: In dem Feld war einst ein US-Kampfflieger abgestürzt. Die Amerikaner sagen, sie suchten nun auch mit nach vietnamesischen *bodies*; das große Ungleichgewicht wird dadurch nur wenig gemildert. Der Bruder von Frau Binh fiel im Hochland an der Grenze zu Kambodscha. Ein Kamerad beschrieb die Stelle: ein Weg, ein Fluss, eine Brücke. Zehn Jahre lang suchte die Familie dort vergeblich, dann wandte sie sich an Wahrsager. Vietnamesen glauben, dass die Seele weiterlebt nach dem Tod; nur spezielle Wahrsager verfügen über die Gabe, den Kontakt zwischen dem Verstorbenen und seinen Angehörigen zu vermitteln. Frau Binh fuhr tausend Kilometer durchs Land zu einem solchen Spezialisten – der Andrang war so groß, dass sie unverrichteter Dinge zurückfuhr. Ihr Vater stand schließlich tagelang mit Hunderten Schlange, »bis der Sohn ihn

rief«. Der Wahrsager malte einen Lageplan;»wir fanden dort auch etwas«, sagt Frau Binh.»Etwas.« Über eine andere Wahrsagerin teilte der Sohn der Mutter mit, er wolle nicht nach Hause, sondern bei den Kameraden bleiben; so wurde er auf einem Soldatenfriedhof nahebei begraben.
Die Seelen der Verstorbenen beschützen nach vietnamesischem Glauben die Nachkommen. Früher wurden Tote mitten im Reisfeld begraben, damit sie über die Ernte wachen. Eine Familie, die nicht weiß, wo ihre Toten sind, fürchtet Unglück für Generationen.

Literatur: Das Wagnis der Subjektivität

Offiziell kennt Vietnam kein Pendant zum»Vietnam-Syndrom« amerikanischer Veteranen, denn der Krieg war siegreich, gerecht und heroisch. Aber manche alte Frontsoldaten waten in ihren Albträumen immer noch durch Tümpel von Blut oder sie kriechen zum Entsetzen ihrer Angehörigen nachts mit Kampfesschreien ums Dorf. Solche Leiden sind ein wohlgehütetes Tabu. Schmerz und psychische Qual bescheiden im Innersten zu verbergen, das ist ein vietnamesischer Charakterzug – und nur derart kann das Bild eines Landes entstehen, das leichtfüßig aus seinen Schatten hinaustritt.

1991 erschien der Roman *Die Trauer des Krieges*: Erstmals beschrieb ein vietnamesisches Buch den Krieg nicht aus der Sicht der Nation, sondern aus der Sicht des individuellen Soldaten, beschrieb Horror, Zweifel, seelische Ödnis. Ein poetisches, brutales Werk, gespeist aus den Kriegstraumata des Autors. Bao Ninh war ein 17jähriger Rekrut des Nordens in der»Glorreichen 27. Jugendbrigade« – von den 500 Jugendlichen überlebten zehn. Bao Ninh bekam den Preis des vietnamesischen Schriftstellerverbandes – obwohl die Militärs sein Buch scharf verurteilten. Bis heute ist es umstritten, darf von Lehrern nicht im Unterricht benutzt werden; es sei zu subjektiv.

Gespräch mit dem Doyen vietnamesischer Literatur: Nguyen Ngoc ist 68, ein feinnerviger Intellektueller und ein ungeduldiger Verfechter vietnamesischer Perestroika. Er setzte durch, dass *Die Trauer des Krieges* gedruckt wurde.»Die Anerkennung des Individuums«, sagt der Schriftsteller,»ist der Schlüssel zur Erneuerung Vietnams. Der Krieg hat uns eine gefährliche Psychologie hinterlassen, sie wirkt bis heute fort, sie prägt die Atmosphäre. Wie die Erfahrung des Krieges verarbeitet wird, das ist eine fundamentale Frage für die Zukunft Vietnams.«

Ein Team von amerikanischen, vietnamesischen und deutschen Wissenschaftlern veröffentlichte 2003 eine Studie zu den Spätfolgen von Agent Orange. Nahe einem ehemaligen US-Luftwaffenstützpunkt in Südvietnam waren die Dioxin-Werte durch die Nahrungskette bei manchen Erwachsenen so hoch, »als würde das Herbizid heute noch versprüht«. Hohe Dioxin-Werte wurden auch in Enten, Hühnern und Fischen gefunden. Bei US-Veteranen sind als Folgeschäden von Agent Orange zahlreiche Krankheiten anerkannt, u.a. Lungen-, Prostata- und Blutkrebs. Geburtsfehler zeigen sich jetzt auch bei Enkeln von Veteranen. Das Oberste Gericht erlaubte 2003 neue Klagen von Veteranen gegen den Hersteller des Herbizids, weil manche Opfer erst heute Symptome entwickeln.

Indonesien

Das geheime Reservoir an Glück

Jakarta: Familienleben im Abwasser

Ach, die Ritzen im Dach, wodurch der Regen tropft, die sind kaum erwähnenswert. Wenn der Regen kommt, dann kommt er von unten, dann fließt das Wasser über die Schwelle ins Haus, das Wasser ist braun und grün, es bringt den Abfall und die Krankheiten, und dann rafft Rukyiah ihre fünf Kinder auf dem Holzpodest zusammen, das der Familie als Bett dient, damit die Kinder nicht in der Brühe spielen, die durch ihr Häuschen fließt. Stundenlang harren sie auf dem Holzpodest aus; das Wasser findet keinen Abfluß, kann nur langsam in der Erde versickern. Dunkel ist es in dem Häuschen und heiß. Die Haut auf den Armen der Kinder sieht aus wie Straußenleder: Mückenstich neben Mückenstich. Rukiyas Mann Burhanudin arbeitet als Müllsammler. Darin liegt eine bittere Ironie: Der Müll hat in seinem Leben nie ein Ende, jede Überschwemmung trägt neuen ins Haus.

Diese Geschichte spielt in Jakarta, und sie handelt nicht von einer Naturkatastrophe. Die Katastrophe, die über Burhanudin und Rukiyah hereingebrochen ist, wurde von Menschen gemacht, von einer Politik, die Ökologie und Demokratie verachtete. Als hätte sich jemand eine böse Metapher für das indonesische Entwicklungsmodell ausgedacht: Wer in der Niederung lebt, wird zugeschüttet mit den Abwässern der Wohlhabenden.

Für europäische Augen mögen die Leute immer schon arm gewesen sein in den Siedlungen Kayu Besar und Blok Asin, im Nordwesten Jakartas. Aber ihre Armut hatte im indonesischen Maßstab das Gesicht kärglicher Anständigkeit, mit Häuschen aus Stein zwischen den Fischteichen, mit trockenen Wegen und einem funktionierenden Entwässerungssystem in diesem meernahen Niedriggebiet. Dann kam der Fortschritt im Takt der Suharto-Ära: ein neuer Flughafen, eine Maut-Autobahn quer durch die Niederung, Villen für Reiche im trockengelegten Mangroven-Gürtel der Küste. Nun stauen sich die Flüsse, das Öko-System kippte – und das Leben hunderter Familien überzog sich mit der Fratze des Elends. Nun waren sie wirklich bitterarm – arm an Rechten, beraubt jeder Lebensqualität. Niedrig in Geographie wie Gesellschaft wurden sie zum Auffangbecken im wörtlichsten Sinn: Zu ihnen hinunter pumpen die bessergestellten und höhergelegenen Nachbarn das Wasser, zu ihnen hinunter fließen die giftigen Abwässer der nahen Fabriken.

So geht es seit neun Jahren schon. Neun Jahre, das ist eine unvorstellbar lange Zeit, wenn sich das eigene Heim fast jeden Tag in eine Kloake verwandelt. Burhanudin ist 33, Rukyiah ist 25; die drei jüngsten ihrer fünf Kinder wurden in diesen neun Jahren geboren. Sanft lächelnd rechnen die Eltern die Geburtsdaten nach; es muss ein geheimes Reservoir an Familienglück geben in diesen so glückfern wirkenden Verhältnissen.

Mit dem Müll der letzten Überschwemmung: Jakartas Viertel Kayu Besar

Auf den toten Fischteichen wächst das Grün der Verwesung. Kadaver von Kleinvieh treibt in Ecken zusammen. Modrig steht die Luft. Ein Friedhof begraben unter braunen Fluten. Die Schule nebendran hat öfters geschlossen, wg. Überschwemmung. Zerzauste Hühner picken im Unrat, eine Gänsefamilie watschelt aufgeregt durch den Matsch, dürre Gänsegerippchen mit angeklebten nassen Federn. Mütter zeigen anklagend die Füßchen der Kinder vor: übersät mit Ekzemen. Das Abwasser der Fabriken! Ein Junge hält hoffnungsvoll seine selbstgebastelte Angel in eine Kloake. Durch den heißen Dunst des Mittags jammern Fetzen einer Leierkasten-Melodie – irgendwo bockt das Holzwägelchen eines Eisverkäufers durch Tümpel und Pfützen.

Am schlimmsten ist es in Blok Asin, da stehen die Häuser auf Stelzen im Abwasser, ein indonesisches Venedig. Burhanudin und Rukiyah wohnen im benachbarten Kayu Besar, da ist es nicht so schlimm, man lernt die Abstufungen des Entsetzlichen.

Am Vorabend unseres Besuchs hatte es nur eine Viertelstunde geregnet, so ist es vergleichsweise leicht, ihr Häuschen zu erreichen. Entlang brackiger Kanäle, die einst Wege waren, balancieren wir auf schmalen Graden aus Ziegelsteinen – Bürgersteige in einem Notstand, der längst Alltag ist. Das Häuschen der Familie zu betreten, verlangt körperliche Geschicklichkeit: Die Tür ist viel zu niedrig, weil der Boden des Hauses mehrfach erhöht wurde, um den Überschwemmungen zu trotzen. Tief gebückt steigt man zugleich über eine wasserabwehrende hohe Schwelle – und muss dabei die Schuhe nach draußen hin abstreifen. Die Regeln der Reinlichkeit eines indonesischen Haushalts sind durch den permanenten Ausnahmezustand nicht außer Kraft gesetzt.

Scheu schieben die Bewohner der fremden Besucherin einen Plastikhocker hin; es ist der einzige. Burhanudin und Rukiyah sind nicht geübt darin, über sich selbst zu sprechen. Ihre Klage ist von bescheidenster Knappheit. »Nach 15 Minuten Regen ist das Haus überschwemmt, nach einer Stunde steht das Wasser kniehoch«, sagt der Mann. »Dann muss ich zuerst das Wasser rausschöpfen und dann den Abfall. So ist es das ganze Jahr über.« Auf die Frage, was ihr größter Wunsch sei, antwortet die Frau: »Keine Überschwemmungen mehr. Das ist meine einzige Hoffnung.«
Neben dem Bettpodest aus alten Latten bleibt nur ein schmaler

Durchgang zum hinteren Küchenverschlag; der Boden aus gestampfter Erde glänzt nass von der Überschwemmung am Abend zuvor. Einen Fußboden aus Zement hat nur das winzige Vorzimmer des Hauses, mühselig zusammengespart.

Gebückt verlassen wir das Haus durch den Hinterausgang – und stehen verblüfft vor einer drei Meter hohen, recht soliden neuen Mauer. Die Mauer trennt zwei Welten, das Diesseits nasser Armut vom Jenseits trockener Wohlhabenheit. Es sind nicht die Häuser der Super-Reichen, deren Dächer man über die Mauer lugen sieht. Die Super-Reichen wohnen in Sicherheitsfestungen drüben am Meer, mit Blick auf Yacht und Golfplatz. Hier ist der Äquator zwischen Unterschicht und Mittelschicht, und die Mittelschicht hat einen Sichtschutz gebaut, weil sie nicht sehen will, wie das Unten aussieht, wohin sie ihr Wasser pumpt.

Was ist es für ein Gefühl, am Fuß dieser Mauer zu leben? »Wir betrachten es als Schicksal«, sagt Burhanudin. Dass sie nicht flüchteten, sondern ihr Häuschen seit neun Jahren leerschöpfen, würden sie nicht Widerstand nennen. Sie verteidigen ihren Besitz, den einzigen, er ist das Faustpfand eines besseren Lebens. Lieber schöpfen, jeden Tag, als abzustürzen in das vagabundierende Heer der Wohnungslosen.

Freiwillige Helfer balancieren über die modrigen Planken; es sind Architektur- und Jurastudenten aus jenen besseren Familien, die gern den Sichtschutz vor der Armut herunterlassen. Sie tüfteln an einem Sanierungsplan, helfen den Bewohner, sich zu organisieren, sich bei höchsten Stellen zu beschweren. Ein Stückchen neues, demokratisches Indonesien, mitten im alten. Die Maut-Autobahn, eine Hauptursache der Überschwemmungen, gehört der ältesten Tochter des gestürzten Diktators Suharto. Er ist längst nicht mehr im Amt; doch die Mautgebühren fließen bis heute in die Taschen der gierigen Familie.

Schwarz gegen Weiß

Peripherie Ost – Freiheitskampf mit Pfeil und Bogen in Papua

Wasserland, so nennen die Indonesier ihre Heimat. Grenzenlos erscheint dem Reisenden dieser Archipel, unfassbar seine Ausmaße: 5.000 Kilometer Luftlinie, drei Zeitzonen, 18 585 Inseln, Tausende unbewohnt. Sechs Stunden dauert der Flug von der Hauptstadt Jakarta nach Neuguinea, zum entlegendsten Ende eines extremen Landes: Indonesiens wilder Osten.

Die Wildheit trägt gedeckte tropische Farben, ein Luftbild in Dunkelgrün und Hellbraun. Grün der endlose Dschungel, braun die sedimenthaltigen Flüsse. Kaum Straßen, ein paar wenige Städte – auf einem Territorium so groß wie Deutschland, Belgien, Holland zusammen. Und das ist nur das halbe Neuguinea; nur seine westliche Hälfte ist indonesisch, denn nur sie war holländisch. Die Grenzziehung markiert das Erbe der Kolonialzeit: Ohne die Gier der Holländer nach Gewürzen und Einflusssphären wäre jenes multiethnische Gebilde nie entstanden, das heute Indonesien heißt. Am östlichen Ende des Reichs ist auf die koloniale Vergangenheit eine koloniale Gegenwart gefolgt. Die gleichmütigen Farben der tropischen Wildnis verdecken, dass dort unten ein Kampf in klassischem Kolorit stattfindet: Schwarz gegen Weiß.

Papua, so darf die Provinz sich nun nennen, ein Zugeständnis an die Rebellion. Im Wort Papua steckt die Andeutung von krausem Haar, die Papuas sind Melanesier, sie wollen sich befreien von den Glatthaarigen, Weißen, den Indonesiern. Wer diesen Kampf verstehen will, muss der Spur der Leiden folgen, sie führt ins Hochland, ins Herz der Bewegung.

Gemüsegärten überziehen das fruchtbare Tal des Baliem-Flusses mit einem Schachbrettmuster von Grüntönen, dazwischen winzige Dörfer, Rundhütten im Kreis, ihre Grasdächer ducken sich wie Pilzköpfe in die weite Landschaft. Ein langer Fußmarsch, dann stehen hinter einer Wegbiegung plötzlich drei schweigsame Gestalten, sehr aufrecht, sehr ernst, mit Muschelketten und Pfeil und Bogen.

Eine barfüssige Eskorte für die letzte Stunde Wanderung nach Ergayam, ein Dörfchen der Unabhängigkeitsmiliz. Neben einem Arsenal von Pfeilen wartet der Kommandant, in Gummistiefeln wie Rangabzeichen. Er salutiert zackig und stößt dabei einen heiteren Vogellaut aus: »Wa-wa-wa-wa«, das heißt Willkommen in Lani, der Sprache seines Stamms.

In der halbdunklen Hütte des Kommandanten haben sich die 20 Männer des Dorfs versammelt. Sie sitzen um ein Feuer und schluchzen. Die Luft ist schwer von Rauch und herbem Schweiß. Das Schluchzen begann unvermittelt, begleitet von einem klagenden Sprechgesang. Der Vorschluchzer wischt ab und an den Schleim aus seiner Nase am Gras des Hüttenbodens ab, dann plötzlich Stille.

Die Männer im Hochland tun öfters erstaunliche Dinge, erstaunlich für unsere Augen und Ohren. Sie lassen Fingerknöchel schnalzen zum Zeichen der Freundschaft, stecken sich Papageienfedern ins Haar, bewundern sich in Taschenspiegeln und lachen ein hohes, ansteckendes Frauenlachen.

Das Schluchzen in der halbdunklen Hütte ist ein Ritual: So wird ein Gast begrüßt, einbezogen in rituelle Trauer, in die Erinnerung an eine lange Zeit des Verlassenseins. Viele Jahre hat es die Außenwelt nicht interessiert, mit welcher Gewalt Indonesien die Papuas unter seine Herrschaft zwang. Verlassen zu sein, vergessen und verachtet, das ist Papuas Trauma.

Ergayam erzählt von diesem Trauma, auf karge Weise. Nichts Großartiges, nichts Heroisches liegt über diesem Vorposten einer Guerilla mit Pfeil und Bogen. Sie nennt sich »Operation Freies Papua«, wenn sie sich verborgen hält; hier, im Halb-Verborgenen, nennen sich die Männer *Satgas Koteka*, Penisköcher-Miliz. Keiner von ihnen trägt tatsächlich den Flaschenkürbis. Er ist vielmehr ein politisches Symbol, ein trotziges Bekenntnis zu einer als primitiv verachteten Kultur. Die Missionare, die Papua christianisierten, haben den Penisköcher innig verabscheut; ebenso hielten es jene javanisch-muslimischen Lehrer, die später in die schwarze Provinz kamen.

Alles ist von Ergayam fünf Stunden Wanderung entfernt: Telefon, Elektrizität, Nachrichten. Die Frauen kommen heute erst bei Anbruch der Dunkelheit zurück, es war Markttag, sie sind die fünf

Wachposten der Penisköcher-Miliz mit Pfeil und Bogen

Stunden zweimal gelaufen, Leichtfüßige mit schwerer Last; von der Stirn hängt der Häkelsack aus Pflanzenfaser tief den Rücken hinunter, mit Süßkartoffeln, Gurken, Kind.

Fünf Stunden Entfernung trennt jeden auswärtigen Zuschauer vom Wichtigsten in Ergayam, von seinem Signal an die Welt: zwei kleine Stücke verblichenen Tuchs. Sie wehen hochoben über den Grasdächern, hellblau das eine, die Fahne der Vereinten Nationen; das andere zeigt blau-weiße Streifen und einen weißen Stern in rotem Feld, die Morgensternflagge eines unabhängigen Papua.

Morgens um Sieben stapfen drei barfüßige Männer in ungelenkem Stechschritt über den Lehmboden zwischen den Pilzkopf-Hütten. Kommandorufe, Fahnenhissen, das Häuflein Dorfbewohner halbnackt salutierend im eisigen Frühwind; die Frauen drücken die hängenden Brüste heraus. Abends, bevor die Dunkelheit über den Dorfzaun fällt, wieder tapsender Stechschritt, Einholen der Fahnen. Meistens verheddert sich die Schnur, der Fahnenmast ist nur ein dünner Baumstamm mit einem Nagel hochoben.

Ein stoisches Ritual, ein zelebriertes Warten, tagaus, tagein. Seit vier Jahrzehnten, im Takt von Unterdrückung und Hoffnung.

Hoffnung hisste die Fahnen 1961, da erklärte sich Papua erstmals für unabhängig; noch standen die Holländer im Land. Zwei Jahre später war Papua indonesisch. Ergayams Freiheitswimpel gingen auf und nieder bis 1977, da wagte die Guerilla den Aufstand mit Pfeil und Bogen. Jakartas Armee kam mit Granatwerfern, hinterließ Massengräber, es wehte kein Wimpel mehr, für lange Zeit. 1998 stürzte der Diktator Suharto, ganz Indonesien erlebte einen Frühling der Demokratie, Papua hoffte auf Freiheit, und seitdem läuft in Ergayam wieder die Schnur über den Nagel, tagaus, tagein.

In der halbdunklen Hütte haben die Männer ihre Nelkenzigaretten an der Glut des Feuers angezündet. Sie träumen von Waffen, von richtigen Waffen, sie wollen alle Indonesier vertreiben. Der Kommandant erzählt von seiner Gefängnishaft, von Elektroschocks; die Männer hassen Indonesien – und reden über ihren Hass auf indonesisch.

Die Lingua franca im Inselreich der vielen Völker ist auch die Verkehrssprache im Papua der vielen Stämme geworden. Eine Million Papuas verteilt sich auf ein linguistisches Universum von 250 Sprachen. In die Kladde des Kommandanten schreiben die Kuriere der Unabhängigkeitsbewegung als Besuchszweck pathetisch: *Merdeka*, Freiheit! *Merdeka* war die Losung der Einheit im antikolonialen Kampf gegen die Holländer, *Merdeka* war die kühne Vision eines Nationalstaats auf 18 585 Inseln. Nun kommt der Freiheitsruf wie ein spätes Echo zurück von den Peripherien des Archipels, als Losung des Abschieds, der Trennung. *Aceh Merdeka* an der Nordspitze Sumatras, *Papua Merdeka* 5.000 Äquator-Kilometer weiter östlich. Und wie im streng muslimischen Aceh hat im mehrheitlich christlichen Papua Indonesiens Militär mit Gewalt den Trennungswunsch in die Hirne und Herzen gebrannt. Im hochfahrenen Bewusstsein, Hüter der nationalen Einheit zu sein, gebärdeten sich Jakartas Soldaten wie eine koloniale Armee.

Die Zukunft kehrt zurück zur Vergangenheit – das ist die Botschaft von Ergayam. Die ersehnte Freiheit ist die Freiheit von fremden Einflüssen, Freiheit schmeckt nach rauchgeschwärzter Süßkartoffel, nach Sago-Fladen und Taro-Wurzel, und beim Reis beginnt das Fremde. Von einer Anhöhe aus zeigt der Kommandant mit Genugtuung: Soweit das Auge reicht, kein Zeichen moderner Zivilisation, kein Entwicklungsprojekt der Regierung. Abends zerreißen die

Dörfler ein gebratenes Schwein mit den Händen, essen das Fleisch vom bloßen Grasboden. In der Frauenhütte husten die Kinder im Schlaf vom ewigen Qualm des Feuers. Westliche Ethnologen haben das Baliem-Tal lange durchstreift wie ein Museum der Menschheit auf 1.600 Metern Höhe. Hier konnten sie archaische Lebensweisen und Verhaltensmuster studieren, die anderswo längst verdrängt waren durch technische Moderne und psychologische Sublimierung. Der Dani-Stamm und die mit ihnen verwandten Lani zählen rund 200.000 Menschen, Papuas größte Ethnie. Sie entwickelten vor 5.000 Jahren eine damals hochmoderne Kultur des Gemüseanbaus, der Bewässerung und der Schweineaufzucht, und sie fanden in den folgenden Jahrtausenden an ihrem Leben wenig verändernswert.

Jakartas Soldaten kamen ohne ethnologisches Interesse. Drei Jahrzehnte lang kollidierte das Selbstbewusstsein einer archaischen Hochkultur mit der indonesischen Verachtung für die nackten Eingeborenen. Die Hochländer waren von je her kampfeslustig, mit Freude an prächtig inszenierten, doch möglichst verlustarmen Schlachten. Ihre Auffassung von Kampf endete vor den Läufen indonesischer Gewehre. Auf Zigtausende werden Papuas Tote geschätzt, Männer, Frauen, Kinder. 78 unmarkierte Friedhöfe liegen allein im Baliem-Tal, unter Gestrüpp und Kartoffelfeldern. Im Schulunterricht sind die Massaker ein Tabu. Wer über sie spricht, senkt die Stimme zum Flüsterton.

Der schlimmste Terror mag heute vorbei sein, jene hemmungslose Gewalt, die keine Strafe, keine Zeugen fürchten muss. Doch die Erinnerung an alltägliche Brutalität und völlige Rechtlosigkeit beherrscht die Wahrnehmung der Gegenwart. Die Indonesier würden Papua-Frauen mit glühenden Stöcken vergewaltigen, erzählt eine Hochländerin. Auf die Frage, wo das geschehe, antwortet sie: Überall.

Nur ältere Männer tragen heutzutage noch nackte Haut zum Penisköcher, nur ältere Frauen den Rock aus Pflanzenfaser. Aber allein im Hochland zählen sich 8.000 Männer zur Penisköcher-Miliz – und einige haben eine E-mail-Adresse. Die Steinzeit, Papua im Klischee, ist vergangen. Geblieben sind die Accessoires des Primitiven; sie zu zeigen gehört zur Polit-Kultur auch in moderneren, städtischen Sektoren der einheimischen Gesellschaft.

Das demonstrativ Indigene unterstreicht den Willen zur Selbstbestimmung – ähnlich wie der sogenannte »Papua-Merdeka-Look«: Junge Männer und Frauen drehen sich das krause Haar mit Schweinefett zu Rasta-Locken, dazu Bob Marley auf Kassette, und in den Augen Stolz auf schwarze Haut. Die jungen Papuas wirken wie Kinder verschiedener Zeiten, schon angeweht von kultureller Globalisierung, doch im nächsten Moment können sie einen Besucher mit der Frage erstaunen: »Habt ihr in Amerika auch Coca Cola?«

Vereinzelte Touristen suchen im Baliem-Tal die Steinzeit; ihre Führer sind geschäftstüchtige junge Penisköcher-Milizionäre, sie bringen die Touristen zu den nackten Alten. Der 70jährige Dorfchef Yali Mabel stellt seinen muskulösen Körper lustvoll zur Schau, Schweinefett glänzt auf Stirn und Schultern. Behende klettert er den Pfahl eines Wachtturms hinauf, von dem aus früher die feindlichen Stämme gesichtet wurden, oben spielt er den Affen, ein beliebter Fotoshot, die Dollars erhalten die Steinzeit. Seine Söhne und Enkel wechseln schnell von den Shorts zum Flaschenkürbis, wenn Besucher kommen. Yali war schon in Tokio, die Japaner mögen Steinzeit besonders, der Alte imitiert höchst belustigt, wie sie ihn fotografierten – es muss ausgesehen haben, als seien sie alle Affen auf Wachttürmen. –

Wamena ist das einzige Städtchen im Baliem-Tal. Stadt, das bedeutet in Papua: ein anderes ethnisches Muster. Im Dorf sind die Papuas unter sich, das indonesische Militär ist der Feind von außen. In der Stadt leben indonesische Zivilisten, Zuwanderer.

Wamena könnte idyllisch sein: 8.000 Einwohner, schmale Straßen, viel Grün zwischen einstöckigen Holzhäusern, und rundum das Panorama der Berge. Aber schlechte Stimmung liegt wie eine Wolke über Wamena, eine Wolke aus Missmut und angestauter Aggression. Besonders drückend ist sie über dem Markt, wo sich Irian-Straße und Sulawesi-Straße kreuzen. Die Papua-Frauen sitzen auf dem Boden im Dreck mit Karotten, Tomaten, Chili; dahinter Laden neben Laden – alle gehören Indonesiern. Taschen, Töpfe, Garne, Schuhe, Christusbilder, alles kommt per Flugzeug, das Tal wird aus der Luft versorgt, und kein Papua ist an diesem Handel beteiligt. Der Elektriker, der Schneider, die Imbissbudenbesitzer – Indonesier.

Dorfchef Yali Mabel, 70 Jahre, empfängt Touristen

Viele Geschäfte sind bloße Bretterbuden, doch die Papuas betrachten sie mit stummer Wut. Einen Kiosk zu betreiben erfordert ein bescheidenes Anfangskapital und ein bisschen Kenntnis der Handelswelt; beides haben sie nicht. Mürrisch hängen die Papua-Männer herum, hocken in Gruppen am Straßenrand, spucken rote

Betelnuss-Spucke in weitem Bogen und warten, was passiert. Die Bezirksregierung hat den Bierausschank verboten, manche besorgen sich Spiritus aus dem Krankenhaus, 75prozentig.

Schönes Wamena, blutiges Wamena: Die Wut explodierte an einem Oktobertag im Jahr 2000, seitdem lebt die Stadt im Schatten dieses Datums. Der Konflikt begann wie viele andere in der Provinz: Papuas hissten die Unabhängigkeitsflagge, die Polizei erschoss fünf Menschen, prügelte einen zu Tode. Aber diesmal rüsteten die Papuas zum Krieg, sie griffen Messer, Steine, zugespitzte Stöcke, kamen mit brennenden Scheiten, mit Pfeil und Bogen. Hass machte sie zum Mob, der die gemäßigten lokalen Führer der Bewegung beiseite schob, die Pastoren und Lehrer. Der Mob machte keinen Unterschied zwischen Uniformierten und unschuldigen indonesischen Zivilisten; die Leichen schwammen im Wamena-Fluß. Eine Familie aus Kalimantan, Borneo, saß gerade beim Mittagessen, als ihr Haus in Flammen aufging. Nach drei blutigen Tagen zählte Wamena 64 Tote, 40 von ihnen Indonesier.

Nun diktiert Angst trügerischen Frieden. Die Indonesier haben gelernt, die Wut der Papuas zu fürchten; wer die Kraushaarigen verachtet, zeigt es nicht mehr so offen wie früher. Und die Papuas fürchten ohnehin das Militär. Im kleinen Imbissrestaurant essen links die Einheimischen, rechts die Zugewanderten, Zähnestochern links und rechts, und dazwischen ein Schweigen.

Es wäre einfach, es bei diesem Bild zu belassen. Ein Bild in Schwarz-Weiß, Papuas gegen Indonesier, die Papuas geeint. Die Wirklichkeit ist komplizierter.

Plötzlich Unruhe in Wamenas Straßen. Von zwei Seiten traben Papuas im Laufschritt zur Wiese neben der städtischen Polizeistation. Sie kommen aus zwei Dörfern der Umgebung, genauer gesagt: Es ist die männliche Einwohnerschaft zweier Dörfer. Sechs Stunden werden sich die beiden Gruppen auf der Wiese gegenübersitzen, unter praller Sonne. Es sind zwei Morde geschehen, der erste aus sexueller Eifersucht, der zweite aus Rache für den ersten Mord, die Kette droht sich fortzusetzen, nur Verhandlung kann Krieg zwischen den Dörfern abwenden. Schweine stiften Frieden – Schweine sind das traditionelle Maß des Reichtums, die Währung auch für Kompensation. Die Klans beider Mörder müssen je 100 Schweine aufbringen, das ist viel, andere Familien müssen beisteu-

ern, die ganze Dorfgemeinschaft leidet unter der Tat eines Einzelnen. Gemeinschaft spielt eine überragende Rolle unter den Papuas, doch es ist nach ihrer Sittentradition stets der Zusammenhalt einer kleinen Gemeinschaft – Stamm, Dorf, Klan, Großfamilie. Früher galt das Prinzip: ein Stamm, ein Territorium; benachbarte Stämme waren sich oft besonders feindlich. Längst haben Wanderungsbewegungen das Territorialprinzip aufgeweicht, aber im Sozialverhalten spiegelt sich oft noch das alte Muster. Schnell flackern Rivalitäten auf, Misstrauen ist rasch bei der Hand, Schuldvermutungen wiegeln einen Männerbund gegen den anderen auf.
Die Unterdrückung durch Indonesien hat die Papuas vereint – aber macht Terror eine Nation? Einheit gegen den Feind ist der Kitt, der die Stämme zusammenhält, aber die Einheit ist stets gefährdet. Wer den Kitt unzerbrechlich machen will, rührt Religion und Rasse hinein. Das freie Papua wird ein christlicher Staat! Wir trauen keinem Muslim! Sieh auf unsere Haut, wir sind Melanesier, wir passen nicht zu Indonesien! So enden viele Gespräche im Hochland – als sei alles andere, das Leid und die Geschichte, nicht genug.

Die Geschichte. Immer drängt sie sich ins Bild, ohne Kenntnis der Geschichte ist nichts zu verstehen. Warum die Unterdrückung, warum der Hass? Und warum lässt Indonesien Papua nicht einfach gehen?
Den Haag, 1949: Als Holland nach einem vierjährigen Kolonialkrieg gegen die junge indonesische Republik endlich die Unabhängigkeits-Vereinbarung unterzeichnete, stand auf dem Papier ein Kompromiss: »Vereinigte Staaten von Indonesien«, eine Föderation, unter Ausschluss von West-Neuguinea. Deren melanesische Bevölkerung sei ethnisch zu verschieden, argumentierten die Holländer. Tatsächlich wollten sie wohl die Hand behalten auf den Ölvorkommen an Neuguineas Nordwestküste. Auf der anderen Tischseite saß ein Mann namens Sukarno; Indonesiens erster Präsident, ein charismatischer Nationalist. Nur unter Protest akzeptierte er den Kompromiss. Sukarno und seine Mitstreiter hatten die Republik vier Jahre zuvor als Einheitsstaat in den Grenzen des gesamten Kolonialreichs proklamiert. Dabei zu bleiben war eine Frage der Ehre.

Womöglich wäre für das Vielvölkerland eine Föderation zuträglicher gewesen als ein javanisch dominierten Zentralstaat; aber das ist Nachbetrachtung. In der nationalen Logik des jungen Indonesien blieb Holländisch-Neuguinea dreizehn Jahre lang ein Schandfleck auf der Geburtsurkunde der Republik. Als Sukarno das Territorium endlich bekam, war es Feindesland: Die Papuas fühlten sich annektiert und von allen verraten. Die USA hatten Holland zum Rückzug gedrängt, aus geostrategischen Gründen. Die Holländer verabschiedeten sich mit dem Versprechen, die Papuas dürften über ihr Schicksal selbst abstimmen. Die Vereinten Nationen kamen und machten sich schon nach sieben Monaten wieder davon.

Papua hieß nun West-Irian und wurde von der Welt vergessen. Sukarno ließ ein Denkmal bauen, 1963, zur sogenannten Befreiung Irians. Der steinerne Wilde steht noch heute in Jakarta. Ein klobiger, untersetzter Muskelmann; mit übergroßen Händen hat er die Kette zerrissen, die ihn fesselte. Sein unschönes Gesicht ist erstarrt in gequältem Heroismus. Der hässliche Wilde, patriotisch vereinnahmt. Sukarno wird der Satz zugeschrieben: »Ich will das Land, die Affen interessieren mich nicht.« Gebildete Papuas zitieren dieser Satz, wenn man sie fragt, was sie von Sukarnos Tochter erwarten, der heutigen Präsidentin Megawati. Und dann lachen sie ein bitteres, helles Lachen.

Die Kette der Unfreiheit zerreißen, das ist in Indonesien Bildersprache ein doppeldeutiges Symbol. Im Staatswappen verkörpert die Kette die Einheit, den Zusammenhalt. Nirgendwo anders im Inselreich hat die jüngere Geschichte den Widerspruch von Freiheit und Nationalgedanken so scharf konturiert wie im Fall Papua. Um die zwei Sorten Ketten geht es bis heute. Papua will frei sein. Papua ist das Faustpfand der Einheit.

Ein feuchtheißer Morgen an der Nordküste. Hier hat Papua ein anderes Gesicht als im Hochland, moderner, städtischer, gebildeter. An der Nordküste liegen die politischen und intellektuellen Zentren der Provinz, die Hauptstadt Jayapura, nahebei die Universität – und im Kilometertakt reihen sich die Hauptquartiere diverser indonesischer Militäreinheiten. Irgendwo mitten drin der Staatsgerichtshof.

Jakarta sitzt zu Gericht über die Unabhängigkeitsbewegung an diesem heißen Morgen. Türen und Fenster des Saals stehen weit offen, der Ankläger liest mit dramatischem Tonfall vom Blatt, ein Mikrophon trägt seine Stimme nach draußen über den kleinen Vorplatz, kraushaarige Kinder hängen neugierig am Zaun. Subversion!, Widerstand gegen den Einheitsstaat, gegen die Verfassung!, ruft die dramatische Stimme. Angeklagt: ein Pastor, ein Regierungsangestellter, ein politischer Aktivist, lokale Prominenz.

Aber seltsam: Der Szene fehlt jede Spannung. Der Pastor spielt mit seinem knallroten Mobiltelefon, der Aktivist gibt nebenbei Interviews, der Regierungsangestellte geht von der Anklagebank zurück in sein Büro und leitet weiterhin die Entwicklungsabteilung der Provinz. Als werde hier nur Justiztheater aufgeführt, mit unerheblichem Ausgang. In unsichtbaren Zeichen steht an der Wand des Gerichtssaals: Jakarta, es ist zu spät. Hier sitzt zuviel Selbstbewusstsein, zuviel Gelassenheit, stärker als Pfeil und Bogen.

Vielleicht ist Gelassenheit das falsche Wort. Die Anführer der Bewegung leben mit anonymen Morddrohungen. Es kursieren schwarze Listen, Todeslisten, sie verzeichnen auch die Namen von Menschenrechts-Aktivisten. Gefahr ist überall – und oft nicht greifbar, nicht sichtbar. Eine diffuse Atmosphäre.

Der schlanke Stamm eines Matoa-Baums markiert die Stelle, wo Jakarta den letzten Rest Ansehen verlor. Ein Stück Dschungel, eine dreiviertel Autostunde von Jayapura entfernt. Gedämpftes Licht unterm Blätterdach, hier wurde die Leiche von Theys Eluay gefunden. Dem Erstickten hing die Zunge aus dem Hals. Das war im vergangenen November. Theys war der Vorsitzende des »Papua-Präsidiums«, des obersten Rats der Unabhängigkeitsbewegung. Eine Figur so phantastisch wie das Drehbuch seiner Ermordung.

Theys, 64, liebte Jacketts in schreienden Farben, Cognac und dunkle Geschäfte. Der Kommandant der berüchtigten indonesischen Eliteeinheit »Kopassus« holte ihn ab zu einer Feier in seinem Hauptquartier, er schenkte dem Eitlen ein weißes Hemd, wie ein Todeskuss. Als Theys die Feier verließ, wurde sein Wagen gerammt, sein Fahrer schrie noch ins Mobiltelefon: »Lange lebe unser Herrgott von Papua!«, dann brach die Verbindung ab. Die Entführer nahmen die kurvige Straße in rasender Fahrt, ungehindert passierten sie 13 Militär- und Polizeiposten auf 29 Kilometer – bis zum Matoa-Baum.

Ein ungeklärter Mord, auf indonesische Art.

Das Haus von Theys steht im Städtchen Sentani. Die Jungs von Sentani spielen keinen Fußball mehr, denn mitten auf ihrer Fußballwiese ist nun Papuas berühmtestes Grab. Übersät mit Plastikblumen und letzten Grüßen aller einflussreichen Klans, drumherum ein Holzzaun und bunte Glühbirnen. Das ist der Beginn eines Heldenfriedhofs; das Papua-Präsidium hat schon 130 Namen ausgewählt, gefallene Kämpfer, ermordete Intellektuelle. Sie werden Märtyrer genannt, so schreibt es auch die örtliche Zeitung.

Papuas Kontraste: Hier ein Heldenfriedhof, wie im Vorgriff auf künftige Staatsehrung, und im Hochland das ängstliche Flüstern über die Toten unter Kartoffelfeldern.

Papuas Kampf hat bisher keinen charismatischen Rebellenführer hervorgebracht, keinen Visionär, keinen Medienliebling, niemanden wie etwa Xanana Gusmao in Osttimor, der aus dem Gefängnis kam mit der Autorität des künftigen Staatspräsidenten. Auch Theys Eluay ist im Tod nun eindeutiger als im Leben. Er war ein schillernder autokratischer Stammesfürst, seine Geschichte reicht zurück ins Zwielicht des Jahres 1969: Indonesien inszenierte damals einen sogenannten »Akt freier Wahl«, ein verspäteter Ersatz für die Volksabstimmung, die den Papuas beim Abzug der Holländer versprochen worden war. Theys war einer von 1025 handverlesenen Wahlmännern; teils bestochen, teils bedroht plädierten sie einstimmig für die Zugehörigkeit zu Indonesien. Eine Farce; die Vereinten Nationen stempelten darauf das Siegel internationaler Anerkennung.

Mord, Betrug, Verrat. Ein papuanisches Requiem.

Indonesien und die Vereinten Nationen müssten den »Akt freier Wahl« für unfrei, für nichtig erklären. Er ist für Papua ein Schandfleck, wie einst Holländisch-Neuguinea ein Schandfleck für das junge Indonesien war, nur schmerzlicher, beschämender. Eine Bereinigung der Geschichte verlangen in Papuas Oberschicht sogar die Unabhängigkeits-Gegner – weil auf dem Betrug von gestern das Misstrauen von heute wächst, und auf dem Misstrauen der unbändige Wille zur Trennung.

An Papuas Südküste schleppt sich der Aikwa-Fluss steingrau in die flache Arafura-See. Die Mündung ist verlandet zu einer aschfarbenen Ebene, kilometerbreit. Hier fließt ein Berg ins Meer, zermahlen von Menschenhand, jeden Tag 120.000 Tonnen Steinmehl, das ist der Abfall der reichsten Goldmine der Welt und der drittreichsten Kupfermine: *Freeport Indonesia*, zu 81 Prozent im Besitz der amerikanischen Freeport-McMoRan Copper & Gold Inc. Die graue Ebene ist gesäumt von toten Bäumen. So grandios wie zerstörerisch hat sich in diesem entlegenen Winkel der Erde westlicher Machbarkeitswille verewigt. Gold und Kupfer abbauen auf unzugänglichen 4.000 Metern Höhe, es hinunterschaffen durch weglosen Dschungel und malariaverseuchte Sümpfe zu einer See, die zu seicht ist für große Schiffe – da triumphierten kühne Ingenieure über eine abweisende Natur. Es war eine »Eroberung«, rühmte Freeports früherer Chef-Geologe. Und es blieb die denkbar härteste Kollision zweier Kulturen.

Das erste Rad im Leben des Amungme-Völkchens hing an einem Hubschrauber, der vor ihren Grashütten landete. Die ersten Eindringlinge hörten noch das freundliche Schnalzen der Fingerknöchel. Später spießten die Amungme Tabu-Stöcke um das Zeltlager der Geologen, ein höflicher Hinweis, ihren Berg in Ruhe zu lassen.

Als Indonesiens Diktator Suharto die Mine 1973 offiziell eröffnete, war der Krieg der Kulturen längst ausgebrochen, Steinäxte hackten wütend auf Stahlrohre. Suharto taufte die Provinz an diesem Tag *Irian Jaya*, »siegreiches Irian«. In der Verhöhnung der Wilden waren sich Indonesiens Präsidenten ähnlich.

Es war Suhartos Sieg und der einer Firma, die perfekte Ehe zwischen Diktatur und Profit. Freeport kam als erster ausländischer Investor nach dem blutgetränkten Machtantritt des Generals, Freeport blieb Jakartas wichtigster Steuerzahler, Jakartas Soldaten schützen bis heute das Firmenareal. Als Suharto stürzte, stürzten die Freeport-Aktien.

Wo das sumpfige Tiefland endet, schraubt sich die Schotterstraße steil nach oben. »Mile Fifty«, ruft der Fahrer; hier ist Amerika, hier sind die Wegmarken nach Meilen benannt, die Freeport-Jeeps fahren ohne Nummernschild, alles Firmengelände bis hinauf ins Gebirge. Der Motor kocht, hinten eine Staubwolke, vorne tiefhängende Regenwolken. Am höchsten Pass geben sie den Blick frei auf die Carstensz-Gletscher in der Ferne. Der holländische Kapitän Jan Carstensz sah sie zuerst, als er vor der Südküste kreuzte, 1623: wie eine weißglitzernde Fatamorgana auf 4.800 Metern Höhe. Ewiges Eis in den Tropen, das schien so verrückt wie später den Amungme die Vorstellung, jemand könne ganze Berge stehlen.

Das Eis machte gierig, lockte erst die Wissensgierigen, die Expeditionen; an ihrem Weg stand ein Kupfererzmonolith, eine in den Himmel ragende Mine. Sie würde *low cost production* genannt werden, als der Vietnam-Krieg den Kupferpreis anfeuerte. Nun schmelzen die Gletscher dahin in der globalen Erwärmung, kein Jan Carstensz könnte sie von der Südküste mehr sehen.

Ein stählernes Tor. Dahinter Wohnblocks und Baracken, Moschee, Kirche, Supermarkt, eine komplette Stadt für 13.000 Menschen, isoliert in der kühlen Einsamkeit der Berge. *Tembagapura*, Freeports »Kupferstadt« für die Minenarbeiter.

Zwei Jahrzehnte lang war Tembagapura weiß; weiß nennen Papuas die hellerhäutigen Indonesier. Freeport gab tausenden Zuwanderern aus Java und Sulawesi Arbeit, dazwischen irrten ein paar Einheimische umher in der trostlosen Gestalt von Aboriginees, entfremdet dem alten Leben, chancenlos im neuen. Am ergrauten Fluss wuchsen Müllsammler-Kolonien, der Abfall der Moderne lockte andere Stämme von weither an, Verteilungskämpfe brachen aus. Und dann passierte die Sache mit dem Kind.

Ein Polizist in Tembagapura schlug ein Kind aus dem nahen Amungme-Dorf Banti, da kam das ganze Dorf, stürmte Freeports Büros, zerschlug die Einrichtung. Das war 1996. Heute ist jeder vierte der 8.700 Freeport-Arbeiter ein Papua, 90 von ihnen sind aus Banti – Früchte der Revolte. Es sind nur vier Kilometer von der Minenstadt bis ins Dorf. Banti war quasi das Auge der Steinzeit, vor dem die Neuzeit aus dem Boden sprang, bedrohlich und verlockend. Nun steht hier ein Krankenhaus, eine Kette solider Holzbungalows, alles Geschenke von Freeport.

Unten im Tiefland hat Freeport erfolgreich die Malaria bekämpft. 100.000 Menschen leben nun in dieser vorher dünnbesiedelten Region, das durchschnittliche Pro-Kopf-Einkommen ist höher als überall sonst in Papua. Und doch können sich die Papuas mit der Mine nicht versöhnen. Freeport mag ein Wörterbuch der Amungme-Sprache sponsern – die jahrelange Verachtung wird nicht vergessen. Der Anblick eines neuen Krankenhauses vertreibt aus der Erinnerung nicht die Bilder, wie Jakartas Soldaten aus Freeports Hubschraubern auf die Papuas schossen. Und nach allen Wohlfahrts-Projekten bleibt immer noch eine offene Rechnung: Die Berge geben jährlich Gold und Kupfer im Wert von 1,5 Milliarden Dollar her. Freeport brauchte den Einheimischen dafür so gut wie keine Entschädigung zu zahlen. Bis zum Ende der Suharto-Zeit 1998 gehörte alles unbebaute Land allein dem Staat, alle Wälder, alle Berge waren Suharto-Land.

Eine magere Frau sitzt auf dem Boden ihres winzigen Schlafzimmers und deklamiert, als hätte sie eine Menschenmenge vor sich. »Ihr Amerikaner«, ruft sie und gestikuliert Richtung Kleiderschrank, »was habt Ihr bezahlt? Ein paar Metalläxte, fünf Dosen Corned Beef! Ihr habt uns betrogen! Ihr gebt uns Fried Chicken, um uns blind zu machen! Uns gehören die Berge bis zum Schnee hinauf!« Sie hält kurz inne, knirscht mit den Zähnen. »Ihr Indonesier, Ihr habt euch auf diese Insel gesetzt und behauptet, das sei Indonesien! Ihr werdet für Eure Sünden bezahlen!«

Das ist Mama Yosepha. Yosepha Alomang, 49 Jahre alt, die Mama des Widerstands gegen Freeport, die Mutter aller Schlachten des Amungme-Volks. Sie war unter den ersten Saboteuren, zerhackte die Leitungen, die das Kupferkonzentrat zur Küste transportieren. Später wurde sie gefoltert, von Soldaten in einem Freeport-Container, weil sie Unabhängigkeitskämpfern zu essen gegeben haben soll. Und nachdem sie eine Woche lang in einem Klo eingesperrt war, wo knöchelhoch kotige Brühe stand, wurde sie diese zähe kleine Kampfmaschine.

Mama Josepha hat nie eine Schule besucht. Vor 20 Jahren warf sie ihren Mann aus dem Haus, »er trank zuviel indonesisches Bier«. Heute sieht sie, wie die Jungen trinken, und nur dann weint sie. Hinter ihrem Haus tanzen an diesem Abend hunderte Frauen, Frauen aus sieben Stämmen, sie singen in sieben Sprachen, mit blanken Brüsten, wippendem Federschmuck und kriegerisch wirkender Gesichtsbemalung. Eine politische Kundgebung mit den Requisiten der Vergangenheit. Die Frauen haben ihre T-Shirts und Büstenhalter ausgezogen, um für die Respektierung ihrer Menschenrechte zu demonstrieren. Längst haben diese Tänzerinnen ihre Stammesgebiete verlassen, es sind Dani und Lani aus dem Hochland, Asmat von der südlicheren Küste, sie sind wie Tausende andere dem Sog der Mine gefolgt. Nun leben sie in einer Region, die Freeport als Modell ökonomischer Entwicklung rühmt, als Papuas Brücke in die Moderne – und die Frauen halten nachgemachte Steinäxte hoch für eine bessere Zukunft.

Unter den Tanzenden irrt eine Geistesgestörte umher, sie hat sich geschmückt mit einer Schweißerbrille, Ohrenschützern und einem abgeschnittenen Telefonhörer. In die tote Muschel ruft sie, immer wieder: »Hallo, hallo, Vereinte Nationen? Lebt ihr noch?«

Papua ist groß und dünn besiedelt – und war doch nie eine herrenlose Wildnis. Papuas Stämme betrachteten ein Territorium als ihren Besitz, wenn sie es von Alters her sammelnd, jagend oder fischend durchstreiften. Erst seit 1998 respektiert Indonesien die traditionellen Nutzungsrechte lokaler Völkerschaften. Vorher konnte Jakarta Land einfach requirieren – daraus entstanden in vielen Regionen des Inselreichs soziale und ethnische Konflikte, die bis heute anhalten.

In Papua verbindet sich die Wut über Landnahme mit Angst: Angst vor Überfremdung, Verdrängung, gar Ausrottung. Das mag angesichts der Größe des Territoriums absurd erscheinen: In Papua leben heute 2,1 Millionen Menschen, weniger als ein Prozent der Bevölkerung Indonesiens auf fast einem Viertel seiner Landfläche. Aber die Angst vor Überfremdung rechnet nicht nach Quadratmetern, sie rechnet Auge um Auge, und auf jeden Papua kommt jetzt ein *Pendatang*, ein Ankömmling, so heißen die zugewanderten Indonesier.

Die dünne Besiedlung machte Papua zu einem bevorzugten Ziel des *Transmigrasi*-Programms: Transmigration, das ist die staatlich organisierte Umsiedlung vor allem javanischer Bauern in andere Landesteile. So bekämpft Indonesien sein drückendstes Strukturproblem: Von den 220 Millionen Indonesiern leben zu viele auf zu kleinem Raum. Mehr als 60 Prozent drängen sich auf nur sieben Prozent der Landfläche, auf den Inseln Java und Madura.

In Papuas weitem Grün funkeln vielerorts Blechdächer in Reih und Glied – eine Transmigrasi-Siedlung ist gleich am militärischen Zuschnitt zu erkennen. Siedlung 5, Reihe 4, Haus 178: Der Bauer

Kaharudin und seine Frau Nurmasih kamen vor zehn Jahren in einem Transportflugzeug der Armee, mit einem Bündel Kleidern und ein paar Töpfen, eine Familie im großen Treck. Die Regierung schenkte ihnen das Häuschen und ein Stück von Papuas Erde, dazu Reis für ein Jahr, Speiseöl, Petroleum, Werkzeug. So wurden mehr als 350.000 indonesische Siedler in der Provinz beschenkt, für die Papuas sind sie privilegierte Eindringlinge.

Erstickend heiß ist es unter dem Blechdach, überall liegen Erdnussschalen, die ganze Familie puhlt Erdnüsse zum Verkauf. Zerschlissene Bastmatten, an Nägeln hängen ein paar Kleidungsstücke, ein Baby kaut an einer Streichholzschachtel. Das ist übrig von der Hoffnung auf ein besseres Leben. Der Boden erwies sich als wenig geeignet für Landwirtschaft, schon gar nicht für den Reisanbau, den Jakarta empfahl.

Notdürftig schlägt sich Kaharudin durch mit seinen Erdnüssen, mit Bohnen und Chili. Am Haus führt eine Stromleitung entlang, er benutzt sie nicht. Eine Glühbirne würde 5.000 Rupiah Strom kosten im Monat, ein halber Euro. Er kann sich das nicht leisten. Das Scheitern eines Staatsprogramms kann sich an den Kosten einer Glühbirne bemessen.

Die indonesische Regierung hat den Transmigrasi-Treck mittlerweile angehalten, das Programm ausgesetzt – aber viele Papuas glauben das einfach nicht. Zu sehr beherrscht sie die Angst, zur Minderheit zu werden, zu Aboriginees, leicht überstimmbar beim nächsten »Akt freier Wahl«. Ungezählte Indonesier kamen und kommen ohnehin auf eigene Faust, Händler und Kaufleute, hart und durchsetzungsfähig, oft gebildeter, oft gerissener als die Papuas. Im Archipel verkehren riesige weiße Passagierschiffe, sie fassen Tausende, die »weißen Schiffe« sind zum Synonym von Papuas Albtraum geworden: Weiß ist die Bedrohung, weiß und muslimisch. Alles vermischt sich, Ethnisches, Soziales, Fakten, Phobien. Mit den weißen Schiffen kommen auch Prostituierte, sie bringen Aids, Jakarta habe sie geschickt, Gesandte des Genozids. Wahnvorstellungen. Zu viel ist passiert in Papua, zu oft glich die Wirklichkeit einem Albtraum.

141 Grad östlicher Länge, da fällt von Nord nach Süd eine Staatsgrenze über die Landkarte, 740 Kilometer lang, wie mit dem Line-

al gezogen. Nur am Fliegenfluss kräuselt sie sich, folgt einen Moment dem Wasserlauf, als hätten Briten und Holländer mit dem hurtigen Bögelchen beweisen wollen, dass sie irgendetwas wussten über Neuguineas Wildnis, als sie ihre kolonialen Claims absteckten vor 150 Jahren.

Flug entlang der Grenze. Aus der Luft ist nicht zu sehen, wo Indonesien endet und wo Papua New Guinea beginnt – der Nachbarstaat, einst britische Kolonie, seit 1975 unabhängig. Soweit das Auge reicht: derselbe Dschungel, dieselbe Gebirgskette. Eine widernatürliche Linie zerteilt Stämme und Sprachen.

Diesseits der Grenze taucht im Flachland ein Stück Straße auf, ein Landeplatz, ein paar alte Wachtürme: *Tanah Merah*, »Rote Erde«. Jedes indonesische Schulkind lernt diesen Namen, er klingt nach Leid und Heldentum. »Rote Erde« war ein Gefangenenlager; in diesen fernsten Winkel des Kolonialreichs verschleppten die Holländer ihre intelligentesten Feinde, die Anführer der jungen Nationalbewegung. 1927 begann eine Rebellion in Westjava, sie verbreitete sich mit dem Fanal *Indonesia!* Das war neues Wort, die Idee einer Nation, alle Ethnien vereinend. In »Rote Erde« sollten die Visionäre verrotten zwischen Schlangen, Moskitos und Krokodilen.

Das Flugzeug landet in Merauke, Indonesiens östlichster Stadt. Merauke macht sich schön, an allen Häusern wird gepinselt, die Stadt feiert ihren 100. Geburtstag mit einem merkwürdig beschwichtigenden Motto: »Ein Herz, ein Ziel«. Es leben 46 Ethnien in Merauke. Muyu, Auyu, Mapi, Mandobo..., 30 heimische Papua-Stämme, aber das sind nur die Obergruppen. Dann sechs *Translokasi*-Ethnien, das sind zugezogene Papuas aus anderen Regionen. Und schließlich die Ankömmlinge und die *Transmigrasi*, die sind nicht einfach Indonesier, sondern ihrerseits zehn Ethnien.

Vielleicht muss man bis zur Ostgrenze dieses extremen Landes reisen, um Indonesien zu verstehen, um den Mechanismus seines multiethnisches Getriebes zu begreifen. Ein Kaleidoskop der Völkerschaften und der Gesichter – aber jeder hat eine Zuordnung, nimmt seine Herkunft stets mit und fragt den Fremden als erstes: *Dari mana?* Woher kommst Du? Javaner bleiben in Sumatra noch nach Generationen Javaner; ein kraushaariger Ambonese in Papua sieht nur für unsere Augen aus wie ein Papua, und wenn Ankömmlinge untereinander gemischt heiraten, gilt als Erfolgsformel, javanische Disziplin zu kombinieren mit dem Draufgängertum der Bugis aus Sulawesi. Vielleicht ist die Fähigkeit zur ständigen Zuordnung und Abgrenzung Indonesiens Überlebensprinzip, vielleicht wird es so untergehen – das Großartige und das Erschreckende liegen in diesem Land dicht beieinander.

In Meraukes Oberschule Nr. 1 hängt in jeder Klasse eine kleine Schiefertafel; Kreideschrift sortiert die Kinder nach Religion. Dritte Klasse: 22 Muslime, 9 Katholiken, 18 Protestanten. So ist es üblich in ganz Indonesien, alle Religionen sind gleichberechtigt, und jeder muss eine haben. Aber auf dieser Tafel in Papua gibt es noch eine weitere Sorte Kind: *putra daerah*, die Kinder der Region. Es sind nur 11 Papuas unter den 49 Schülern, an Meraukes bester Schule sind die Einheimischen eine kleine Minderheit. Sie können nicht konkurrieren, nur jedes vierte Papua-Kind beendet die Grundschule. Und mancher Papua-Lehrer unterliegt Jahr um Jahr beim staatlichen Einstellungstest einem gerade zugereisten Bewerber. Ein paar Straßen weiter eine katholische Schule, hier sind die Papuas unter sich, die Schule hat kaum Lernmaterialien, nicht einmal Strom. Ein Lehrer beschwerte sich bei der Regierung, indem er die Unabhängigkeitsfahne hisste.

Aus dem Wohnzimmer eines wohlhabenden Javaners fällt der Blick auf eine Moschee. Die Reisfelder glitzern, hier ist gute Erde, hier ist ein Transmigrasi-Projekt gelungen, wenigstens wirtschaftlich. Java, wie gerahmt, mitten in Neuguinea: Frauen mit spitzen Hüten, Wasserbüffel. Ländliches Asien. Nur eine halbe Stunde entfernt, auf der anderen Seite von Merauke, ist Südsee pur. Endlos der flache Strand bei Ebbe, schwarze Kinder turnen jubelnd über buntbemalte Ausleger-Kanus, Trommelklänge hängen im Abendwind. Der Kontrast macht atemlos. Können Menschen das leben?

Erinnerung an ein Gespräch, ein paar Tage zuvor, mit Thaha Alhamid, dem Generalsekretär des Papua-Präsidiums. Ein Muslim, ein sogenannter schwarzer Muslim, an der Spitze der sonst so christlich gestimmten Unabhängigkeitsbewegung. »Jeder, der hier geboren ist, kann bleiben und Bürger Papuas sein«, sagte er. »Papua wird ein demokratischer Nationalstaat sein, nicht religiös oder ethnisch definiert.« Eine moderne Nation der vielen Ethnien – hat so nicht auch Indonesien begonnen? »Ja«, sagte Thaha und lächelte.

Fahrt zur Grenze, durch den Wasur-Nationalpark. Sumpf geht über in Buschlandschaft und Savanne. In grüner Einöde steht ein letztes Denkmal: Von der Nordspitze Acehs bis hierhin *Indonesia Raya*, großes Indonesien, ein Inselreich, eine Nation, mit Gottes Segen. Auf dem Grasweg zum Grenzstein gibt ein einsamer junger Soldat Geleitschutz, mit seiner Maschinenpistole und seiner Melancholie. Ramli stammt von der Insel Ambon, er ist zur Erholung hier, er hat zu viele Tote gesehen in Ambon, wo sich Christen und Muslime umbringen, mit Gottes Segen. Nun steht er zwischen den Grashalmen an dieser Grenze, in den Augen Müdigkeit, und auf seinem Barett die Inschrift: Vorwärts, nie zurück.

Ramli, kann Indonesien zusammenhalten? *Harus*, sagt er leise. »Es muss.«

Die Stadt ohne Helm

Peripherie West – Trauma und Selbstheilung in Aceh

Die Reisfelder leuchten in saftigem Grün, besprenkelt mit den spitzen Hüten der Bäuerinnen. Dahinter das dunkle Relief der Berge, von Wölkchen betupft. Gemächlich geben Rinder die Straße frei, hinter der nächsten Kurve trotten Elefanten zur Arbeit. Aceh, im Norden Sumatras, ist verführerisch schön, zu schön für die Geschichte, die hier zu erzählen ist. Natur und Landschaft können nichts dafür, was die Menschen einander antun, und so sehen Berge und Reisfelder in stummer Melancholie, wie sich in Indonesiens westlichster Provinz Angst und Schrecken eingenistet haben, schon seit vielen Jahren. Schönes, abtrünniges Aceh: Seit mehr als 25 Jahren kämpft eine kleine Guerilla für Unabhängigkeit, Jakarta antwortete mit Krieg. Die Acehnesen sollten lernen, Indonesier zu sein; sie fanden die Leichen ihrer Angehörigen am Straßenrand, von den Soldaten hingeworfen wie Abfall.

Aceh war 500 Jahre lang, bis ins späte 19. Jahrhundert, ein Königreich, eine starke Handelsmacht, günstig gelegen an Sumatras Nordspitze. Veranda Mekkas, so wird Aceh heute noch genannt, denn über die vorgeschobene Landnase kam der Islam in den Archipel, mit arabischen, persischen, türkischen Händlern. Nirgendwo anders stießen die Holländer auf so viel Widerstand, als sie das sogenannte Hinterindien kolonial unterwarfen. Auch Bali widerstand, doch die Balinesen hatten keine Waffen, sie traten in weißen Gewändern Reihe um Reihe an, sich hinmähen zu lassen von den Holländern; so zeigten die Hindu-Prinzen ihren Stolz. Die Acehnesen aber kämpften, mehrmals schlugen sie die holländische Flotte zurück, der Kolonialkrieg währte drei Generationen. Wer heute durch Aceh reist, reist durch eine sehr eigene Welt. Streng islamisch, kein Alkohol, keine Diskotheken, kein lärmendes Vergnügen, dafür viel sanfte Freundlichkeit. Westliche Augen müssen erst lernen, die Zeichen zu lesen: Wie eine solche Gesellschaft an der Gewalt zerbrochen ist und nun versucht, sich zu kitten.

Über eine Lichtung im Dschungel marschieren Frauen in militärischer Ordnung; sie tragen zum gefleckten Kampfanzug blütendweiße Kopftücher mit Spitzenbesatz. Die bewaffnete Unabhängigkeitsbewegung »Freies Aceh« stellt sich mit einer Parade zur Schau, und inmitten all der Männer diese seltsame Erscheinung, wie militante Ikonen muslimischer Sittsamkeit.

Sie werden »Witwentruppe« genannt. Manche sind noch zu jung, um einen Ehemann verloren zu haben; sie verloren Vater, Bruder, den Beschützer. Manche verloren sich selbst: Vergewaltigte. 500 Frauen sind bei der Guerilla, ein Batallion der Trauernden, der Verletzten, das wie eine Miniatur Schmach und Stolz der Provinz verkörpert. Nach acehnesischer Tradition ziehen Frauen in den Kampf, wenn die Männer fallen. So war es schon vor vierhundert Jahren, als eine Admiralin namens Malahayati eine legendäre »Witwenflotte« gegen die Holländer führte. Ein Holländer malte später in Öl, wie der Schrecken über die Schiffe kam: Furiose Frauengestalten mit weißen Kopftüchern, in Blut watend, stachen mit ihren Dolchen die Männer zu Boden.

Die Heldinnen von heute haben kindliche Gesichter; steif und befangen sitzen sie vor der fremden Reporterin, und jede schnürt ihr Unglück in einen soldatisch kurzen Satz. Als Rosmani ihren Satz sagt, beginnt der einheimische Dolmetscher zu schluchzen. Die 19jährige blickt stumm auf den weinenden Mann, mit abwesenden Augen. Sie war 12, als ihre ganze Familie vom Militär umgebracht wurde. Der Satz der 18jährigen Nur Chalida lautet: Ich wurde vergewaltigt, als ich zum Folterzentrum ging, um meine verhafteten Eltern zu suchen. Der Satz der 20jährigen Ansiah Misriah lautet: Ich sah, wie meinem Vater die Knochen zertrümmert wurden.

Aceh Merdeka, freies Aceh, ist für diese Mädchen der Traum, der ihre Albträume beenden soll. Auf die Frage, was Unabhängigkeit bedeute, antworten sie: Keine Folter mehr. Keine Demütigung mehr. Das Gewehr benutzen sie nur zur Selbstverteidigung, doch sie nennen sich Soldatinnen, und sie sagen, dass sie jetzt keine Angst mehr hätten, weil sie Soldatinnen seien. Und dass sie für immer Soldatinnen bleiben wollten, in der Armee eines freien Aceh.

Es gibt im nördlichen Sumatra keine Psychologen, die sich mit traumatischen Gewalterfahrungen befassen. Zwischen den Reisfeldern und Bergen von Aceh liegen mehr als 5.000 Dörfer verstreut – nachrichtenloses, wehrloses Hinterland. In manchen Dörfern wurde jede zweite Frau von Soldaten vergewaltigt, sagt eine prominente Bürgerrechtlerin. Ein Foto in der örtlichen Zeitung: Unbekannte Bäuerinnen stehen plötzlich da mit Gewehren unterm Arm; es sind ältere Frauen, sie halten die Waffe ungeschickt wie einen Besenstiel, sie posieren nur. In der Provinzhauptstadt Banda Aceh tragen die Mopedfahrer keine Helme mehr. Sie knallten sie aufs Pflaster an jenem Tag, als ein Polizist einen jungen Mann belangen wollte, der seinen Kinnriemen nicht verschlossen hatte. Seitdem fährt die ganze Stadt ohne Helm, ein stummer Protest, Selbstgefährdung verachtend. Staatliche Autorität ist zerfallen in Aceh; sie wurde zum Synonym für Korruption, Gewalt, Unrecht. Wer einen Kuhdieb zur Polizei bringt, sieht ihn gleich darauf wieder herumlaufen. Wer vor Gericht geht, findet nur seine Schwäche bestätigt. Während der Regierungszeit des Diktators Suharto wurde ein Dorf einfach von Hilfe abgeschnitten, wenn es nicht Suhartos Partei gewählt hatte. Der lang erlebten Gesetzlosigkeit von oben folgt nun eine stille Verweigerung von unten. Bizarrer Abschied von Indonesien: Rote Ampeln haben keine Bedeutung mehr.

Das Haus des früheren Gouverneurs, der mit der Diktatur im Bunde war, steht leer; niemand will es kaufen, niemand will es mieten, ein verfluchtes Haus. Ein Gebäude, wo das Militär folterte, wurde von den Nachbarn niedergebrannt, sie konnten seinen Anblick nicht mehr ertragen. In den Wohnvierteln patrouillieren nachts Bürgerwachen, »zivile Sicherheit« genannt.

Die Acehnesen sprechen eine eigene Sprache; wollen sie Fremden mit einer Gebärde das Wichtigste sagen, dann verschränken sie ihre Hände wie zwei Glieder einer unzerreißbaren Kette: Gemeinschaft, Zusammenhalt, Loyalität. Wenn der Dorfvorsteher, das traditionelle Oberhaupt, seine Gemeinde in Gefahr sieht, weil nahebei das Militär marodiert, dann packt das ganze Dorf seine Sachen und geht ins Flüchtlingslager. Gibt der Vorsteher Entwarnung, geht das Dorf fraglos zurück. Die Flüchtlingslager werden auf dem Gelände von Moscheen errichtet; die umliegenden Dörfer spenden Lebensmittel, auf der Straße sammeln Kinder in Packkartons Geld. Ausländische Freiwillige machten eine Impfkampagne in den

Lagern: Die Eltern gaben ihre Kinder erst her, als sie hörten, dass der Impfstoff nicht von der indonesischen Regierung kommt.
Nur wer diese Atmosphäre kennt, kann sich vorstellen, wie in einer Novembernacht Hunderttausende in den Dörfern in Busse und auf Lastwagen kletterten, und am nächsten Tag stand eine Million Acehnesen, jeder Vierte der Provinz, vor der prächtigen Moschee von Banda Aceh: Referendum! Aceh soll abstimmen dürfen über seine Zukunft! Aufgerufen hatte eine Handvoll Studenten.
Vor ihrem Zentrum ein Haufen Plastiklatschen, drinnen kaum ein Möbelstück. Die jungen Anführer der Bewegung sitzen barfuss auf dem Boden, vor ihnen in Socken die Weltpresse. Mohammad Nazar, 26, gibt müde und ein wenig selbstgefällig Interviews rund um die Uhr, in fließendem Englisch. »Aceh ist eine Nation, kein Teil Indonesiens«, sagt er, »wir rufen die internationale Gemeinschaft auf, uns zu unterstützen.« Die Fenster sind offen, draußen dröhnt demonstrativ ein Panzerwagen der Polizei vorbei, Minuten später knattert eine kleine Moped-Demo hinterher: *Aceh Merdeka!* Doppelherrschaft, auch akustisch. Wie soll der unabhängige Staat Aceh aussehen? »Wie Amerika«, antwortet der Studentenführer, »eine demokratische Nation«.
Wenn die Leute einen Dieb fassen, bringen sie ihn jetzt zu den Studenten. Wer einen Einbrecher ums Haus schleichen hört, ruft die Studenten. Sie sind die neue Autorität auf den Trümmern der alten; sie werden verehrt, weil sie sauber sind, nicht korrupt, weil sie nichts für sich selbst wollen. Erstaunlich: Jeder ruft nun nach einem Referendum, auch die Etablierten, der Gouverneur, der Imam, die Reichen, all jene, die im Gespräch vorsichtig und »ganz persönlich« sagen, dass sie eigentlich keine Unabhängigkeit wollten, sondern lieber einen föderalen Status für Aceh, mit mehr Rechten. Sie scheinen wie Blätter, die der Sturm der Jungen, der Armen, der Enttäuschten vor sich her treibt.
Ein Menschenauflauf vor der Moschee, in der Mitte hocken auf dem Boden fünf Burschen. Sie hatten Sex ohne Trauschein, sie haben gestohlen, beides ist hier gleich schlimm. Frauen schneiden ihnen die Haare ab, dann werden die Sünder der Menge vorgezeigt, auf einem offenen Wagen herumgefahren; sie halten ein Schild hoch: »Ich will es nie wieder tun.« In der Zeitung steht später: Die Gemeinschaft strafte.

Noch sind solche Praktiken ein Exzess – ein Vorgriff auf islamisches Recht, dessen Einführung gerade im Provinzparlament beraten wird. Es ist auch ein Rückgriff, ein Rückgriff auf *Adat*, so heißt das jahrhundertealte Gewohnheitsrecht im indonesisch-malaiischen Raum; es stammt zum Teil noch aus vorislamischer Zeit. Nach lang erlebter Gesetzlosigkeit werden nun religiöse Sitten, ein Unrecht zu ahnden, zum Maßstab ethischer Ordnung. »Das staatliche Recht hat hier keine Bedeutung mehr«, sagt Yusni Sabi, Dozent am Institut für Islamische Studien in Banda Aceh. »Wir gehen jetzt zurück auf traditionelle Formen, um wieder Regeln in die Gesellschaft einzuführen.«

Aceh ist reich an Öl, Gas und Agrarprodukten; dennoch lebt jeder Dritte unter der Armutsgrenze, zu viele Einkünfte aus den Ressourcen fließen nach Jakarta. Das Verhältnis zwischen Peripherie und Zentrum war einmal umgekehrt, in jener Zeit, als es galt, die Holländer endlich hinauszuwerfen aus dem Inselreich. Ein Erinnerung daran steht auf einer Wiese in Banda Aceh: ein rostiges Flugzeug aus dem Jahr 1946. Die Acehnesen hatten damals 20 Kilo Gold gesammelt für die DC-3, ein Geschenk für die Anführer des Unabhängigkeitskampfes auf Java. Der Ruf *Merdeka!*, Freiheit!, rollte damals durch den ganzen Archipel; eine Losung der Einheit, des Fortschritts, dahinter stand die kühne Vision eines Nationalstaats in diesem ethnisch so vielfältigen Riesenreich. Die Vision hatte einen Namen: *Indonesia*.

Das Flugzeug auf der Wiese ist mit Parolen besprüht: *Aceh Merdeka*. Nicht mehr für antikoloniale Verbundenheit ist es ein Symbol, sondern für Enttäuschung.

Die wirtschaftliche Benachteiligung ist jetzt gemildert, Indonesiens Provinzen dürfen einen größerer Anteil der Einkünfte aus ihren Ressourcen behalten. Dennoch scheiterte ein Friedensabkommen zwischen Regierung und Guerilla. Die Bewegung Freies Aceh war zwischenzeitlich bereit, auf die Forderung nach Unabhängigkeit zu verzichten, doch die Hardliner in Jakarta setzten sich durch. Anfang 2004 herrscht wieder Kriegsrecht in Aceh; 40.000 Soldaten führen einen blutigen Krieg gegen 5.000 Rebellen.

Acehnese vor einer Gedenktafel für Hollands Gefallene in den Kolonialkriegen

Frühnebel der Demokratie

Aufstieg und Fall des Abdurrahman Wahid in fünf Skizzen

I. Euphorie und Ekstase (Oktober 1999) Wie eine zerbrechliche Porzellanfigur wurde der Präsident zur Vereidigung geschoben, gestützt auf beiden Seiten, zurechtgerückt vor dem Mikrofon. Ein Offizier führte die Hand des Präsidenten zur Unterschrift, dann reichte der neue Regent diese Hand ins Leere, wo er die Gratulanten vermutete, als schemenhafte Konturen in schwarz-weiß. Abdurrahman Wahid ist nahezu blind; zwei Schlaganfälle haben das Gesicht des muslimischen Gelehrten in einem Ausdruck verstörten Erstaunens erstarren lassen.

Indonesien in der vagen Morgendämmerung der Demokratie: Jakarta hielt den Atem an, 48 Stunden lang, ein zitternder, vibrierender Ausnahmezustand der Erwartung. Fast leer die breiten Straßen im Zentrum, hinter Stacheldraht verbarrikadiert Hotels und Banken. Allgegenwärtig die *Anti-Riot*-Polizei, in ihrer eckigen Vermummung von ferne einer Phalanx von Robotern ähnelnd, drohend aufgereiht vor fahlem Tropenhimmel.

48 Stunden lang klebten die Augen Indonesiens am Fernsehschirm, Unglaubliches sehend: ein freies Parlament, freie Rede, freie Kritik, turbulente Szenen, schreiende Abgeordnete. Die erstmalige Wahl eines Präsidenten, live übertragen, glich einem Krimi mit ständig wechselndem Drehbuch, einer Abfolge sich überstürzender Ereignisse: Überraschungskandidaten treten auf und ebenso schnell wieder ab; abends ist Habibie, der Ziehsohn des Diktators Suharto, noch im Rennen, bei Tagesanbruch schon versenkt von seinen Getreuen; der mächtige General Wiranto erscheint kurzzeitig auf der Bühne, hebt den Finger zum Machtanspruch, schon ist auch er wieder in den Kulissen verschwunden.

Gewöhnt an die bleiernen Rituale jahrzehntelanger Diktatur erlebten Indonesier, gleich welchen Standes, die hektischen Geburtsstunden der parlamentarischen Demokratie wie eine Offenbarung

– und selten hatte das Medium Fernsehen in einem historischen Augenblick eine vergleichbare Massenwirksamkeit.

Stundenlang starrten Millionen Fernsehzuschauer auf eine Strichliste, die vor ihren Augen auf einer weißen Tafel entstand – weil die 695 Abgeordneten den Missbrauch der elektronischen Ausstattung des Parlaments fürchteten, hatten sie sich für die antiquierte Weise des Stimmenauszählens entschieden. Im Hohen Haus standen zwölf Herren mit den landesüblichen schwarzen Samtkappen um einen Tisch, falteten 695 handbeschriebene Wahlzettel auseinander, dann rief ein Ausrufer 695 mal das Votum in den Saal. Kopf-an-Kopf kämpften auf der profanen Strichliste eine Frau und ein Mann um die Präsidentschaft im viertgrößten Staat der Welt – Megawati Sukarnoputri, die populäre Favoritin, Gewinnerin der zurückliegenden Parlamentswahl, und Wahid, der blinde, politisch geschicktere Intellektuelle. 313mal rief der Ausrufer »Megawati«, 313mal antwortete die Zuschauer-Empore mit einem fröhlichen Schrei: »Mega, yes!!«

Mega, Mega, *Ibu Mega*, Mutter Mega!, riefen draußen die Straßenjungen von Jakarta. Drinnen entschied sich das Parlament gegen die Ikone der Straße, eine Entscheidung, die nur aushaltbar war, weil alle die Striche auf der weißen Tafel gesehen hatten.

Abdurrahman Wahid: Der hochgebildete Kleriker verhandelte sich krud realpolitisch eine Mehrheit zusammen – paradoxerweise alles einstige Gegner: konservative Muslime, die er sonst als Sektierer geißelt, und viele Abgeordnete von »Golkar«, der diskreditierten Partei Suhartos. Der neue Präsident will die Kräfte des alten Regimes integrieren, aber ihnen nicht die Macht lassen – ein heikler Balanceakt.

Wahid verkörpert ein Herzstück Indonesiens: einen toleranten und zugleich konservativen Islam. Das Volk nennt den Präsidenten bei seinem Spitznamen Gus Dur, etwa »Großer Bruder«, er führt die größte Muslim-Organisation des Landes, wird von manchen Muslimen abgöttisch verehrt und stellt sich doch schützend vor nichtmuslime Minderheiten. Der 59jährige stammt aus einer prominenten javanischen Familie, sein Großvater wird als Held der Nationalbewegung im kolonialen Indonesien verehrt. Wahid studierte im Irak, in Ägypten und Europa, machte sich einen Namen als Kolumnist, Redner und Gelehrter, als »Lehrer der Nation«. Symbolischer kann die Abkehr von einer Politik des starken Mannes kaum sein: einem blinden, gebrechlichen Intellektuellen ein Riesenreich in größter Krise anvertrauen – welch eine Premiere! Abenddämmerung in Jakarta. Im Zentrum, vor dem »Hotel Indonesia«, stoßen Studenten ihre Fäuste in die Luft. Vom Dach eines Busses werden dem neuen Präsidenten Forderungen gestellt: das Militär zurück in die Kasernen, Untersuchung der Suharto-Machenschaften, Landreform. Die Studenten singen die Nationalhymne und breiten dann ihre Jacken und Transparentstoffe säuberlich vor sich auf dem Pflaster aus: einen Flecken symbolischer Reinheit zu schaffen für das muslimische Gebet. Durch den Müll der vergangenen Aufregungen stolpert ein magerer Junge mit verträumtem Gesicht; in den Händen hält er eine zerfledderte Kladde, einen Bleistiftstummel. »Ich schreibe meine Erinnerungen«, sagt er. »Diese Tage kommen nicht wieder.«

II. Der schleppende Schritt des Gesetzes (Juni 2000)

Zum ersten Mal in der jüngeren Geschichte Indonesiens hat ein Gericht Soldaten wegen Mordes verurteilt. Die Richter wurden danach eilends zum nahen Provinzflughafen gefahren und in Sicherheit gebracht – so abenteuerlich sind Indonesiens erste Schritte zur Demokratie.

Mehr als zwei Jahre sind seit dem Sturz Suhartos vergangen, neun Monate ist die erste frei gewählte Regierung im Amt. Die Fernsehbilder aus Indonesien erzählen nur von Chaos und Gewalt, doch im Schatten der Katastrophen wird die Bühne gezimmert für ein erregendes Lehrstück: Wie kann im viertgrößten Land der Welt ein Rechtsstaat entstehen? Wie kann die große Masse an Unrecht bewältigt werden, das in den drei Jahrzehnten der Suharto-Ära geschah und auch noch danach?

Abdurrahman Wahid, der blinde Präsident, hat Rechtsstaatlichkeit und Meinungsfreiheit zum vorrangigen Ziel seiner Amtszeit erklärt. Alle politischen Gefangenen sind frei, die kulturelle Unterdrückung der chinesischen Minderheit ist beendet, auch das Verbot kommunistischer Betätigung will Wahid aufheben. Nun geht es ans Eingemachte, an die Ahndung der großen Verbrechen: Mord durch Militär und Polizei, die Raubwirtschaft der Suharto-Familie und die Gräuel im einst besetzten Osttimor. Drei entscheidende

Felder: Auf ihnen muss der Machtkampf mit den Kräften des alten Systems ausgetragen werden. Die exemplarische Ahndung von Staatsverbrechen soll auch helfen, das unruhige Inselreich zu befrieden und zusammenzuhalten.

Beispiel Aceh: Die Provinz im Nordwesten Sumatras drängt zur Unabhängigkeit, Jakartas Soldaten hatten hier über ein Jahrzehnt lang besonders schlimm gewütet. In Aceh fand deshalb der erste Menschenrechtsprozess statt; er endete mit Gefängnisstrafen für 24 Soldaten. Allerdings zeigte das Tribunal exemplarisch, wie gefesselt der Arm des Gesetzes ist: Die angeklagten Soldaten, nur niedere Ränge, machten geltend, dass sie auf Befehl handelten, als sie die Schulklasse eines islamischen Internats, des Separatismus verdächtigt, exekutierten. Die befehlsgebenden Offiziere aber standen nicht vor Gericht, ein beschuldigter Oberst gilt als verschwunden.

Nur schleppenden Schritts nähert sich das Gesetz dem Hauptquartier der alten Macht, der Cendana-Straße in Jakarta. Dort steht der Bungalow von Suharto; der Diktator außer Dienst hat nun Hausarrest, eine Maßnahme vorsichtig-verengender Einkreisung: Zuvor hatte er Stadt-Arrest. Zweimal pro Woche kommen die Staatsanwälte, den Delinquenten zu befragen. Suharto, 79, reklamiert Gedächtnisverlust; staatliche Ärzte untersuchten daraufhin sein Gehirn. Als die Staatsanwaltschaft jüngst bekannt gab, sie wolle bald Anklage erheben, explodierte auf Sumatra eine Bombe in einer Kirche; 47 Verletzte.

»Es gibt dafür kein direktes Kommando Suhartos«, sagt Marzuki Darusman, der Generalstaatsanwalt. »Aber jeder Schritt gegen ihn löst eine Aktion aus.« Darusman ist selbst ein Veteran aus Suhartos Golkar-Partei, er kennt das alte System. Als respektierter Reformer sitzt er nun auf Indonesiens heißem Stuhl, soll eine Schneise durch das Dickicht der Korruption schlagen mithilfe einer Justiz, die immer noch als weithin korrupt gilt. Nichts verdeutlicht den mühsamen Umbruch in Indonesien besser als die heikle Position dieses obersten Anklägers: Die öffentliche Meinung treibt ihn voran, ein hell erwachtes demokratisches Bürgerbewusstsein fordert Taten, Prozesse, sichtbare Gerechtigkeit; zugleich wirft ihn die Obstruktionspolitik der alten Eliten zurück. Bezeichnend die Drohung, zu der Darusman griff, um Suharto aussagewillig zu machen:

Er werde den Polizeischutz vor dessen Bungalow abziehen, wo regelmäßig die Studenten demonstrieren.

Es konkurrieren auch in Indonesien jene zwei Prinzipien, die schon anderenorts kollidierten: Strafe oder Versöhnung? Moral oder Realpolitik? Präsident Wahid balanciert, will von beidem etwas. Der demokratischen Hygiene wegen will er Suharto vor Gericht sehen, aber ihm anschließend »verzeihen«. Den verstärkten Druck der Justiz auf Suharto nutzt Wahid für Verhandlungen mit der Potentaten-Familie: Sie soll einen großen Batzen ihres versteckten Vermögens an den Staat zurückgeben; Wahid hofft auf bis zu 40 Milliarden Dollar. Indonesiens Staatskasse ist leer, das Land hängt am Tropf des Internationalen Währungsfonds. Mit den Suharto-Milliarden könnte sich Indonesien teilweise freikaufen. Wäre das Aussöhnung? Ja, meint der Präsident.

Besuch bei einem prominenten Juristen: Der 68jährige Andi Andoyo war lange Richter am Obersten Gerichtshofs, fiel dort durch seine Unbestechlichkeit auf. Heute leitet er ein Team zur Untersuchung von Korruption. Andoyo ist radikal, sein Urteil über die indonesische Justiz ist vernichtend: Alle seine korrupten Kollegen am Obersten Gericht sind noch im Amt, niemand wurde belangt, die Mentalität der meisten Beamten sei unverändert. Hunderte, wenn nicht Tausende Richter, sagt Andoyo, müssten ausgewechselt werden.

Niemand vermag heute zu sagen, wann es Indonesien gelingt, eine Demokratie zu werden. Der Weg dahin, meint Präsident Wahid, werde »mindestens eine Generation« lang sein.

Gerade stürmten Hunderte Bauern eine Gewürznelken-Plantage; im Kugelhagel der Polizei blieb ein Toter zurück. 20 Jahre lang hatten die Bauern den Zorn gehegt, der sie nun zur Randale trieb – damals waren sie von dem Land vertrieben worden, das sie bestellten. Auch dies ist eine Folge lange erlebter Gesetzlosigkeit: Viele nehmen nun in die eigenen wütenden Hände, was sie für ihr Recht halten.

III. Massaker und Machtkampf (März 2001)

Eine Frau trug den Kopf ihres Mannes in einem Sack. Seine Mörder glaubten, dass im Kopf die Seele wohnt, und ein klein wenig glauben wir das vielleicht alle.

Surabaya, Ostjava. Heißer Dunst liegt über dem Hafen. Seit Tagen treffen hier die Zeugen des Schreckens ein, Flüchtlinge aus Kalimantan, aus dem indonesischen Teil Borneos, 48 Stunden Seereise entfernt. Zwei Wochen lang tobte dort der Mob, alteingesessene Dayaks gegen zugewanderte Maduresen, Hunderte Maduresen starben, Tausende ihrer Häuser gingen in Flammen auf. Es war nicht die Zahl der Toten, die den Blutwochen von Borneo kurzzeitig einen Platz im Nachrichtengeschehen der Welt sicherte. Sondern es war der plötzliche, rätselhafte Einbruch von Archaischem in einen ethnisch-sozialen Konflikt der Gegenwart. Dayaks, meist Christen, jagten Köpfe, aßen die Herzen ihrer muslimischen Opfer. Kommandoschreie, Lautsprechergetöse, ein Schiff entlädt seine menschliche Fracht auf den glühenden Pier. 6.500 Menschen, auf dem Kopf Habseligkeiten in einem Reissack balancierend, auf dem Rücken ein Topf, eine Decke, in den Augen Verstörung. Familien halten sich an den Händen umklammert, endlos scheint der Zug der Unglücklichen, 50.000 sind vorher schon angekommen auf dem glühenden Pier. Geschwächt und desorientiert stolpern die Barfüßigen durch eine lärmende Gasse politisierter Mildtätigkeit – Parteien und islamische Massenorganisationen haben Stände im Hafen aufgereiht, als sei Wahlkampf, ihre schweißüberströmten Helfer wetteifern beim Verteilen identischer Snackpäckchen und Wasserflaschen. »Herzlich willkommen«, grüßt ein Transparent. Willkommen wo? Die Insel Madura gab den Maduresen den Namen; Madura ist nur eine halbe Stunde entfernt, dorthin werden die Flüchtlinge jetzt weiterverschubt, an einen Ort, den die meisten allenfalls aus Erzähungen von Großeltern kennen. Madura, so chronisch überbevölkert wie die Großinsel Java, wird nur ein Zwischenlager sein – in einem Monat schon soll der Menschentransport zurückgehen nach Kalimantan. Und während sich die Reporter der Weltpresse längst mit anderen Krisen beschäftigen, wird auf Borneo ein Krieg weitergehen, der bereits vor Jahrzehnten begann. Der Krieg handelt von Entwicklung, Raubbau, Profit und Landtiteln und von einem verantwortungslosen Staat.

Ein Blick auf die Landkarte: Borneo ist sechsmal so groß wie Java, aber auf Java drängen sich zehnmal mehr Menschen – 120 Millionen, etwa die Hälfte aller Indonesier. Seit den 50er Jahren strömten Einwanderer in Borneos Provinz Kalimantan, zunächst individuell, später staatlich organisiert. Und ebenso lange schon gibt es gewaltsame Konflikte, nur wurden sie unter dem Diktator Suharto unterdrückt, verschwiegen, sogar die Forschung darüber war verboten. In den drei Jahrzehnten seiner Herrschaft trieb Suharto rücksichtslos ein Entwicklungsmodell voran, das Menschenrechtsorganisationen heute als Hauptursache der Spannungen anprangern. Kalimantans riesige Wälder wurden parzelliert, die Konzessionen für Kahlschlag und Plantagenwirtschaft erhielt Jakartas profitsüchtige Business-Elite; die wiederum bevorzugte auswärtige Arbeitskräfte. Die traditionellen kleingewerblichen Nutzer des Lands, die Dayak-Stämme, wurden systematisch von ihrem Boden vertrieben, ihrer Lebensgrundlagen beraubt – ethnisch blieben sie Mehrheit, doch sozial marginalisiert. Das staatliche »Transmigrations«-Programm war ein zusätzlicher Quell für Sozialneid: Neusiedler bekamen Land und Lebensmittel geschenkt, und obwohl die Ankömmlinge oft selbst ein überaus karges Dasein fristeten, weckte ihre Bevorzugung doch den Hass der Eingesessenen.

Kalimantan – ein Beispiel. Andere Gebiete im riesigen Inselreich zeigen ein ähnliches Muster, ein Flickenteppich von Konfliktursachen überzieht das Land. Altes Unrecht, verfehlte Entwicklungsplanung, korrupte lokale Verwaltungen befeuern sogenannte »horizontale Konflikte«: Menschen überfallen und maltraitieren ihre Nachbarn, weil sie an die eigentlichen Verursacher ihre Misere nicht herankommen. Lappalien, ein Streit um Spielschulden, eine Rauferei zwischen Betrunkenen, wirken wie der Funke am Pulverfass, bringen plötzlich ethnische oder religiöse Gemeinschaften gegeneinander in Stellung.

Was provozierte den Blutrausch in Borneo? Flüchtlinge und Augenzeugen machen unterschiedliche Angaben, keine kann ein Massaker verständlich machen. Eine Episode soll indes erwähnt werden; ihre Quelle ist der nationale Polizeichef: Vor Beginn der Unruhen sollen zwei lokale Regierungsangestellte Rupiah im Gegenwert von 2.000 Dollar an sechs Provokateure gezahlt haben. Das ist eine verdächtige hohe Summe; in Indonesien kann man Demonstranten oder Brandstifter gewöhnlich für weitaus geringere Beträge mieten.

Szenenwechsel: Brennende Häuser, wieder abgeschlagene Köpfe, Menschen essen einander auf – diese Hölle ist nur gemalt, von einem jungen indonesischen Künstler. Das Bild heißt »Fernbedienung«, es zeigt im Vordergrund den Drahtzieher des Horrors: Sein Gesicht ist mit militärischer Tarnfarbe geschwärzt, dazu trägt er die Krawatte eines Businessmanns. Eine Ausstellung moderner Kunst in der Universitätsstadt Yogyakarta, mehrere Flugstunden von Borneo entfernt. Die Bilder sind politische Anklagen, sie zeugen von Wut und Verzweiflung über Indonesiens qualvoll schwierigen Übergang zur Demokratie. Aber sie bedrücken auch durch ihren anthropologischen Pessimismus: Ein menschliches Profil wird schrittweise zu dem eines Affen. Die eleganten Figuren des traditionellen Schattenspiels folgen, wie magisch angezogen, teuflischen Gerüchten. Gewalt, Verblendung und stets die unscharfe Silhouette mächtiger Hintermänner – ein indonesischer Passionsweg im Jahr drei nach dem Ende der Suharto-Diktatur.

Ausländische Beobachter neigen dazu, alle Konflikte im Vielvölkerstaat als genuin ethnische Rivalitäten zu erklären, folglich steht das Inselreich stets kurz vor dem Zerfall. Viele Indonesier neigen zum gegenteiligen Extrem. Die ekstatisch politisierte Atmosphäre der Übergangsära verleitet zu Verschwörungstheorien, in denen sich unbewusst die Erfahrung jahrzehntelanger Unterdrückung spiegelt – jeder Mörder tanzt wie eine Puppe am Faden, bezahlt, verführt, ohne eigene Entscheidungsfähigkeit.

Massaker und Machtkampf – schon verschwimmen die Bilder. Kann es Zufall sein, dass sich zeitgleich zu den Geschehnissen in Kalimantan in der Hauptstadt Jakarta eine Koalition formiert, um jenen Präsidenten Abdurrahman Wahid aus dem Amt zu drängen, der die Hoffnung auf Demokratie verkörperte, auch die Hoffnung auf Toleranz zwischen Ethnien und Religionen? Die Massaker seien politisch inszeniert worden von den allgegenwärtigen Kräften des alten Suharto-Regimes – rufen die Anhänger des Präsidenten. Die Mordbrennerei sei nur ein neuer Beweis für seine Unfähigkeit – rufen die Gegner.

Wieder ist Kalimantan nur ein Beispiel. Demokratie, Rechtsstaatlichkeit, Ausmerzen der Korruption, Sühne von Unrecht – das ist im südlichen Borneo ein ebenso ferner Traum wie im größten Teil des Landes. *Reformasi*, die Reformbewegung, hat die Medien

befreit, die Universitäten verändert, die Kunst und die Köpfe vieler Menschen. Aber an den Pfeilern der alten Macht in Business, Justiz und Militär wurde bisher nur gekratzt, nicht gesägt. Und jedesmal, wenn der Generalstaatsanwalt einen Schritt wagt gegen die Suharto-Familie, dann bricht irgendwo im Land eine Unruhe aus, gehen Bomben hoch. Diesmal hatten Ermittlungen gegen eine Suharto-Tochter begonnen.
Präsident Wahid hat in 18 Monaten Amtszeit nichts von seinen demokratischen Visionen in Realität umsetzen können. Eitel, selbstbezogen und sich selbst stets nonchalant widersprechend, blieb der hochangesehene Muslim ein Intellektueller in der Politik, unfähig und unwillig, Bündnisse zu schmieden. Dass der 60jährige nahezu blind ist, gilt mittlerweile als Metapher: Er sehe die Probleme nicht.
Aber ist der Präsident, der jetzt um den Erhalt seiner Macht kämpft, überhaupt je an der Macht gewesen? Nach Kalimantan schickte er zwei Bataillone Soldaten; sie sahen zu, wie die Häuser der Maduresen niederbrannten. Wenn die aufgespießten Köpfe in den Fäusten von Dayaks ein Signal des Protests nach Jakarta waren, dann haben auch die Soldaten ein Signal gesandt.
Jakarta bei Nacht: Tausende Finger zeigen anklagend auf den Präsidentenpalast. Ein Sit-In muslimischer Studenten; sie geben Wahid die Schuld an den Toten in Kalimantan. Aber die christlichen Dayaks ließen Moscheen unversehrt, als sie die Wohnhäuser der Maduresen niederbrannten. Anders als beim Kampf zwischen Christen und Muslimen auf der Insel Ambon spielte religiöser Fanatismus auf Borneo anscheinend keine Rolle. Ethnische und soziale Merkmale stempelten die Maduresen zum Opfer, nicht ihr Glaube.
Doch Indonesiens Muslime leiden unter mangelndem Selbstvertrauen, sie fühlen sich rasch als Opfer – zumal wenn radikale Anführer ihnen das einflüstern. Nun werden die Toten von Borneo instrumentalisiert gegen den Präsidenten. Dass die Politik dieses liberalen Muslimführers zu wenig islamisch sei, kursiert als Vorwurf, seit er, gerade im Amt, diplomatische Beziehungen zu Israel erwog. Die Idee ließ er bald fallen, wie viele andere. Aber sogenannte »islamische Interessen« spielen im Ränkespiel von Jakartas Parteien eine wachsende Rolle.

Wie immer, wenn Religion politische Ansprüche erhebt, ist Heuchelei mit Händen zu greifen. Die populäre Politikerin Megawati, Tochter des ersten Staatspräsidenten Sukarno und Gewinnerin der Parlamentswahl 1999, musste sich vor 18 Monaten mit dem Posten der Vize-Präsidentin begnügen; die Islam-Parteien wollten damals keine Frau an der Spitze der Nation. Mittlerweile haben dieselben Politiker den Koran noch einmal gelesen: Eine Frau sei erlaubt, wenn sich das Land in einer Notlage befinde. Megawati ist die Frau der Stunde. Sie steht dem Militär näher als der gegenwärtige Präsident; sie wird das Land zusammenhalten, um jeden Preis.

IV. Im Griff der Vergangenheit (Juni 2001)

Seltsam, die zwei Kokospalmen in einem Wald, wo sonst keine Kokospalmen wachsen. Hatte jemand die Stelle kennzeichnen wollen? Vorsichtige Ausgrabung beginnt; sie fördert zu Tage, was vermutet wurde: Skelette, 24 an der Zahl, manche Schädel haben Einschusslöcher.

In Indonesiens Erde liegt viel verdrängte Geschichte; dieses Waldstück in Zentraljava erzählt von ihrem finstersten Kapitel. Im September 1965 kam ein Generalmajor namens Suharto durch die Niederschlagung eines angeblich kommunistischen Putsches an die Macht; in den folgenden Monaten wurde mindestens eine halbe Million Menschen umgebracht, tatsächliche oder vermeintliche Kommunisten. Jetzt erst, immer noch verängstigt, suchen Familien nach ihren Toten von damals. Und jetzt erst beginnt mühsame Aufklärung, was überhaupt geschah, als Suharto die Macht ergriff, um sie dann 32 Jahre lang nicht mehr loszulassen.

Vergangenheit und Gegenwart: Indonesien steckt in tiefer Staatskrise, das Parlament rüstet sich zur Amtsenthebung des Präsidenten. Wahid sei unfähig, das Land zu regieren. Es führt aus diesem Waldstück eine unsichtbare Linie in die Hauptstadt, bis zum Präsidentenpalast. An der Mordwelle von 1965/66 war maßgeblich jene riesige muslimische Organisation beteiligt, die Wahid später über Jahre anführte – und deren Mitglieder den Umstrittenen jetzt derart inbrünstig verteidigen, dass sie kürzlich sogar das Parlament stürmten.

Nahdlatul Ulama hat 25 Millionen Mitglieder in tausenden Dörfern; ein ländlicher, feudal strukturierter Islam. Ländlich war auch die Mordszenerie damals, auf Java, auf Bali; Militärs und Großgrundbesitzer hetzten die traditionellen Muslime auf zum Blutrausch: Kommunismus ist Atheismus, der Erzfeind des Islam! Ihr oder sie, töte oder stirb! Wahid forderte im vergangenen Jahr die Nahdlatul Ulama auf, sich ihrer Vergangenheit zu stellen; eine Untersuchungskomission wurde eingesetzt, vor allem Jüngere verlangen Aufklärung. Die Massenbasis dieses Präsidenten ist keineswegs eine Ansammlung von Fundamentalisten. Indonesiens ländlicher Islam ist durchsetzt mit hinduistischen und noch älteren Traditionen, eine tropische Frömmigkeit, vom arabischen Islam sehr verschieden. Die Begegnung mit Wahids treuesten Anhängern führt in eine Herzkammer Indonesiens, die sich der eiligen politischen Nachricht entzieht. Vielleicht entzieht sich auch einem nicht-spirituellen westlichen Denken.

So sitzt man in Ostjava, der Heimat und Hochburg des Präsidenten, zum Beispiel einem Mann gegenüber, der von sich sagt: »Natürlich habe ich magische Kräfte.« Matnawi (er benutzt wie viele Indonesier nur einen Namen) ist ein Ortskommandant von *Banser*, dem para-militärischen Arm der Nahdlatul Ulama; ein untersetzter, muskulöser Mann mit schmalen Augen, die selten lächeln. Er berichtet von der Ausbildung seiner Leute, 60.000 allein in Ostjava: Selbstreinigung durch Gebet, Koranlesen, Fasten. Training in diversen Kampfsportarten. Atemtechnik. Meditation über ein Mantra, das individuell von einem muslimischen Gelehrten zugeteilt wird. Nach dieser Vorbereitung müssen junge Anwärter einen Test in Unverletzbarkeit bestehen: Zum Beispiel sich einen Eisenspieß in den Hals stecken. Als Wahids Anhänger kürzlich in Jakarta demonstrierten, griffen sie ungerührt mit bloßen Händen in den Stacheldraht.

Furcht wie Ehrfurcht eilt solchen Kämpfern voraus; der Mythos von Unverletzbarkeit zieht auch Kriminelle und allerlei Gestrandete an. Eine Männerwelt, in der geheimnisvolle Potenz vom einem meist sehr impotenten sozialen Alltag ablenkt. Das Vertrauen auf Führung und Führer ist die einzig verfügbare Richtschnur im Chaos dieser Tage.

Das Debakel um die Präsidentschaft in Jakarta lässt sich nur entlang verschlungener Gegensatzpaare beschreiben: Religion und

Säkularismus, Elite und Basis, Macht und Ohnmacht. Der interne Kampf in Jakartas politischer Klasse ist im ostjavanischen Dorf unverstehbar; in der Hauptstadt mögen Kommentatoren ein parlamentarisches Amtsenthebungsverfahren als Beweis von Demokratie feiern – von ferne und von unten betrachtet ist es ein Ränkespiel derer da oben. Wahid, der muslimische Intellektuelle, wollte ein säkularer Präsident sein, der Religion aus der Politik heraushält. Aber für seine ländlichen Anhänger bleibt dieser Blinde ein religiöser Führer. Als solcher wird er respektiert, geliebt und verteidigt, ungeachtet all seiner Versäumnisse als Politiker.

Verehrung sollte Wahid hochhalten, doch in Wirklichkeit wurde sie zur einer Triebkraft des Niedergangs. Die Gewöhnung an kritiklose Verehrung hat auf höchst nachteilige Weise den politischen Stil Wahids geprägt. Er blieb im höchsten Amt ein Egomane, ein unkalkulierbarer Einzelgänger. Seine Präsidentschaft hing von der ersten Sekunde an am seidenen Faden. Doch Wahid glaubte, er sei unverletzbar – so magisch geschützt wie die Kämpfer in Ostjava.

Zu eitel, seine Schwäche einzugestehen, unfähig, ein gesellschaftliches Bündnis für Reformen zu schmieden, verlor er an allen Fronten. Befriedung abtrünniger Provinzen? Gescheitert. Suharto zur Verantwortung ziehen? Gescheitert. Das Militär unter zivile Kontrolle bringen? Gescheitert. Die riesige Kluft zwischen den demokratischen Visionen, die er einst verkörperte, und der Realität seines Landes konnte er nirgends verringern.

Das nächste Bild ist vermutlich das letzte. Es zeigt die böse Tragik eines Intellektuellen, wie sie aus anderem historischem Kontext bekannt ist: Der Zweck heiligt die Mittel! Wahid greift zu Notstandsdekreten, will das Parlament, das gegen ihn ist, auflösen lassen. In die Ecke gedrängt, schlägt er um sich, er zerschlägt seine eigene Biographie.

Indonesien steht Kopf. Das Militär, die radikal-islamische Parteien und die Kräfte des alten Regimes gebärden sich im Bündnis gegen diesen Präsidenten nun als Hüter der Demokratie. Voran die Generäle: sie betreten die Bühne als Verteidiger der Verfassung, verweigern Wahid den Rückhalt für seine Notstands-Dekrete. Aber sie blockierten den Präsidenten auch, als er noch Demokrat war. Wer hätte gedacht, dass sich dem Militär so schnell die Gelegenheit bieten würde, sein ramponiertes Ansehen aufzubessern?

Nun machen die Generäle wieder nationale Politik; das kommt einer Generalamnestie für alle vergangenen Verbrechen gleich, ob in Osttimor, ob im eigenen Land.

Die Vergangenheit hält Indonesien im Griff; das ist die Lehre aus der Ära Wahid. Dieses Riesenreich birgt in sich selbst schon genug Sprengstoff : 220 Millionen Menschen verteilen sich auf 3.000 Inseln und 200 Ethnien, und die wertvollsten Ressourcen des Landes liegen an seinen geographischen Peripherien. Aber bei viele Konflikten schütteten Provokateure Öl ins Feuer – an der langen Leine derer, die nun lauthals »Stabilität!« rufen.

Die Reise durch Indonesiens politische Landschaft endet, wo sie begann. Das Gespenst des Kommunismus geht um, diesmal ohne Kommunisten. Eine »Antikommunistische Front« bedroht Buchhandlungen, verbrennt öffentlich Bücher. Reformpolitisch engagierte Künstler werden überfallen, studentische Aktivisten zusammengeschlagen. Der Terror maskiert sich grün, in der Farbe des Propheten – der Anführer der »Antikommunistischen Front« gehört zu einer radikal-islamischen Partei, die im Parlament die Absetzung Wahids besonders aktiv betreibt: Weil der Präsident den Wiederaufstieg des Kommunismus begünstige. Und der Chef der Suharto-Partei »Golkar« vergleicht randalierende Anhänger des Präsidenten mit den Kommunisten der 60er Jahre.

Alles steht Kopf, aus dunkler Vergangenheit werden die Trugbilder der Gegenwart fabriziert.

V. Der Sturz (Juli 2001)

Nacht in Jakarta. Hinter Stacheldraht liegt hell erleuchtet die Säulenhalle des Präsidentenpalastes, koloniale Bühne für ein modernes Drama. Er harrt drinnen aus – der Präsident, der keiner mehr ist. Seit Stunden schon ist Abdurrahman Wahid gestürzt, das Parlament hat seine Nachfolgerin Megawati vereidigt, doch er verweigert seinem eigenen Sturz die moralische Anerkennung. Er sieht sich im Krieg mit den Kräften des alten Systems, die Mauer der Obstruktion hat sich nun rundum geschlossen, Wahid spricht von einer Verschwörung, von Hochverrat. Kurz tritt er ins gleißende Licht zwischen den Säulen, ein Mann in kurzen Hosen, er winkt dorthin, wo er seine Anhänger vermutet. Er kann sie nicht sehen, er ist ja blind.

Welch ein bizarrer Ausnahmezustand! Das viertgrößte Land der Welt hat zur Stunde zwei Präsidenten, zwei Mercedesse tragen das Kennzeichen »Indonesia – 1«. 42.000 Soldaten und Polizisten stehen in Jakarta und warten, dass der Blinde da drinnen aufgibt. Er singt mit einem befreundeten Kabarettisten im Duett. Vor dem Palast ein letztes Aufgebot von Getreuen. Studenten, Reformaktivisten, ein paar Muslime vom Land. Sie tanzen zur Melodie eines patriotischen Militärlieds, »Held ohne Namen«, sie haben es umgedichtet zum Trauerlied auf den Gescheiterten dort drinnen. Wahid, der Intellektuelle, verkörperte die Hoffnung auf Neubeginn, Reform, Demokratie, als er vor 21 Monaten antrat. Nun sitzt der Gestürzte in seinem Palast wie im Exil, mitten in der Stadt. Erdnussverkäufer schieben ihre rauchenden Wägelchen zu der finsteren Kirmes, Totentanz, Ende einer Ära. Jemand ruft mit dünner Stimme: »Revolution!«

Beschwichtigung des Universums

Der Borobudur-Tempel auf Java

Wie eine fette Steintorte liegt er da. Graubraun, klobig. Zu breit, um hoch zu wirken. Der Borobudur ergreift nicht auf den ersten Blick, er gibt nichts preis, bietet sich nicht an. Das größte buddhistische Monument der Welt? Der Borobudur verbirgt sogar seine Größe; nur aus der Luft läßt sie sich erfassen. Ein Tempel? Nichts, wo man hineingehen kann, keine Kammer, kein Ort, der das beruhigende Gefühl erzeugen würde, man sei *da* gewesen.

Die Holländer bauten sich auf die Spitze einen Aussichtspavillon; der frischen Brise wegen. Zeitung lesend und Hüte schwenkend posierten Indonesiens Kolonialherren 1860 in ihren weißen Tropenanzügen auf diesem kindischen Holzgerüst, auf der damals halbzerfallenen obersten Stupa, dem Symbol einer heiligen Stätte. Die Holländer setzten ihren Fuß auf den Borobudur; sie wußten nicht, dass dieser Berg unbezwingbar ist. Java hat der Nachwelt ein zwölf Jahrhunderte altes steinernes Rätsel hinterlassen – ein Monument mit so viel religiösen und philosophischen Zeichen, magischen Zahlenkombinationen, geometrischen Systemen und unentschlüsselbaren Bildergeschichten, dass die Gelehrten bis heute über seine Deutung streiten.

Wurde dieser Terrassenberg als hinduistische Pyramide begonnen, ein Berg Meru, die Mitte des Universums verkörpernd? Oder entsprechen seine Stufen den aufsteigenden Sphären buddhistischen Bewußtseins? Wollte ein König im Borobudur seine Asche begraben sehen – und vergaß diese Idee später? Ist der Grundriß ein Mandala, ein kompliziertes religiöses Diagramm, das die Positionierung von 504 Buddhastatuen erklären könnte? Und warum verlor sich jener unbekannte Reliefmeister, der ein Kapitel aus Buddhas Leben darstellen sollte, in einer Folge hingebungsvoll gravierter Liebesszenen?

Zu den kleinen und großen Rätseln, welche die Javaner hinterliessen, fügten die Holländer noch eines hinzu. Als sie ihren kindi-

Der Borobudur-Tempel auf Java

schen Pavillon bauten, vergaßen sie zu notieren, was sie in der beschädigten obersten Stupa gefunden hatten: War sie leer, eine gewollte symbolhafte Leere, das Nichts der Erleuchtung? Oder leergeplündert? Oder stand dort tatsächlich jener Unvollendete, ein Buddha ohne Finger, mit unfertigen Locken? Die Statue blieb mit Bedacht unvollendet, weil ein javanischer Bildhauer im neunten Jahrhundert von der philosophischen Idee geleitet war, dass Höchstes nicht darstellbar ist. Wissenschaftlicher Zweifel hat den Unvollendeten ins Borobudur-Museum verbannt, wohin sich nur selten Besucher verirren. Vor dem Fingerlosen liegen Opfergaben; der Respekt der Museumsangestellten schert sich nicht um die Bedenken der Experten.

Man muß dem Borobudur Zeit lassen, bis er anfängt, von seinen Geheimnissen zu erzählen. Es dauerte zweieinhalb Tage, bis ich die Magie der grauen Steine spürte. Es war der zweite Sonnenaufgang ohne Sonne. Um 4 Uhr 45 die Stufen hoch, die Steintorte rauchte in Nebel. Oben saß ich wie auf einem Geisterschloss, die Spitzen der Stupas dunkle Zinnen in fahlem Licht. Die Sonne verbarg sich, stattdessen kam die Ruhe und mit der Ruhe ein kleines schmerzhaftes Glücksgefühl beim Betrachten eines Torbogens. Treppenförmig schienen die schweren Quader auf der Luft zu liegen, kein Mörtel, keine Schraube hält sie zusammen, jeder Stein fügt sich einzigartig mit einem handgeschliffenen Keil an den nächsten. Vielleicht ist es typisch für uns unspirituelle Westler, dass ein banales Staunen über Handwerk und Schwerkraft plötzlich die Sinne öffnet für die Faszination dieses Orts.

Durch die Morgenstille drang ein ruhiger Takt: Steineklopfen. Es klang wie ein fernes Echo früherer Zeiten, akustische Untermalung, um sich vorzustellen, wie alles hier begann, als die ersten Quader vulkanischen Andesit-Gesteins auf Ochsenkarren herbeigeschleppt wurden. Heute sind es nur Ersatzquader, die von Hand behauen werden, jene Gefallenen zu ersetzen, die den Waffen der Natur – Säure, Pilze, Flechten – erliegen. Der Borobudur ist eine immerwährende Werkstatt, so war es von Beginn an: Ungefähr 80 Jahre lang wurde an ihm gebaut, wahrscheinlich von 775 bis 860, zeitweise kam die Arbeit für Jahre zum Erliegen, dann ging es weiter, jede Phase der Konstruktion war geprägt von einem anderen Symbolismus, auch die Techniken änderten sich. Früher Geschaffenes sackte zusammen, Zerstörtes wurde mit Neuem umbaut. Es gab keinen Generalplan, kein *Mastermind* hinter dem steinernen Rätsel.

Aber wer waren die Beteiligten? Java erlebte damals einen raschen Aufstieg und Niedergang der Königreiche, befeuert durch lokalen Ehrgeiz und dynamische Streitereien, aber auch durch häufige Erdbeben und Vulkanausbrüche – sie zwangen große Bevölkerungsgruppen zum Abwandern, dies bedeutete einen abrupten Herrschaftsverlust. Aus dem Dunkel wechselvoller Geschichte tauchen zwei Namen auf, zwei Königsfamilien, um Macht konkurrierend: die Sanjaya und die Sailendra. Die Sanjaya waren die ältere Elite – und Hinduisten; die Sailendra der aufstrebende Clan – und Buddhisten. Es ist nicht zweifelsfrei bewiesen, aber durch archäologische Funde plausibel, dass nun Folgendes geschah: Ein hinduistischer Sanjaya-König begann mit dem Bau des Borobudur, wählte dafür einen natürlichen Hügel und gab ihm die stufenförmige Gestalt des Berg Meru der hinduistischen Kosmologie. Anderthalb Jahrzehnte später wurden die Sanjaya von den nun mächtigeren Sailendra vertrieben, am Borobudur trat Baustopp ein, fünf Jahre Pause, dann bauten die neuen Machthaber weiter – und gaben dem Borobudur seinen buddhistischen Charakter.

Bei den Sailendra muß man einen Augenblick verweilen, denn sie stellten das einzige javanische Königreich, das je seine Macht auf das südostasiatische Festland im Norden auszudehnen versuchte. Dort legten sie sich mit den Khmer an, verhalfen diesem bis dahin zerstrittenen Volk ungewollt zur politischen Einigung – und so entstand jenes mächtige Khmer-Reich, das die berühmten Tempel von Angkor (im heutigen Kambodscha) hervorbrachte. Sie sind in ihrer Formensprache mit dem Borobudur vielfältig verwandt. Die Sailendra allerdings verschluckten sich am übergrossen Ehrgeiz, sie wurden daheim in Java entmachtet, und zwar ausgerechnet wieder von jenen hinduistischen Sanjaya, die sie zuvor vertrieben hatten.

Am Borobudur wurde derweil immer noch gebaut, aber die Sanjaya zeigten sich nun toleranter als zuvor ihre Rivalen: Sie deuteten das Monument nicht erneut um.

Hinduismus und Buddhismus lebten meist friedlich nebeneinander, waren in ihren Legenden und Symbolen verschmolzen und überdies getränkt mit dem älteren Natur- und Geisterglauben der Region. Heilige Berge galten in ganz Südostasien als Wohnstätte der Seelen und der frühesten Ahnen; auf Bali der *Gunung Agung*, in Nordborneo der *Kinabalu*. Die Interpretation des Borobudur ist das intellektuelle Problem der wissenschaftlichen Nachwelt – die javanischen Reisbauern des achten und neunten Jahrhundert konnten den Berg der Ahnen, den hinduistischen Berg Meru und das Stufenmodell buddhistischer Hemisphären mühelos er verbinden. Für ihre Fähigkeit, neu ankommende Religionen flexibel und unaufgeregt über den Bestand älteren Glaubens zu legen, sind die Javaner berühmt – so hielten sie es viel später auch mit dem Islam. Es war also vermutlich weniger religiöse als vielmehr politische Konkurrenz, die Zentraljava ein zweites weltberühmtes Monument bescherte, Zeugnis der hinduistischen Renaissance unter den wiedererstarkten Sanjaya-Königen: Die himmelwärts aufschießenden Kathedralen von Prambanan, 16 Tempel auf engstem Raum, ein erschlagend schönes Ensemble. Die ganze Region läßt sich wie ein Freilichtmuseum der Religionsgeschichte erkunden – vom

Borobudur aus ein paar Stunden nach Norden kommt man in das älteste Rückszugsgebiet der Hindus. Das Dieng-Plateau, 2.000 Meter hoch, ist punktiert mit winzigen Tempelchen. Sie sollten helfen, das ruhelose Universum zu beschwichtigen, denn hier rumort die Erde, und Schwefelquellen spucken wütend ihren Dampf in die kühle Bergluft.

Aber wer, mit Bert Brecht zu fragen, klopfte am Borobudur den Stein? Wer baute kilometerlang Galerien, wer gravierte 1460 erzählerische Reliefs und 1212 dekorative? Nach Berechnung von Experten hätte ein mehrhundertköpfiges Batallion, tägliche Arbeit vorausgesetzt, für das gewaltige Monument 30 Jahre gebraucht. Aber der Tempel entstand nicht als Kommandoaktion, wurde allem Anschein nach nicht von Arbeitssklaven geschaffen, sondern von Bauern und Teilzeit-Künstlern, über mehrere Generationen. Vermutlich stellten die Dörfer Arbeitskollektive ab, mal größer, mal kleiner, je nach den Erfordernissen der Jahreszeit im Reisfeld. Die Ebene war fruchtbar, die Leute hatten genug zu essen, und erstaunlich viele müssen über künstlerisches Talent verfügt haben. Die Selbstdarstellung dieser Gesellschaft auf den Reliefs mag idealisiert sein, doch bekommen wir so wenigstens eine Ahnung vom damaligen Leben. Gemeinschaft muß eine überragende Rolle gespielt haben, stets hocken viele eng beieinander. Die Menschen sind wenig bekleidet und wohlfrisiert, ihre Körperhaltung diszipliniert. Gelehrte und Dorfvorsteher sind Männer, doch nehmen Frauen an Versammlungen und Debatten teil. Kranke werden versorgt, Almosen verteilt, Straßenmusikanten spielen auf, und der Kontrast zwischen Arm und Reich hat klare Konturen: Arme wohnen unter Blättern, Reiche im Haus mit vielen Krügen.

Moralische Werte? Mehr als 160 Bildtafeln am Fuß des Borobudur erteilten drastische Belehrung über Sünden und ihre Folgen. Faulheit, Abtreibung und Trunkenheit sind von Übel; wer Gerüchte verbreitet, wird als Tier wiedergeboren. In den buddhistischen Höllen gehen sich die Menschen gegenseitig an die Gurgel, werden von Elefanten zertrampelt, in brodelnden Zubern gekocht. Der Himmel ist weniger detailliert; dort sieht es aus wie bei den Reichen, mit Vielweiberei. Aber seltsam: Die Morallektionen wurden verborgen, kaum dass sie fertig waren, versteckt unter einem neuen breiten Sockel des Tempels. Wollte man den Borobudur nur stabilisieren? Oder fanden die religiösen Autoritäten die Bilder plötzlich zu gewagt für die Augen jugendlicher Pilger? Wieder ein Rätsel. Die Holländer fotografierten die Reliefs; sie fanden sie per Zufall – und bauten sie nach dem Ablichten wieder zu. Nur zwei Tafeln liegen heute blank, offengelegt, warum auch immer, von den japanischen Besatzern während des Zweiten Weltkriegs. Dieser Berg hat schon viel erlebt.

Wie überwältigend muß das Erlebnis des Borobudur für die buddhistischen Pilger von damals gewesen sein! 1460 Bildtafeln meditierend zu studieren, welch ein Sinnenrausch, welch Reizüberflutung für Menschen einer foto- und fernsehlosen Epoche! Viermal umrunden die Pilger im Uhrzeigersinn die untere Galerie, je zweimal die nächsten drei Galerien, nur so können sie alle Geschichten an den Wänden lesen.

Immer schwieriger, vergeistigter wird das visuelle Vokabular mit dem Aufstieg, ein religiöser Lehrpfad für Besucher aller Stände. Erst Alltagsszenen, dann Buddhas Lebensgeschichte, sein Weg zur Erleuchtung; anschließend reisen die Pilger mit einem jungen Händler namens Sudhana zu 55 Lehrern, erfassen allmählich die große Botschaft des Borobudur: Es gibt keine Abkürzung zur Erkenntnis, jeder muß seinen eigenen Weg finden. Nun endet die Bilderwelt, jeder ist auf sich gestellt, steigt auf in den oberen Tempelbezirk, in erneuten rituellen Umrundungen, keine Balustrade verengt mehr den Blick, frei fliegt er über die weite Ebene. Die letzten 72 Buddhastatuen hier oben sind gleichsam unsichtbar, sitzen verborgen im steinernen Käfig ihrer Stupas. Wer hier angekommen ist, hat sich von allem Figürlichen gelöst; Ruhe, Leere, Vollendung. Ach, die Besucher von heute rennen schwitzend schnurstracks die Treppen hoch, knipsen oben ein Bildchen und laufen wieder hinunter, und dafür sind sie womöglich um die halbe Welt geflogen, die Armen. Tausende indonesische Schulkinder erklimmen jährlich lärmend den Tempelberg; oben versuchen sie jene eine Buddhastatue hinter steinernem Gitter zu berühren, die einer Legende zufolge die Erfüllung von Wünschen verspricht. So verkürzt sich ein großes Mysterium zum kleinen Aberglauben. –

55 Buddhaköpfe suchen ihren Körper, sie haben mehr als 200 Kopflose zur Auswahl, doch auch dieses Rätsel wird nie mehr gelöst werden. Die rohe Hand der Natur hat die Köpfe abgeschla-

gen und später die Bruchstellen verwittern lassen, so finden die Paare nicht mehr zusammen. Oben auf dem Borobudur sitzen zwei Buddhas mit sanftem Lächeln in halben Stupas wie in Badewannen, ein beliebtes Fotomotiv. Doch sie stellen sich unfreiwillig zur Schau – der steinerne Käfig, der ihren 70 Kollegen entrückte Unsichtbarkeit gestattet, will sich im Fall dieser beiden nicht mehr zusammensetzen lassen, obwohl im Museumsgarten 10.000 Steine herumliegen, die nicht wissen wohin. Jedes Teil ist hier ein Unikat, hat seinen unverwechselbaren Platz in einem riesigen Puzzle, und die Natur hatte 1.200 Jahre Zeit, mit dem Puzzle zu spielen. Nicht religiöser Hass, der anderswo Buddhastatuen zersprengt, setzte dem Borobudur zu, sondern Erdbeben, Tropenregen, Bakterien, Fäulnis.

Die Erbauer des Borobudur wollten das Universum im Gleichgewicht halten, doch der Hügel, auf dem sie bauten, brachte das Menschenwerk in gefährliches Ungleichgewicht. Unter der Last der tonnenschweren Überhöhung zum Berg Meru sackte der Hügel dahin, vollgesogen mit Feuchtigkeit. Um den Borobudur zu retten, wurde vor knapp 30 Jahren eine neue Wasserableitung eingebaut – ein herkulisches Unternehmen, finanziert von 28 Ländern. Denn es galt, das riesige Puzzle auseinanderzunehmen und wieder zusammenzusetzen; mehr als anderthalb Millionen Steine wurden gekennzeichnet, per Computer registriert, vorsichtig abtransportiert und später zurückplatziert. Es dauerte zehn Jahre.

Aus den Galerien des Borobudur ragen die furchterregenden Köpfe eines Ungeheuers mit offenem Schlund, es ist der Hindu-Dämon Kala. Sein Maul spuckte einst das Regenwasser von Galerie zu Galerie hinunter. Das System funktionierte nicht mehr, als der Hügel nachgab und sich die Mauern verzogen. Kala verfügt der Legende zufolge über das Elixier der Unsterblichkeit, den Ozeanen entnommen. Welch eine großartige, irrende Metapher.

Osttimor

Fürsorgliche Belagerung
Beobachtungen in einer Werkstatt für *Nation-Building*

Osttimors erste Briefmarke zeigt eine gebirgige Insel, auf der ein Menschlein steht und seine Arme einem sphärischen, pastellfarbenen Himmel entgegenreckt. Abends, wenn in der Bucht von Dili die Sonne blutrot im Meer versinkt, wirkt alles ein wenig so wie auf der Briefmarke. Junge Männer flanieren händchenhaltend am Strand, unter dem Arm die Gitarre, auf langem Haar die schwarze Baskenmütze wie der junge Che Guevara. Dann fällt Finsternis über die jüngste Hauptstadt der Welt; kein Strom, keine Straßenbeleuchtung. Dies ist die Stunde der Depression.
Flüsternd verhöhnt die Dunkelheit den Effizienzwahn der humanitären Armada, die hier schon zwei Jahre vor Anker liegt: UN-Blauhelme und Zivilisten aus 32 Ländern, plus circa 70 Hilfsorganisationen. 15.000 Menschen guten Willens mit Allradfahrzeugen, Computern und Sattelitenantennen wollen dem geschundenen Osttimor auf die Beine helfen. Und immer noch sind die Telefone tot in den Dörfern.
Dabei ist Osttimor so klein, eine halbe Insel nur, mit 750.000 Einwohnern. Man muss die Geschichte kennen, um zu verstehen, warum ein solch kleines Fleckchen Erde unbedingt ein Staat sein will im Zeitalter der Globalisierung.
Jahrhundertelang stritten sich die Kolonialmächte Portugal und Holland um die Insel Timor, schließlich zogen sie eine Grenze mittendurch. Hollands Westteil wurde 1949 indonesisch, der Osten hingegen blieb portugiesisch bis 1975. Da zog sich Portugal zurück, Osttimor erklärte sich hastig für unabhängig – und Indonesien marschierte ein. Die Weltgemeinschaft protestierte beiläu-

fig und schaute nicht weiter hin, wie in Osttimor gekämpft und gestorben wurde für den Traum der Freiheit. 1999 endlich durften die Osttimoresen über ihre Zukunft entscheiden, sie bekamen ein Referendum, sie stimmten für die Unabhängigkeit – und niemand schützte sie vor den Folgen. Paramilitärische Banden, vom indonesischen Militär orchestriert, legten diese halbe Insel in Schutt und Asche.

Das ist die Vorgeschichte der humanitären Armada, sie wird gesponsert vom schlechten Gewissen. Lange war Osttimor der Welt egal, nun muss etwas draus werden, ein Modell, ein Musterstaat. *Nation-building,* eine Nation ausbrüten unterm Blauhelm – was für eine beängstigend großartige Aufgabe.

Einen Staat aufbauen aus dem Nichts. Kein Parlament da, keine Verfassung, alles muss neu erfunden werden. Und was da war, war zerstört: Häuser ausgebrannt, Geschäfte geplündert, alle Schulen kaputt. Keine Glühbirne zu finden, kein Päckchen Nudeln. So sah es aus, als die Blauhelme kamen.

In der Morgensonne ziehen sich über Osttimors grüne Hügel Ketten glitzernder Punkte: Das sind die neuen Wellblechdächer, zigtausend wurden verteilt, Notlinderung in einem zuvor dachlos gewordenen Land. Kaum jemand hungert mehr, die Schulen nehmen ihren Betrieb auf (mit Dach); vieles ist besser geworden. Doch hat der Ansturm humanitärer Helfer dieser kleinen, embryonalen Gesellschaft auch den Stempel eines neuen Kolonialismus aufgedrückt. Ein Kolonialismus des guten Willens, der Personalstärke und des Geldes. Ein Osttimorese verdient, wenn er Glück hat, vier Dollar am Tag, einem UN-Bediensteten steht das 25fache allein für Spesen zu.

Das »Café City« in Dili ist ein seltsam außerirdischer Ort. Umgeben von Ruinen wird hier Capuccino auf schicken silbernen Metalltischen serviert; ein Treffpunkt der humanitären Ausländer, niemand sonst kann sich die Preise leisten. Gegenüber starrt ein ehemaliges Mopedgeschäft aus toten Fensterhöhlen; auf die Mauer hat jemand »help me!« geschrieben. Ein magerer Osttimorese mit zerlumpter Hose schiebt ein Holzwägelchen mit Zigaretten durchs Bild.

Zwei Welten, zwei Ökonomien: Osttimors offizielle Währung ist jetzt der US-Dollar, aber die Armen handeln weiter in indonesischen Rupiah, während in den Refugien der Ausländer und im neuen Supermarkt »Hello Mister« der australische Dollar gilt. Die Preise sind explodiert, selbst für Reis und Nudeln; abends streichen Straßenjungs bettelnd um die Allrad-Fahrzeuge. Neue Geschäfte bringen Leben in die Ruinen; sie gehören Australiern, Singapurern. Die Gemüsehändlerin Candida verbringt seit fast einem Jahr jede Nacht auf einer zerrissenen Bastmatte in ihrem Marktstand. Ihr Haus wurde von den Militias zerstört, und am Verkauf des Gemüses verdient sie wegen der Preissteigerungen fast nichts mehr. Aber wenn man sie fragt, ob die Unabhängigkeit soviel Plage wert sei, dann bleckt sie empört ihre vom Betelnusskauen rot gefärbten Zähne: Was für eine Frage! »Wir haben doch immer dafür gelitten, die Freiheit zu bekommen!«

Die UN-Verwaltung hat Mühe, die Mentalität der Osttimoresen zu begreifen. Eine Mentalität, die durch jahrhundertelange Kolonisierung und durch opferreichen Widerstand gleichermaßen geprägt ist. Stolz, Mut, Leidensbereitschaft und Geduld waren Qualitäten im Widerstand; aber Initiative zeigen, Selbstverantwortung oder ein Gespür für Effizienz, das wurde von den Unterdrückten nie verlangt. In den 24 Jahren indonesischer Besatzung waren den Osttimoresen alle höheren Posten verwehrt: Sie durften Polizist sein, aber nicht Polizeioffizier; Grundschullehrer, nicht Oberschullehrer; sie durften zwar Jura studieren, aber nicht als Anwalt oder Richter arbeiten. Osttimor hat heute nur 16 einheimische Ärzte.

Im Fußballstadion von Dili feiern Tausende mit einem Rockkonzert den Abschluss einer Kampagne zur »Bürgererziehung«: Sie sollte die Osttimoresen aufklären über die Wahl einer verfassunggebenden Versammlung, der entscheidende Schritt zur formellen Unabhängigkeit. »Zeigt der Welt, wie wichtig euch Demokratie ist!« ruft ein Sänger, und das ganze Stadion schwenkt jubelnd grüne Fähnchen mit dem Slogan »Frieden, Toleranz und Demokratie«. Eine alte Frau hält ihr Papierfähnchen stumm und feierlich hoch wie eine Kerze. Welch eine bizarre Verkehrung der Ereignisse: Beim blutigen Referendum 1999 standen die Osttimoresen unter Todesgefahr Schlange, um ihre Stimme abzugeben; nun gleichen sie Schulkindern, denen gezeigt wird, wie Demokratie funktioniert. Der Bauer Agustino Araujo hat acht Häufchen Tabak fein säuberlich auf einer Matte zum Verkauf arrangiert. Auf die Frage, wie viel

Land er bebaut, zeigt er mit der Hand: von hier bis zu dem Baum da. Auf die Frage, wie alt er ist, grinst er zahnlos und verlegen: Er weiß es nicht. Und das Flugblatt, das ihm die erste freie Wahl seines Lebens erklärt, hält er falsch herum: Er kann nicht lesen. Der Bauer Araujo hat die portugiesischen Kolonialherren erlebt, die indonesischen Besatzer, den Blutrausch der Militias; er wußte immer, was er wollte: Freiheit, *Independencia*. Nun ist er mit 968 Kandidaten aus 16 Parteien für eine Verfassunggebende Versammlung konfrontiert.

Aus Sicht der UN ist die Entstehung eines Mehrparteien-Systems ein Beweis des Erfolgs: westliche Demokratie, Osttimor soll kein Kuba werden. Für viele Osttimoresen hingegen beschwört die Konkurrenz politischer Parteien eine angstvolle Erinnerung: Als Portugal die Kolonie überstürzt verließ, brach zwischen den Fraktionen des Widerstands ein Bruderkrieg aus; für Indonesien ein Vorwand zur Invasion. »Einheit« ist darum ein magisches Wort in den Palmstrohhütten der Dörfer; Einheit ist wichtiger als alles andere. Die Kultur des Widerstands kannte nur Vertrauen oder Verrat, Leben oder Tod, und im Zweifelsfall Flucht in die Berge. Da war kein Platz für jene fein dosierte Bürgerbeteiligung, die nun in eiligen Kursen vermittelt wird.

Die UN verbucht Erfolge in Zahlen: 37.000 bei den Anhörungen zur Verfassung, 100.000 beteiligt an Bürgererziehung, 5.500 Dorfvorsteher geschult. Aber wenn man auf einem ländlichen Markt die Betelnussverkäuferinnen fragt, was sie von dieser Wahl erwarten, dann wissen sie gar nichts zu antworten. Immer größer wird die stumme Gruppe, bis sich ein Mann nach vorne drängt, um für die Frauen zu sprechen. Er sagt nur einen Satz: »Wir beten, dass nichts Schlimmes passiert.«

So nimmt das Experiment im UN-Labor eine gleichsam ironische Wendung. Die Furcht vor einer komplizierten, als fremd empfundenen Demokratie wird jener Revolutionären Front zum überwältigenden Sieg verhelfen, die auch ohne alle UN-Supervision das Land führen würde. »Fretilin«, einst der zivile Arm der Unabhängigkeitsguerilla, hat die vertraute Aura von Heldentum und Leidenserfahrung. Wahlkundgebung in einem Dorf: Mit erhobener Faust wird die alte Parteihymne gesungen: »Steht auf, es kommt der neue Tag....«. Dann wird feierlich die Fahne gehisst, das ganze

Dorf zieht die Mützen. In den 24 Jahren indonesischer Besatzung starben 250.000 Menschen, das ist unvorstellbar viel, ein Viertel der Bevölkerung. Die Flagge des Widerstands zu besitzen, konnte das Todesurteil bedeuten. Darum wird heute in diesem Dorf ein altes Ehepaar von den Jüngeren mit Dankesküssen überhäuft: Die beiden haben das schüttere Fahnentuch, das nun da oben weht, zehn Jahre in ihrem Haus versteckt, und als das Haus niedergebrannt wurde, vergruben sie die Fahne im Garten.

Die UN-Verwaltung hat ihre Zeitung »Tais Timor« genannt, nach den handgewebten Stoffen timoresischer Tradition. Aber das Gewebe dieser Gesellschaft ist den Administratoren fremd geblieben. Patriarchalisch und abergläubisch, stolz und ungebildet, heroisch und phlegmatisch – die Osttimoresen sind nicht die erwarteten Musterschüler dieser internationalen Mission. Ein latentes Ressentiment gegen »die Fremden« durchzieht heute das Land, entlädt sich manchmal gewalttätig. Ein Australier bezahlte für die Liebesbeziehung zu einer Einheimischen mit dem Leben.

In den zwei Jahren fürsorglicher Belagerung sind die Osttimoresen kaum dazu gekommen, Konflikte um die Zukunft ihrer jungen Nation unter sich auszutragen. Symbolisch: Wenn an einer Straßenkreuzung mehr als fünf Autos auftauchen, wird ein UN-Polizist hingestellt, den Verkehr zu regeln. Bisher nährte der Kampf gegen Unterdrückung das Nationalbewusstsein; nun muss ein Völkchen, das sich in 32 Dialekte aufteilt, seine Identität neu bestimmen. Portugiesisch wird die Amtssprache des neuen Staats; das war eine Entscheidung der Älteren, für sie ist Portugal und Portugiesisch Teil ihrer Geschichte; auch soll das christliche Osttimor so eine schmale Brücke nach Europa haben. Die meisten Jungen aber müssen die neue Amtssprache erst noch lernen.

Die Abwehr ausländischen Einflusses hat viele Gesichter. Der 28jährige Musiker Ego Lemos hat seine Rockgitarre gegen traditionelle Instrumente eingetauscht. »Gerade jetzt, wo durch die Globalisierung so viele ihre kulturellen Wurzeln vergessen, müssen wir unsere eigene Kultur, unseren Kampfgeist und unseren Nationalismus wach halten.« Der Journalist Nuno Rodriguez klagt: »Wir hatten *Peoples Power*, Volksmacht; jetzt sind wir abgesunken zu einem Fall für internationale Hilfe.« Und Bischof Belo, der einst den Friedensnobelpreis bekam für den gewaltlosen

Widerstand der katholischen Kirche, wird bereits wütend, wenn er nur das Stichwort Verhütung hört:»Wir dürfen nicht der Propaganda von außen folgen, der westlichen Kultur, der Weltbank! Was ist schlecht an einer hohen Geburtenrate?!« –
Wie ein Sandgebläse fegt der Wind durch ein Militärlager in hitzetrockener Einöde. Sand überall, Sand zwischen den Zähnen, doch lieber schlucken Osttimors erste Soldaten Sand, als einen ehemaligen Stützpunkt der Indonesier zu benutzen. Die Armeeschule: Stolz und Misere einer winzigen Nation bündeln sich an diesem kargen Ort. Noch kein Buch in der Bücherei, komplett leer die Krankenstation, kahl der Klassenraum. Die Ausbilder sind australisch, die Uniformen portugiesisch, die Rekruten ehemalige Guerilleros. Es bedurfte einer langen Debatte, bis die UN akzeptierte, was den meisten Osttimoresen selbstverständlich schien: Die Kämpfer aus den Bergen sind Kern einer »nationalen Verteidigungsstreitkraft«. Eine Mini-Armee – im so genannten Endausbau werden es 1.500 Soldaten sein. Indonesien, der mächtige Nachbar, hat fast so viele Männer unter Waffen wie ganz Osttimor Einwohner zählt. Die halbe Insel ist unverteidigbar, wenn der letzte Blauhelm abgezogen ist. Versöhnung mit dem eben noch verhassten Nachbarn wird allein schon durch einen Blick auf die Landkarte zwingend.

Im frisch renovierten Gerichtssaal von Dili tragen alle Anwesenden Kopfhörer; Simultanübersetzung. Der Vorsitzende Richter ist Brasilianer, der Ankläger Brite, der Verteidiger Franzose. Jeder hat einen einheimischen Beisitzer. Einheimische sind auch die zehn Angeklagten, lässige junge Männer in T-Shirts und Jeans. Sie sollen Handlanger des indonesischen Militärs bei Mord und Folter gewesen sein. Viele Angehörige der marodierenden Militias waren in der Tat Osttimoresen, teils freiwillig, teils gezwungen. Diese hier haben gefoltert, während Fernseher liefen, sagt ein Zeuge. Der brasilianische Richter schreibt das in seinen Laptop und ermahnt den Franzosen auf englisch:»Stellen Sie einfache Fragen. Das sind einfache Leute hier.« Der Zeuge sagt zum Brasilianer:»Ihre Sprache ist zu kompliziert für mich.« Der Franzose verlangt eine neue Batterie für sein Mikrophon. Es sitzen kaum einheimische Zuhörer im Gerichtssaal.

Noch viele Tage, Wochen und Monate wird hier verhandelt werden. Die Suche nach Gerechtigkeit, die Ahndung der 1.500 Morde während der Bluttage nach dem Referendum produziert ein grotesk unausgewogenes Ergebnis. Osttimoresische Handlanger werden angeklagt und verurteilt, die indonesischen Drahtzieher der Verbrechen kommen ungeschoren davon. In Dili schreiben Brasilianer, Franzosen, Briten 296 Anklagen; die mutmaßlichen Täter sitzen auf der anderen Seite der neuen Staatsgrenze und grinsen. Achselzuckend ignoriert Indonesien die Haftersuchen der Vereinten Nationen.

Die Mühen der Ebene: Osttimor vollzieht nun eine Lehre nach, die größere Länder nach dem Abschütteln kolonialer Herrschaft vor 30, 40 oder 50 Jahren gemacht haben. Die Erwartungen an die Zeit der Freiheit sind riesig; die Realität enttäuscht. Im Falle dieser halben Insel hat das Heer der Humanitären noch dazu beigetragen, unerfüllbare Hoffnungen auf Wohlstand und Beschäftigung zu wecken. »Der Geschmack der Freiheit ist bitter«, sagt Xanana Gusmao, der Anführer des Widerstands, der erste Präsident Osttimors. Das Menschlein, das auf der Briefmarke seine Arme einem sphärischen Himmel entgegenreckt, hat auch diese Bedeutung: Osttimor wird noch lange internationale Hilfe brauchen.

Seit dem Ende der UN-Übergangsverwaltung im Mai 2002 ist Osttimor vollends unabhängig. Kaffee-Export ist gegenwärtig die einzige nennenswerte Einnahmequelle des jungen Staats. Ab 2005 erwartet Osttimor 100 Millionen Dollar pro Jahr aus der mit Australien vereinbarten Ausbeutung von Öl- und Gasvorkommen in der Timor See; das entspricht der Höhe des derzeitigen Staatsaushalts. 2003 lebten 40 Prozent der Bevölkerung unter der Armutsgrenze von 55 Cent pro Tag. Nach der drastischen Reduzierung des UN-Personals stieg die Arbeitslosigkeit, die Wirtschaft schrumpfte. Der indonesische Polizeikommandant während der Mordwelle 1999, in Osttimor der Verbrechen gegen die Menschlichkeit angeklagt, wurde im Dezember 2003 Polizeichef der Unruheprovinz Papua.

Burma (Myanmar)

Die Gier der Schriftlosen

Die Tempel von Bagan und die Macht der Generäle

Eine buddhistische Mondlandschaft in Rot und Braun. Die Ebene von Bagan hat einen außerirdischen Reiz – die Trockenheit, die Farben, die Stille. Vierzig Quadratkilometer Erde, gespickt mit Tempeln und Pagoden in fahlem Dunst, die Größten wie mächtige Kathedralen, die Kleinsten nur hüfthohe Türmchen. Mehr als 4.000 sind es, mehr als das Auge erfassen kann. Ein wundersamer, rätselhafter Ort. Was hat die Menschen vor fast einem Jahrtausend getrieben, eine solche Unmenge von Tempeln und Tempelchen in diese eine regenarme, heiße Ebene zu setzen? Welche Energie, welche Frömmigkeit oder Besessenheit befeuerte eine Zivilisation, die eines der größten Tempelbau-Unternehmen der Menschheit hinterließ? Man muss die Augen schließen, die Farben der Gegenwart und die Stille vertreiben, dann entsteht aus dem Dunst ein Bild des alten Bagan, ein Königreich im 11. Jahrhundert. Die terrassierten Ziegelbauten, deren sanfte Rottöne für den heutigen Betrachter die typische Atmosphäre von Bagan erzeugen, waren damals weiß getüncht, manche sogar bunt bemalt. Die spitzen Türme der Stupas waren mit Tüchern umhüllt, deren Enden wie fröhliche Wimpel in der Brise flatterten. Um die Tempel herum standen Holzbauten in allen Größen, Wohnhäuser, Gasthäuser, Klöster. Die heute stille Szenerie atmete Geschäftigkeit, Prosperität.

In Bagan begann die Nationalgeschichte eines Landes, über dessen Namen nicht einmal Einigkeit besteht. Burma? Birma? Myanmar? Ein Land, von dem die westliche Welt kaum mehr weiß als dies: Seine Militärregierung ist zu ächten, und eine Oppositionsführerin namens Aung San Suu Kyi sitzt immer wieder im Hausarrest. Die

Geschichte, die in Bagan begann, war turbulent, oftmals grausam und kriegerisch, denn es ist die Geschichte eines Vielvölkerstaates, der als Nation bis heute instabil und zerrissen ist. Die trockene Ebene war der erste Schauplatz eines Kampfs um ethnische Vorherrschaft, und die großartigen Tempelbauten erzählen von einer Hochkultur, die sich aus kultureller Unterwerfung nährte.

Um mit dem Namenswirrwarr zu beginnen: Burma, diesen Namen führten die englischen Konialherren ein, das Land hieß zuvor schon lange Myanmar. Die Militärregierung kehrte vor gut einem Jahrzehnt zu Myanmar als offiziellem Landesnamen zurück, aber weil die Junta keine demokratische Legitimation besitzt, halten viele Oppositionelle als Ausdruck des Protests am Namen Burma fest. Myanmar ist jedoch eine ethnisch neutrale Bezeichnung, umfasst die Burmanen, etwa 60 Prozent der Bevölkerung, ebenso wie die 67 Minderheitenvölker des Landes. Die Größeren von ihnen kämpfen seit Jahrzehnten gegen die Unterdrückung durch die Zentralgewalt. Die Burmanen sind die herrschende Ethnie, die regierenden Generäle sind ebenso Burmanen wie ihre prominente Gegnerin Aung San Suu Kyi. Burmesen heißen hingegen, dem englischen Sprachgebrauch folgend, sämtliche Staatsbürger.

Also die Burmanen: Sie kamen aus Tibet in die Bagan-Ebene; wie viele andere Völker Südostasiens wanderten sie aus gebirgigen Gegenden hinunter ins fruchtbare Tiefland. Wo der Irrawaddy-Fluß eine scharfe Biegung macht, gründeten die Burmanen ihre Königsstadt – eine Biegung bedeutete damals: natürlicher Schutz auf zwei Seiten. Für die Völker, die das Tiefland vorher besiedelten hatten, waren die Burmanen aggressive Eindringlinge, hart und nicht sonderlich zivilisiert – sie hatten keine Schrift. Die ersten zweihundert Jahre des Bagan-Reichs dürfen wir getrost überspringen, spannend wird es erst, als ein Mann namens Anawratha die Bühne betritt, anno 1044. Anawratha (sprich: Ano-ratta) gilt heute als nationaler Gründer Myanmars, er war nicht der erste Bagan-König, aber der erste fähige Staatsmann – nach den Kriterien seiner Zeit: Er modernisierte, eroberte und er erhob den Buddhismus zur Staatsreligion.

Die 40 Quadratkilometer der heutigen archäologischen Zone vermitteln keine Vorstellung, wie groß das Reich war, das Anawratha von Bagan aus beherrschte: Im Westen bis an die Grenze des heutigen Bangladesh, im Osten bis zum Fuß des Shan-Plateaus, im Süden bis an die Grenze des heutigen Thailand. Der Süden ist entscheidend – von hier holt sich Anawratha, was seinen eigenen Burmanen fehlt: die verfeinerte Kultur. Und er holt sie sich mit Gewalt. Ein endloser Zug von Gefangenen trifft in der Bagan-Ebene ein, 30.000 Menschen, Mönche, Lehrer, Künstler, Baumeister, Bildhauer. Ein ganzer Hofstaat mitsamt einem König und den verehrten weißen Elefanten. Anawratha hat die Hauptstadt des Mon-Volkes im Süden erobert und dessen Kultur zur Geisel genommen. Nun kann die Blütezeit von Bagan beginnen.

Wer waren die Unterworfenen? Die Mon sind heute weitgehend in Vergessenheit geraten; die Geschichte pflegt sich nur der Sieger zu erinnern. Riesig war das Siedlungsgebiet der Mon damals, es reichte vom Irrawaddy-Delta, in dessen Nähe nun Burmas Hauptstadt Yangon liegt, über Thailand bis ins westliche Kambodscha. Sie nannten es »Das Goldene Land« – heute Burmas Beiname. Die Mon sind eng mit jenen Khmer verwandt, die im kambodschanischen Angkor die spektakulären Tempelanlagen bauten. Vermutlich waren die Mon aus Ostindien eingewandert, sie brachten im Gepäck viel indische Prägung mit, auch eine modifizierte indische Schrift. Sie waren gebildet, kannten entfernte Handelswege, ihre Kunst war humanistischer, weniger monumental als die anderer Zeitgenossen.

War es nur ein Vorwand für die Unterwerfung, dass der Mon-König Manuha dem Bagan-König Anawratha freiwillig nicht jene heiligen buddhistischen Schriften aushändigen wollte, die am Hof der Mon gehütet wurden? Anawratha war gerade erst zum Buddhismus bekehrt, mit dem Eifer des Frischbekehrten wollte er aus seinem Reich alle älteren Glaubenspraktiken wegfegen, zumeist eine Mischung aus Geisterglaube und Hinduismus, wollte den Buddhismus in seiner reinsten, spirituellsten Form, Theravada genannt, durchsetzen. Anawratha begehrte die kostbaren Schriften mit der Gier des Schriftlosen – und mit der Ungeduld des Feldherrn.

Die religiös gerechtfertigte Eroberung hat heute einen Ehrenplatz in Burmas Nationalmythos, zu besichtigen im neuen Museum von Bagan. Dort illustrieren kitschige Ölgemälde neueren Datums die Geschichte, Auftragsschinken der regierenden Obristen. Im strahlenden Triumphzug treffen die buddhistischen Schriften in Bagan an, mit galoppierenden Pferden, trabenden Elefanten, glücklichen Menschen. Ein paar Kilometer entfernt ein Gegenbild: Im Manuha-Tempel sitzt ein riesiger Buddha in einem viel zu kleinen Raum, wie ein Mensch in der Gefängniszelle. Ob der gefangene Mon-König Manuha tatsächlich diesen Tempel stiftete, ist umstritten – Bagan ist voller Legenden. Sicher aber ist: Die meisten Tempel wurden von Mon-Künstlern gebaut und verziert. Ein gelehrter Mon-Mönch war der geistliche Berater von Anawratha wie von dessen Sohn. Und die Schrift der Mon wurde die Basis der burmesischen Schrift, obwohl beide Sprachen nicht miteinander verwandt sind. Die Aneignung der gesamten Mon-Kultur, von den Gesetzen bis zur Literatur, machte erst jenen Ausbruch an Schaffensenergie möglich, von dem Bagan Zeugnis ablegt. Und was heute als »burmesisch« gilt, ist in Wirklichkeit eine Fusion aus der ungeschliffenen Burmanen-Kultur und der höheren Zivilisiertheit der Mon.

Tempel nach Tempel, Pagode um Pagode wird nun in Bagan gebaut, im 11. und 12. Jahrhundert. In einen Tempel kann man hineingehen, in eine Stupa nicht: Sie ist ein solider Schrein mit einer eingemauerten religiösen Reliquie, sie versinnbildlicht Buddhas Lehre. Der Tempel ist eine künstliche Höhle, wie die natürlichen Höhlen zuvor ein Ort für Meditation, Ritual, Hingabe. Die frühen Bagan-Tempel dienten noch der Missionierung der Geistergläubigen, schafften durch psychologisch dosierten Lichteinfall eine spirituell aufgeladene Atmosphäre, höhlenähnlich. Die vier majestätischen Buddhas im Ananda-Tempel markieren den Endpunkt dieser Frühphase; kleine schwarze Vögel umschnüren wie Turmschwalben die riesigen Statuen, zwei von ihnen sind noch original, sie haben erstaunliche altkluge Kindergesichter.

Im Christentum mag die Anzahl von Kirchen entfernt mit der Zahl vermuteter Kirchgänger verbunden sein. Dem Buddhismus ist diese Rechnung fremd. Einen Tempel oder eine Pagode zu stiften, ist ein Wert an sich, verspricht höchste religiöse Verdienste, verbessert das Karma des Stifters, seine Aussichten in künftigen Leben – und er weiß sich dem Ziel ein wenig näher, dem ewigen Rad der Wiedergeburten irgendwann zu entrinnen. In Bagan wird Tempelbau zur Obsession, in einer Mischung aus echter Frömmigkeit und

Staatskunst: Wenn der König baut, erhöht sich seine Glaubwürdigkeit in den Augen der Untertanen, die Tempel stehen quasi im nationalen Interesse. Reiche Händler, entfernte Zweige der Königsfamilie folgen seinem Beispiel, so wächst in 200 Jahren die Landschaft der tausend Türme.
Es mag die Mon zeitweise besänftigt haben, dass die Burmanen soviel von ihnen übernahmen – doch mit deren Herrschaft konnten sie sich nie versöhnen. Als das Bagan-Reich im 13. Jahrhundert instabil wird, befreien sich die Mon, gründen rasch wieder ein eigenes Königreich. Und viele Jahrhundert später, nach Burmas Unabhängigkeit von England 1948, kämpfen die stolzen Mon um den Erhalt ihrer Sprache, um deren Unterrichtung an ihren Schulen; sie erheben sich dafür sogar in einer bewaffneten Revolte gegen die Zentralgewalt. Die burmesische Armee brennt die Dörfer der Anführer nieder. Der Mon-Staat ist heute ein sehr kleiner Staat in der »Union von Myanmar«, unten im Süden, wo sich das Land zwischen Andaman-See und Thailand zum schmalen Zipfel verdünnt. Wie die anderen Staaten der ethnischen Minderheiten verlangen die Mon Autonomie innerhalb einer Föderation.

Die friedliche Stille über der Bagan-Ebene läßt wenig spüren von der politischen Realität in Burma. Aber es zieht sich eine unsichtbare Linie von den alten Tempeln zur Gegenwart, und man kann hier beginnen, ein wenig von diesem schwierigen Land zu verstehen. In der Bagan-Ära begann jene Schaukelpolitik aus Unterdrückung und Konzessionen, mit der bis heute die ethnischen Minderheiten ins Korsett einer Nation gezwungen werden.
Die britische Kolonialzeit machte nichts besser, im Gegenteil. Die Engländer regierten nach dem Prinzip »teile und herrsche«: Sie misstrauten der Mehrheits-Ethnie, den Burmanen, darum stellten sie Armee und Polizei aus Angehörigen der Minderheiten zusammen. Eine direkte Kolonialherrschaft installierten sie nur in den Gebieten der Burmanen. Den Bergregionen ließen sie dagegen viel Autonomie; von deren Völkern kämpften folglich einige sogar für die Briten im Zweiten Weltkrieg, gegen die vorrückenden Japaner. Spiegelbildlich dominierten in Burmas Unabhängigkeitsbewegung die Burmanen, und ihr Anführer Aung San, Vater der heutigen

Oppositionspolitikerin Aung San Suu Kyi, paktierte kurzzeitig sogar mit den Japanern.

So begann Burma seine Freiheit 1948 als ein vielfach gespaltenes Land. Kurzzeitig schien die neue Ära Ethnien und Regionalinteressen zu versöhnen, doch bald waren große Landesteile in der Hand dieser oder jener Rebellengruppe. Auf diesem Boden riß das Militär 1962 die Macht an sich. Und bis zur Stunde erklären sich die Generäle zum Garanten nationaler Einheit.

Ein Mönch in der Hauptstadt Yangon bittet um Almosen

Die Unerschießbare

Annäherung an eine Ikone: Aung San Suu Kyi

Irgendwo dahinten muss sie sein, in dieser drängenden, stoßenden Menge. Mönche fuchteln mit Schirmen und Sandalen, hilfloser Versuch, eine Gasse zu bilden. Das Fieber steigt, die Hitze der Leiber, die Hitze der Erwartung, Schweißgeruch mischt sich mit Jasminduft – die Blüten im Haar der Frauen. Jeder kämpft, nicht zu Boden gezerrt zu werden in diesem Quetschen und Pressen, tausend Menschen drängen sich in der Seitenstraße von Mandalay – und da ist sie.

Eine zarte Gestalt in goldgelber Bluse. Fäuste fliegen in die Luft und Schreie: »Aung San Suu Kyi!! Gesundheit und langes Leben! Aung San Kyi-i-i-!!« Wie eine Statue wird sie zentimeterweise vorwärts geschoben, gedrückt von zwei Leibwächtern, die Männer triefen von Schweiß. Aung San Suu Kyi lächelt. Sie lächelt gefasst und ein wenig starr, die ganze Person graziös geschnürte Disziplin. Nur die Blässe ihres Gesichts verrät die Anstrengung; sie ist jetzt 57 Jahre alt.

Dreizehn Jahre haben die Menschen in Mandalay darauf gewartet, diese Frau zu sehen. Aung San Suu Kyi hat den größeren Teil der vergangenen 13 Jahre in Hausarrest verbracht, und wenn sie gerade keinen Arrest hatte, verbot die Militärregierung ihr dennoch das Reisen. 13 Jahre lang haben die Leute auch ihr Bild nicht gesehen; in den staatlich kontrollierten Medien ist die Oppositionsführerin ein Tabu. Und nun dieser Empfang: Das ist kein Bad in der Menge, nichts was sich mit Begriffen westlicher Politik, westlicher Popularität beschreiben ließe. Das hier ist Liebe. Eine exstatische, verzweifelte Liebe, eine fast gewalttätige Liebe.

Es sind die letzten Tage des Juni. In Burmas Hauptstadt Yangon geht schon der Monsun-Regen nieder, hier in Mandalay, 700 Kilometer nördlich, lastet noch drückende, trockene Hitze. Vor einigen Wochen haben die regierenden Generäle Aung San Suu Kyi aus dem Hausarrest in Yangon entlassen, sie darf reisen, dies ist ihr erster politischer Trip durchs Land. Beginnt eine neue Ära in Burma, nach 30 Jahren Militärherrschaft und Unterdrückung? Nichts ist gewiss, alles ist in der Schwebe, es herrscht Vorsicht, Angst und zaghafte Hoffnung.

Aung San Suu Kyi kommt ohne öffentliche Vorankündigung. Nur der allerengste, verschwiegene Kreis an der Spitze ihrer Partei, der »Nationalen Liga für Demokratie«, kennt die Details ihres Reiseprogramms, Ort und Zeit ihrer Auftritte. Und die Behörden wissen Bescheid: Aung San Suu Kyi hat sie informiert. Niemand zwingt sie dazu, aber das ist der neue Stil: keine Konfrontation mehr, keinen Anlass bieten für Gewalt, für Eskalation. Spontan strömen ihre Anhänger herbei, Mundpropaganda eilt durch die Stadt – wo ihr weißer Toyota auftaucht, wird der Wagen eingekeilt, manchmal kommt sie eine dreiviertel Stunde nicht vom Fleck. Chaotische Szenen. Polizei oder Armee sind nicht zu sehen, aber jeder Burmese weiß: Die enthusiastische Menge besteht zu einem gewissen Prozentsatz aus Spitzeln in Zivil. Und das Chaos ist doppelgesichtig, wie fast alles in diesem Land, zeugt von organisatorischem Dilettantismus der Oppositionspartei – und ist zugleich auch Taktik: So entsteht ein Triumph, für den Aung San Suu Kyi offiziell nicht verantwortlich ist. Sie ruft zu keiner Kundgebung, sie tut nur kleine, bescheidene Dinge. Besucht das neue Bezirksbüro ihrer Partei in dieser Seitenstraße von Mandalay. Zündet eine Kerze an in einem Tempel. Erweist einem bekannten Abt ihren Respekt.

Vor der großen Mahamuni-Pagode steht eine Wand von Menschen. Im Inneren des Tempels kaum ein Fußbreit Platz. Und niemand sagt ein Wort, ein großes schweigendes Warten. Augen richten sich fragend auf die fremde Reporterin: Ob sie es weiß? Schließlich schiebt sich ein Burmese heran und flüstert fast unhörbar: »This is welcome for Aung San Suu Kyi. She is our national leader.«

Hoffnung auf Zehenspitzen, das ist Burma in diesen Tagen. Plötzlich Rufe, als sei der Bann gebrochen. Langes Leben!! Sie schont sich nicht, sie nimmt nicht den kurzen Seitenweg in den Tempel, sie lässt sich bugsieren durch den vollgestopften langen halbdunklen Pilgerkorridor, durch die wogende Masse, jeder will sie sehen, will ihr nahe sein, »Aung San Suu Kyi-i-i!«, Menschen werden an Pfeiler gequetscht, lebensgefährlich ist die Enge, der düstere Tempel dröhnt wie von religiöser Ekstase – und sie, sie will bloß eine Kerze anzünden da vorne, vor dem Mahamuni-Buddha. Das riesige Bronzebildnis ist ein Objekt besonderer Verehrung, doch dürfen nur Männer die Stufen hochsteigen, um ein winziges Stückchen Blattgold auf Buddhas Beine zu kleben, die schon dick sind von vielen tausend Goldblättchen. Aung San Suu Kyi kniet bescheiden in jenem abgesperrten Viereck, das den Frauen zugewiesen ist, während hinter ihr die Menge ächzt, um einen Blick auf die Kniende zu erhaschen. Eine schillernde Szene von Demut und Macht. Hier kniet eine Ikone anderer Art, unsichtbar vergoldet durch Mythen und Fakten, durch eigenen Mut und fremde Sehnsucht, durch Verdienst und Zuschreibung.

Die Geschichte von Aung San Suu Kyi wirkt wie ein grimmiges Märchen: Die Furchtlose mit der Blume im Haar gegen die finsteren Generäle. Dreier Jahre bedurfte es nur, um eine der Welt unbekannte burmesische Politologin aus ihrem stillen Haus in Oxford auf den Olymp berühmter Freiheitskämpfer zu katapultieren. An einem Märzabend 1988 klingelt das Telefon in Oxford, ihre Mutter in Burma hat einen Schlaganfall, Aung San Suu Kyi packt sofort. Sie ahnt nicht, dass in diesem Moment ihr beschütztes, bürgerliches Leben unwiderruflich zu Ende ist, das Leben mit ihrem britischen Mann Michael Aris, mit den zwei Söhnen. 42 ist sie jetzt, sie wird das mit Büchern angefüllte Akademikerheim nie wiedersehen.

Die Zeit rast: Pflege der Mutter in Yangon, dort bricht ein demokratischer Aufstand aus, sie wird an die Spitze der Bewegung gespült. Erster Hausarrest 1989. Tausende Studenten und Aktivisten werden verhaftet. Mai 1990: Ihre Partei erringt in freier Wahl Dreiviertel der Sitze; das Militär annulliert das Ergebnis. Die Generäle stellen sie vor die Alternative: Als sogenannte Hochverräterin im Hausarrest – oder Exil. Sie bleibt: »Ich werde Burma niemals verlassen.« 1991 bekommt sie den Friedensnobelpreis.

Und nun gefriert die Zeit. Zermürbungskrieg, Stillstand. Das grimmige Märchen dehnt sich entsetzlich.

Der Vater. Ohne ihn ist das Phänomen Aung San Suu Kyi nicht zu verstehen. Aung San ist Burmas Nationalheld, er gründete die Armee, führte den Unabhängigkeitskampf an, handelte 1947 die Unabhängigkeit mit der britischen Kolonialmacht aus. Kurz darauf wird der 32jährige ermordet von einem Rivalen, erschossen zusammen mit sechs Ministern des provisorischen ersten Kabinetts. Ein blutiger 19. Juli; das Datum wird seitdem als Burmas »Märtyrertag« begangen.

Suu Kyi ist erst zwei Jahre alt, als der Vater stirbt. Sie wächst auf mit den Erzählungen über den Berühmten, identifiziert sich von klein auf mit ihm, nimmt seinen Namen an, entgegen burmesischer Sitte. Später liest sie alles über ihn, sammelt alles, sie wird sogar Japanisch lernen, um die Fußspuren des Vaters im Zweiten Weltkrieg zu erforschen, schreibt seine Biographie. Noch später, als sie bereits in Hausarrest sitzt, notiert ihr Ehemann in Oxford: »Manche würden sagen, sie war besessen vom Bild des Vaters, den sie nie gekannt hat.«

Aber vor jenem schicksalhaften Märzabend 1988 ist dies eine gleichsam private Angelegenheit, eine Vater-Tochter-Psychologie noch ohne politische Dynamik. Über Jahrzehnte laufen zwei Bilder parallel, das Bild vom Vaterland und das Bild vom Tochterleben. Das erste Bild zeigt ein krankes Burma: Gefährlich schwach sind die demokratischen Regierungen in den Jahren nach Aung San's Tod. Burma ist ein Vielvölkerstaat, als Nation von je her zerrissen, große ethnische Minderheiten kämpfen bewaffnet um Autonomie. 1962 putscht sich die Armee an die Macht, die Generäle erklären sich zum Garanten nationaler Einheit, und sie lassen die Macht nicht mehr los.

Im parallelen Bild ein Mädchen, eine junge Frau, die alles hat, alles bekommt, was eine Frau sich nur wünschen kann: Intelligenz und Schönheit, Selbstbewusstsein, Oberklasse-Erziehung, Weltläufigkeit. Als in Yangon 1962 die Generäle putschen, reitet Suu Kyi in Neu-Delhi mit den Söhnen Indira Gandhis. Die Mutter, Aung San's Witwe, ist Burmas Botschafterin in Indien. Suu Kyi ist schon als Teenager, so schildert eine Zeitzeugin, von »einer fast furchteinflößenden Entschlossenheit«, eine »bestimmende Persönlichkeit« mit ehernen moralischen Grundsätzen. Die Familie lebt in luxuriösem nachkolonialem Ambiente; dass die begabte Tochter zum Studium nach Oxford geht, versteht sich von selbst.

Suu Kyi ist hinreißend schön; jeder sucht ihre Nähe. Aber sie lässt sich nie gehen; im Klima beginnender sexueller Libertinage wirkt sie auf die Kommilitonen wie eine »orientalische Traditionalistin«. Nach dem Studium arbeitet sie drei Jahre bei den Vereinten Nationen in New York, eine diplomatische Karriere stünde ihr offen; sie verzichtet zugunsten der Ehe. Mit ihrem Mann Michael Aris, einem Tibetologen, lebt sie ein Jahr im Himalaya-Königreich Bhutan, aber nie ist die Hochtalentierte und Vielsprachige nur Ehefrau: In Bhutan wird sie Beraterin des Außenministers. 16 Jahre wird es noch dauern, bis die parallelen Bilder zusammenfallen, Vaterland und Tochterleben. Sie kennt Burma nur durch Besuche, verbindet in Oxford mit der ihr eigenen Disziplin Familienpflichten und akademischen Ehrgeiz. Ein hinreichend erfolgreiches Frauenleben – aber zu klein für den großen Schatten des Vaters.

Burma, der Aufstand. Die Bewegung ist führerlos, die Demonstranten tragen das Bild des Vaters, Aung San mit Generalsmütze in vergilbtem Schwarz-Weiß, der letzte gute Führer, unbefleckt aufgrund seines frühen Todes und längst mythisch verklärt. Binnen Wochen werden die Demonstranten das Bild der Tochter tragen. Zufall und Zeitumstände wirbeln Suu Kyi hinein in ihr zweites Leben, die Mutter stirbt, riesig ist der Beerdigungszug für Aung San's Witwe, ein Fanal. Suu Kyi nimmt ihre neue Rolle an wie eine unabweisbare Erbschaft – und sie zieht mit intuitiver Entschlossenheit ihre einzige Waffe: »Ihr zerstört alles, wofür mein Vater gestanden hat«, ruft sie den Generälen zu. Vor einer halben Million Menschen erklärt sie pathetisch: »Dies ist der zweite Kampf um Unabhängigkeit.«

All ihren Anhängern fällt nun auf, wie sehr sie dem Vater gleiche: die klar geschnittenen Gesichtszüge, der eindringliche Blick, die beherrschende Präsenz. Es ist ein speziell asiatisches Phänomen, dass den Töchtern mythisch verklärter Väter die Liebe der Massen zufliegt; so kam Indonesiens Präsidentin Megawati ins Amt, die Tochter des ersten Präsidenten Sukarno. Aung San Suu Kyi hat diesen politischen Inkarnationseffekt nie abgestritten: »Es besteht kein Zweifel, dass ich als Führer der Bewegung anerkannt wurde, weil ich meines Vaters Tochter war. Ich habe nie von mir angenommen, dass ich mich beweisen müsste.«

Aber bald machen sie auch eigene Taten zur Legende. Als ihre jugendlichen Begleiter verhaftet werden, tritt sie in Hungerstreik. Als die Militärs ihrem Tross mit schussbereitem Gewehr die Straße versperren, sagt sie: »Ich geh allein weiter.« Die Soldaten schießen nicht, Aung Sans Tochter ist unerschießbar.

Sie bringt Opfer. Den jüngeren Sohn Kim ließ sie als 11jährigen zurück; als sie ihn endlich wiedersehen kann, sagt sie: »Auf der Straße hätte ich ihn nicht erkannt.« Beiden Söhnen entzieht das Regime die burmesische Staatsangehörigkeit. 1999 verweigern die Militärs ihrem Mann, dem Krebstod nahe, die Einreise: Seine Krankheit würde das burmesische Gesundheitswesen zu sehr belasten. Sie beantwortet den Zynismus mit eiserner Härte: Sie besucht den Sterbenden nicht. Weil sie befürchtet, die Militärs würden sie nicht nach Burma zurückkehren lassen.

Seltsam: Je länger der Zermürbungskrieg dauert, desto mehr erstarrt das Bild dieser Frau zur Ikone. Sie wird dazu gemacht, aber sie will es auch so. Kaum erlaubt sie Einblicke in Persönliches, Menschliches; ihre Beschreibung der Jahre im Hausarrest atmet nur klösterliche Strenge: strikte tägliche Routine, »um sinnlose Zeitverschwendung zu vermeiden«. Aufstehen um halb Fünf, eine Stunde Meditation, 20 Rundgänge ums Haus, mit kleinen Steinchen abgezählt. Lesen, Schreiben, Klavierspielen.

Ihre zweistöckige Villa am Inya-See in Yangon ist das mütterliche Haus. Ein grünes Prominentenviertel; am anderen Seeufer lebt der greise Putschisten-General Ne Win, Jahrzehnte lang Burmas starker Mann. Suu Kyi, die als Baby von diesen Generälen auf den Armen geschaukelt wurde, bleibt auch im Arrest eine Angehörige der Oberschicht, verleumdet, totgeschwiegen, aber nie völlig isoliert: Auf dem Grundstück leben junge Parteifreunde als eine Art Leibwache; gelegentlich können Diplomaten kommen, ein Arzt sowie Vertreter der Parteispitze haben Zutritt.

Was kann sie bewirken? Was gibt diesem stoischen Ausharren Sinn? Längst schon ist sie nicht mehr die Anführerin einer aktiven demokratischen Bewegung; die Massenbewegung ist zerfallen, die Partei, einst zwei Millionen Mitglieder stark, durch Verfolgung zerrüttet. Und die Jungen kennen den Aufstand von 1988 nur als Erzählung. Aung San Suu Kyi ist zur Statthalterin geworden, ein Symbol für Demokratie, ein funkelnder Solitär. Die Mehrzahl der 50 Millionen Burmesen hängt an ihr mit einer so gläubigen, passiven Hoffnung, als sei sie eine gute Königin, gefangen im heimischen Exil.

In Burmas Geschichte haben seine Könige der Welt meist die kalte Schulter gezeigt, die Selbst-Isolation dieses Landes begann nicht erst mit den Militärs. Die heutigen Obristen sind vor allem nationalistisch, fürchten nichts so wie fremden Einfluss. Die Abschottung hat wirtschaftliche Entwicklung blockiert, aber auch einen kulturellen Ausverkauf verhindert. Burma zeigt sich auch im 21. Jahrhundert in einer Silhouette traditionellen Asiens: die schmalhüftigen Gestalten der Männer im *Lungyi*, einem knöchellangen Tuch aus dunkelkarierter Baumwolle.

Suu Kyi, die Akademikerin mit Oxfordschliff, konnte in dieser konservativen Kultur nur eine Volks-Ikone werden, weil ihre Erscheinung trotz aller Auslandsjahre so typisch burmesisch ist: die Grazie, die leichte Neigung des Körpers vor Älteren, vor Mönchen; der enggeschnürte Wickelrock und stets das züchtige Oberteil. Aber sie kämpfte auf eher westliche Art: Niemand griff die Generäle so direkt an wie sie. Kompromisslos verlangte sie Sanktionen und Boykott gegen ihr Land, stimmte ihre Aktionen auf die Termine internationaler Sitzungen ab und suchte die Konfrontation am eigenen Fall. Um das Reiseverbot demonstrativ zu durchbrechen, campierte sie einmal neun Tage und Nächte lang in ihrem Toyota am Straßenrand; die Soldaten hatten die Luft aus den Reifen gelassen.

So kreuzen sich Ost und West in dieser Heldin. Dass der Westen sie stützte, hat die Generäle noch störrischer gemacht. Die Sanktionen von seiten westlicher Staaten blieben wirkungslos; an ihrer Stelle investierten China und Singapur. Und die Leerstelle der zerfallenen Bewegung füllt Burmas feudalistische Tradition. Personenkult rankt sich um die Oppositionsführerin; die ärmlich möblierten Parteibüros wirken wie schummrige Filmkulissen der 50er Jahre. Riesige Ölgemälde im Stil sozialistischer Glorienmalerei bedecken die Wände: Suu Kyi mit Mikrofon, Suu Kyi mit Bauernhut, Suu Kyi als Landkarte Burmas. Im Versammlungsraum in Yangon, zugleich ihr Büro, steht sie gar als vergoldete Büste und blickt auf die Tischrunde wie eine verstorbene Ahnherrin.

Im Gespräch wirkt sie kühl, fast herrisch. Keine Frage gefällt ihr, sie antwortet knapp und kategorisch, doziert. Niemand wage, sie zu kritisieren, sagen burmesische Beobachter, die durchaus auf Seiten der Opposition stehen. Sie nennen die »Liga für Demokratie« hinter vorgehaltener Hand »eine kleine Diktatur«. Neben der Berühmten wirken alle blass. Der Führungszirkel besteht überwiegend aus alten Männern, meist ehemaligen Soldaten; es sind verdiente Veteranen, die im Gefängnis litten, doch sie könnten das Land heute kaum regieren. Denn Militärherrschaft heißt: Jeder wichtige Posten bis hinunter in die örtliche Verwaltung ist von einem Soldaten besetzt.

Burma 2003: Die Nachtclubs von Yangon sind voll, während die Armen unter den Preissteigerungen ächzen; ein Rikscha-Reifen kostet jetzt viermal mehr als im Vorjahr. Aids greift um sich. Die meisten jungen Leute sind unpolitisch oder jedenfalls politisch abstinent.

Vor dieser Kulisse beginnt nun vielleicht das dritte Leben der Aung San Suu Kyi. Ein Leben als Politikerin, im Tiefland der Kompromisse. Viele Monate lang hatte sie unter strikter Geheimhaltung mit den Generälen verhandelt. Der sogenannte Dialog, den es offiziell gar nicht gab, brachte erstmals Bewegung in die erstarrte Szene. Das Regime entließ Hunderte politische Häftlinge, die Luft roch nach Tauwetter. Doch dann: Suu Kyi erneut verhaftet. Der Westen protestiert routiniert – und folgenlos. Erst als Burmas südostasiatische Nachbarn die Generäle kritisieren, wird Suu Kyi entlassen. Vielleicht wird jetzt nach asiatischen Regeln gespielt, in diesem unendlich langen zähen Ringen. »Wir brauchen Geduld«, sagt ein Veteran der Oppositionspartei, »Westler verstehen nicht, was Geduld ist«.

Yangon ist in grauen Monsunregen gehüllt. Die Zufahrt zu Aung San Suu Kyis Haus an der University-Avenue ist immer noch gesperrt. Sie hat der Sperrung zugestimmt. Früher hielt sie Reden übers Gartentor, Tausende kamen. Jetzt respektiert sie, dass die Generäle nichts so sehr fürchten wie »die Straße«, das Unkalkulierbare. An der Kreuzung steht eine große rote Mahntafel mit Orwell'schen Geboten: »Zerschmettert die inneren und äußeren destruktiven Elemente!« Yangons Taxifahrer haben Angst, sie brausen über die Kreuzung weg, überall Spitzel, bloß hier nicht halten! Hoffnung geht in Burma auf Zehenspitzen, die Angst geht immer noch mit schwerem Schritt.

Thailand

Im Panzer aus Messing

Trugbilder der Exotik:
Die langen Hälse der Padaung-Frauen

Ihr Köpfchen scheint über dem Körper zu schweben, mit den schmalen Schultern nur verbunden durch eine lange goldglänzende Schraube. Eine grazile Gestalt, leicht nach vorne geneigt, als hänge zuviel Gewicht an ihrem oberen Ende. Freundlich und diszipliniert steht Ma Ten da, bis alle ihr Bild haben. Sie ist 47 Jahre alt; mit ihren hohen Augenbögen wirkt sie huldvoll und ein klein wenig spöttisch; so lächelt sie in die Kameras. Nordthailand, eine Ansammlung von Bambushütten. Die Touristen haben Eintritt bezahlt für dieses staubige Dorf, für die kurze Begegnung mit einer fremdartigen Ästhetik: Frauen und Mädchen mit überlang wirkenden Hälsen in einem Panzer aus Messing. *Femmes giraffe*, sagen Franzosen, Giraffenfrauen. *Longnecks*, sagen Amerikaner, Langhälse. Namen für exotische Tiere. Fröhlich erregt wie bei einer Fotosafari umringen spanische Touristen die huldvolle Ma Ten; ihr Hals ist der spektakulärste im Dorf: Mit 25 Umrundungen umschließt ihn eine enge zweiteilige Messingspirale. Es sieht aus, als pressten sich 25 Ringe zwischen Schulterknochen und Kinn.

Sprachlos ist das Zusammentreffen zweier Welten, die unterschiedlicher kaum sein könnten: Urlauber mit Dress und Manieren einer legeren westlichen Spaßgesellschaft – und diese Asiatin, die ihr Leben, Tag wie Nacht, in einer sechs Kilo schweren Halskrause verbringt, sechs Kilo, die ihre Schulterknochen nach unten biegen, damit der Hals so lang erscheint. Für die Touristen ist Ma Ten tatsächlich Exotik pur – eine aufregend-unbegreifliche goldglänzende Rückständigkeit.

Ma Ten, 47 Jahre, flüchtete von Burma nach Thailand

Die *Longnecks* sind die Star-Attraktion der Provinz Mae Hong Son, Thailands nordwestlichster Ecke, und was die meisten Reiseagenturen ihren Kunden über diese Frauen erzählen, ist absichtsvoll kurz: Ein Bergvölkchen namens Padaung hat von Alters her die Sitte, die Frauen zu Langhälsen zu machen. Und wenn Touristen Eintritt zu deren Dörfern bezahlen, helfen sie den Padaung, ohne materielle Not ihrem traditionellen Lebensstil zu folgen.
Schon entlang der Buckelpiste zu Ma Ten's Dorf deuten Schilder auf eine rauere Wahrheit: »Displaced persons from fighting«, »temporary shelter«. Vertriebene, Kriegsflüchtlinge, zeitweiser Schutz. Die Grenze zu Burma ist hier nur zehn Kilometer entfernt, aus Burma (Myanmar) sind die Padaung gekommen, geflohen vor dem burmesischen Militär und dessen jahrzehntelangem Krieg gegen die Guerilla-Armee aufständischer ethnischer Minderheiten. Die Padaung sind ein kleiner Stamm, ein Sprengsel nur im Burma der

vielen Völker; als Teil der größeren Karenni-Volksgruppe kämpfen auch die Padaung gegen die Unterdrückung durch die burmesische Zentralgewalt.

Flüchtlinge also. Ma Ten, die Huldvolle, lief sieben Tage durch die Berge, von ihrem Dorf in Burma bis nach Thailand. Wieder und wieder war ihr Dorf vom Militär heimgesucht worden, die Reisernte verbrannt als Strafe für Sympathie mit der Guerilla. Ma Ten lief sieben Tage mit ihrem schweren Halspanzer und zusätzlich je einem Kilo Messingspirale unterhalb der Knie. Sie muss sich weit vorbeugen mit dem versteiften Hals, um überhaupt ihre Füße sehen zu können – und doch erwähnt sie die Strapazen der Flucht kaum. Denn was davor lag, war schlimmer.

Ma Ten erzählt ihre Geschichte mit kargen Worten, oft nur Andeutungen, und immer mit diesem gleichmütigen Lächeln. Für Beschwernis und Leiden hat sie andere Maßstäbe als die Besucher. Mit dem Halspanzer hat sie neun Kinder zur Welt gebracht, das ist nicht der Rede wert. Aber sie weinte während der Flucht, weil sie ihre Kinder erst einmal zurückgelassen hatte; sie floh der Familie voraus, mit ein paar Freunden, um die Route nach Thailand zu erkunden. Wie andere Padaung-Frauen lässt Ma Ten ein kleines gurrendes Lachen hören, wenn man eine Klage erwarten würde. Ein rätselhaftes Lachen; es kommt weit hinten aus der Kehle, aus dem goldglänzenden Halspanzer.

Die ersten Padaung-Flüchtlinge erreichten Thailand bereits vor mehr als 15 Jahren – Ahnungslose, mit modernem Leben völlig unvertraut. Manche hatten in ihren burmesischen Heimatdörfern nie einen Ausländer gesehen. Clevere Thailänder im Grenzgebiet erkannten rasch den touristischen Marktwert der Messing-Frauen, lotsten sie mit Versprechungen, Tricks, manchmal sogar mit Gewalt an Orte, die für Touristen erreichbar sind.

Das Bambushütten-Dorf Nai Soi, wo Ma Ten lebt, ist eine derartige Siedlung; die Größte von dreien nahe der Provinzhauptstadt Mae Hong Son. Kein Dorf eigentlich, sondern eine seltsame Mischung aus einem Flüchtlingslager für 177 Menschen und einem Schaukasten für jährlich etwa 12.000 Touristen. Am Eingang ein Schlagbaum, daneben lümmeln sich in einer Hütte thailändische Grenzpolizisten vor einem batteriebetriebenen Fernseher. An einem Checkpoint, mit militärischen Tarnfarben bestrichen, müssen sich die Touristen in eine Kladde eintragen; an der nächsten Hütte zahlen sie 250 Baht Eintritt, etwa sechs Euro, das ist viel für thailändische Verhältnisse.

Eine lehmige Hauptstraße, ausgewaschen vom Regen. Links und rechts Souvenirstände, bunte handgewebte Schals leuchten unter dem Blätterdach der Bambusgerüste. Jenseits der Straße, ein wenig den Hang hinauf, Alltagsleben mit Halspanzer. Frauen schrubben mit Topfschwämmen ihre Messingspiralen blank, hacken Holz mit steifem Hals, stechen Entwässerungsrinnen aus, den Körper zum Bogen gespannt.

Der unkundige Blick erkennt die Künstlichkeit dieses Ortes nicht, denn es sind unsichtbare Regeln, die das Leben in diesem Camp bestimmen. Opulent farbenfroh wirkt das Kostüm der Frauen – die Vorschriften des Schaukastens schreiben vor, wie es auszusehen hat. Die Messingspiralen um Hals und Waden verstehen sich von selbst, gleichfalls zwölf Blechreifen um die Arme, aber auch der Rest muss ansichtskartengerecht original sein. Ein aufwendiger Kopfschmuck mit vielen Tüchern, die Frisur vorne ein Pagenkopf, hinten das lange Haar zum Dutt gedreht, eine weiße Tunika über einem kniekurzen Röckchen, unterhalb der Beinspiralen leuchtend blaue Stoffgamaschen. Das Kostüm ist nicht unecht, aber unecht ist seine Einheitlichkeit, frei von all jenen Abweichungen, die in einer lebendigen Tradition normal wären. Erst abends nach 18 Uhr, wenn das Camp für Besucher geschlossen ist, ziehen die Frauen eine Jacke über, wenn ihnen kalt ist, oder einen langen Rock.

Stets dem Werbebild vom traditionellen Bergstamm zu gleichen – dafür bekommen 65 Frauen und Mädchen in diesem Camp ein Monatsgehalt: 1.500 Baht (etwa 38 Euro) die Erwachsenen, Mädchen unter 12 Jahren die Hälfte. Die kiloschweren Halspanzer zu tragen, ist eine Erwerbstätigkeit geworden. Die Frauen und Mädchen ernähren so ihre Familien. Und viele Mädchen wachsen überhaupt nur deshalb zu körperlich deformierten Langhalsigen heran, weil Touristen für diesen Anblick bezahlen.

Früh muss mit dem Biegen der Knochen begonnen werden, damit später die Illusion des verlängerten Halses entsteht. Mit fünf Jahren wird den Mädchen das erste Kilo Messing umgelegt, ein zweites mit acht Jahren, das dritte mit 12, das vierte mit 15, unter dem

Gewicht sacken die Schultern immer mehr nach unten. In den 26 Familien des Camps Nai Soi sind 40 kleine Mädchen bereits *Longnecks* – eine solche Häufigkeit gibt es in keinem der burmesischen Heimatdörfer der Padaung. Die touristische Gier nach Exotischem hat eine Sitte wiederbelebt, die an ihrem Ursprungsort längst im Aussterben begriffen ist.

Nur in den entlegendsten Dörfern Burmas übernahmen Frauen wie Ma Ten noch die Tradition ihrer Mütter und Großmütter. Dörfer, wo früher nicht einmal die christlichen Missionare hingekommen waren – sie bekämpften die Messingpanzer mit Erfolg schon im 19. Jahrhundert; die Sitte erschien ihnen nicht nur ungesund, sondern vor allem auch heidnisch. Und heutzutage? Eden Phan, ein Heimatforscher der Padaung, der jetzt als Flüchtling im Camp lebt, sammelte vor einem Jahrzehnt Daten in Burma. Er fand dort in 22.498 Padaung-Familien nur noch 904 *Longnecks*, also in weniger als jeder zwanzigsten Familie – und meist waren es ältere Frauen.

Die kleinen Messing-Mädchen im Flüchtlingscamp wirken nicht gequält. Sie toben herum, posieren ohne Scheu für die Kameras; sie finden sich schön – und sie geben auf Fragen alle eine erstaunlich gleichlautende Antwort: »Am Anfang habe ich viel geweint, ich konnte nicht richtig essen und nicht schlafen, aber dann habe ich mich daran gewöhnt.« Die Mütter beteuern, kein Mädchen werde in die Spirale gezwungen. Aber wie frei ist die Entscheidung einer Fünfjährigen? Nur wer das Messing trägt, spielt eine Rolle im Camp, wird beachtet, bestaunt, fotografiert, sieht sich auf Ansichtskarten, verdient Geld. Niemand wird gezwungen, aber es gibt es einen stummen Zwang der Verhältnisse – die Eintönigkeit und Perspektivlosigkeit jahrelangen Flüchtlingsdaseins.

Ma Cho ist 17; ein vibrierendes Geschöpf von neun Jahren Leben in diesem Schaukasten. Zum archaischen Halspanzer trägt sie Plateau-Sandaletten, Lippenstift, grellen Lidschatten und schweres Parfüm. Regelwidrig stopft sie sich die weite Tunika in einen enggewickelten Sarong, das sieht mehr sexy aus. Ma Cho, die Kokette, ist die Tochter von Ma Ten, der Huldvollen. Wenn sich die Touristen an der Mutter satt fotografiert haben, verhandelt Ma Cho die Preise am Souvenirstand, in englisch, französisch, spanisch, deutsch. Gern kaufen die Touristen die schwarzen nackten Holzfrauen, mit durchgebogenem Rücken und einladend herausgedrückten Brüsten, eine Art Afrika-Kitsch mit Padaung-Ringen um den Hals, *made in Thailand*. Ma Cho räkelt ihr Kinn lasziv überm engen Messing.

Soviel Sehnsucht in diesem Mädchen. Seit Jahren stiefelt die Welt an ihr vorbei in kurzen Hosen und Sonnentops. »Ich möchte hinaus in die Welt«, sagt sie, »irgendwohin, aber ich kann ja nicht. Ich muss immer hier bleiben.« Vor zwei Jahren ließ sie den Halspanzer für ein paar Wochen abnehmen, weil sie Schmerzen hatte – und sie fand sich so hässlich, dass sie sich nicht an den Stand traute: die hängenden Schultern, der Hals dunkel verschorft und vernarbt vom ewig scheuernden Messing und zu vielen Hautkrankheiten. Nackt fand sie sich wertlos, ein beschädigtes Wesen, ungeeignet für die Welt da draußen; sie zog das Korsett wieder an. »Es ist zu spät für mich«, sagt sie, und für einen Moment sitzen Tränen in der Kehle hinter dem Panzer.

Goldglänzende Fesseln. Der Halspanzer erzwinge die eheliche Treue der Padaung-Frauen, das ist eine der phantastischen Legenden um den historischen Ursprung der Sitte: Der Untreuen die Messingspirale zu nehmen, sei eine Strafe schlimmer als der Tod; unter ständiger Erstickungsgefahr müsse sie den Rest des Lebens liegend verbringen, weil der Hals den Kopf nicht mehr trage. Tatsächlich aber ist es möglich, das Korsett ohne Lebensgefahr zeitweise zu entfernen. Auch Ma Ten, die Huldvolle, tat es vor ein paar Jahren; ihre Knochen schmerzten sehr, sie musste ins Krankenhaus. Aber sie fühlte ihren Kopf gefährlich schlackern und verlor jeden Augenblick die Balance. Röntgenaufnahmen belegen, dass bei einer Frau nach dreißig Jahren Belastung durch die Gewichte das gesamte Rippengerüst widernatürlich verformt ist. Die Padaung selbst sagen: Ab dem Alter von 15 gibt es kein Zurück mehr, dann begleitet sie das Messing bis ins Grab.

Ihrer Schöpfungsmythologie zufolge stammen die Padaung aus der Paarung eines Einsiedlers mit einem weiblichen Drachen. Die jungen Mädchen und Frauen mit einem funkelnden langen Hals und einem gezackten Kopfputz der mächtigen Drachenmutter ähnlich zu machen, sei der Ursprung der Sitte, erzählen alte Frauen in Burma. Das mythische Aussehen sollte Schutz verleihen, sollte jene Mädchenräuber abschrecken, die in Gestalt von Königen oder Kaufleuten unter den Bergvölkern wilderten.

Macht oder Schwäche, Schutz oder Erniedrigung – die touristische Vermarktung der Messing-Frauen wirkt wie ein ironisches Echo der alten Mythen. Die Frauen im Camp wissen über Tradition nichts zu erzählen; sie verkaufen ihr Aussehen wie resolute, pragmatische Händlerinnen – und sind doch nur Ware in einem Business, dessen Regeln andere bestimmen. Fast nie bekommen sie die Drahtzieher zu Gesicht: Eine Gruppe thailändischer Geschäftsleute verwaltet die Einnahmen des Camps, zieht die Strippen in einer Grauzone zwischen Legalität und Illegalität, Korruption und Politik. Niemand rückt exakte Zahlen heraus, aber den Frauen kommt weniger als die Hälfte der Eintrittsgelder zu Gute; mehr wandert in die Taschen der Hintermänner. Und die kooperieren still mit der burmesischen Guerilla: Die Unabhängigkeits-Kämpfer der Karenni, zu denen sich die Padaung zählen, stellen eine Art Regierung in den Flüchtlingscamps, sorgen für Ruhe und Ordnung – im Gegenzug fließt ein unbezifferbarer Anteil der Touristengelder in den bewaffneten Kampf jenseits der Grenze. In der zweiten Reihe dann die ganz legalen Nutznießer, die Reiseagenturen, die Hotels… Der Tourismus in der Provinz Mae Hong Son verzeichnet zweistellige Zuwachsraten; viele profitieren von den goldglänzenden Hälsen.

Über die Lehmstraße im Camp Nai Soi weht eine melancholische Melodie. Eine Frau schlägt die vier Saiten einer Gitarre aus rohem Holz, singt dazu in der Sprache der Padaung. Ein Lied über die rasche Vergänglichkeit von Glück und Schönheit, in einer fremden, rauen Tonart. »Take a seat«, sagt die Gitarrenspielerin weltläufig und deutet auf die Stufen ihrer Hütte.
Ma Nang ist 47, Ma Nang die Stolze. Ihre klugen skeptischen Augen mustern ständig die ereignisarme Campstraße. »Die beste Zeit im Leben ist vor der Heirat. Solange man alleine ist, kann man tun, was man möchte. – Siehst Du meinen Mann da drüben? Er ist schon wieder besoffen.« Sie lacht das kleine gurrende Lachen. Die Männer im Camp hängen meistens herum, sie leben von den Frauen. Ma Nang bietet ihren Mann manchmal einer Touristin an, als Souvenir. »Nimm ihn mit, Du kriegt ihn kostenlos.«
Mit routinierten Handgriffen macht sie eine blonde Besucherin fürs Foto zurecht: stülpt ihr eine weite Messingspirale über den

Hals, hängt ihr vorne die weiße Tunika um, noch andeutungsweise ein buntes Tuch übers Haar, schon sitzt sie neben der so Dekorierten, schiebt freundschaftlich ihren steifen goldenen Hals zu ihr hin, fertig, Klick! Das nächste Bild dieses Tages wird die Blonde auf einem Elefanten zeigen, sie hat die Langhälse im Paket gebucht.

Ist das Geschäft hier fair, Ma Nang? Sie schiebt den Hals weit nach vorn, spuckt rote Betelnussspucke aus und sagt: »Es ist besser als nichts.« Gedankenverloren ruckelt sie mit einer Hand an der Spirale, wie Männer an einer zu eng geschnürten Krawatte ruckeln. Ihre Arme sind muskulös, Ma Nang ist die geübteste Klempnerin im Camp, die Klempnerin für Hals- und Beinpanzer. Mit einem simplen Stahlwerkzeug zwingt sie die Spiralen auf, wenn eine Frau schwer krank ist oder wenn die kleinen Mädchen ein Kilo mehr draufbekommen. Ma Nang nimmt Geld dafür; die Halspanzer zu montieren ist ebenso ein Gewerbe wie sie zu tragen.

Ma Nang kennt alle Geschichten im Camp, sie verrät auch Geschichten, die sich sonst niemand traut zu erzählen. Wie Ma Ten, die Huldvolle, einige Frauen zum gemeinsamen Abhauen überreden wollte; dann kam ein Mann von der Guerilla-Regierung und maßregelte die Huldvolle wie ein dummes kleines Mädchen. Kaum jemand flieht – »fliehen« sagen die Frauen, wenn sie meinen: das Camp verlassen. Das Dorf ist nicht umzäunt, der Käfig ist offen, und doch fühlen sie sich wie Gefangene, Gefangene ihrer Lage.

Materiell geht es den Padaung besser als anderen burmesischen Flüchtlingen; mehr als 30.000 leben allein in Lagern nahe Nai Soi, angewiesen ausschließlich auf die Reisspenden von Hilfsorganisationen. Aber die Messing-Frauen wissen, wie leicht sie zur Beute von Menschenhändlern werden – und wie rechtlos sie sind. Bis heute wurde der thailändische Besitzer eines Hostessen-Clubs nicht bestraft, der vor fünf Jahren 33 Padaung-Frauen und Mädchen aus Burma entführen ließ, in die Nachbarprovinz Chiang Mai. Er hielt sie dort für die Touristen in einem gefängnisähnlichen Lager; wer aufbegehrte, wurde misshandelt. Erst nach ausländischen Presseberichten über den »Menschenzoo« wurde das Lager geschlossen.

Wer die Hand auf dem lukrativen Business hat, verteidigt sein Revier mit allen Mitteln. So ist es in Huay Pa Kaeng, einer abgelegenen Padaung-Siedlung am Pai-Fluss. Der Fluss ist entscheidend, denn Touristen gelangen nur per Boot hierhin – ein Bootsbetreiber hat das Monopol, kassiert die Eintrittsgelder fürs Dorf gleich mit. Bestechung, sagen Insider, sorge dafür, dass niemand anderes eine Lizenz auf diesem Fluss bekommt. Einsam und idyllisch liegt das Dörfchen zwischen grünen Hügeln; die Grenze zu Burma ist nur vier Kilometer entfernt. Oben am Hang eine Grundschule, Mädchen mit und ohne Messing lernen mit einer jungen Lehrerin gerade Erbsensäen. Die Beschriftung der Schule ist in Englisch, Touristen sollen das Gefühl haben, ihre Eintrittsgelder bewirken Gutes – und zu einem gewissen Prozentsatz tun sie das auch. Aber es liegt eine bleierne Depression über diesem Dorf, wo man nur die Hähne krähen hört und die Frösche quaken, und die Frauen weben schweigend an den Schals für die Touristen.

Ma Pei, 35 Jahre, trägt keinen Messingpanzer. Aber sie konnte nicht verhindern, dass zwei ihrer Töchter damit begannen in diesem Camp. Ma Pei ist eine politisch wache Frau, ihr Mann ist bei der Guerilla, manchmal kommt er zu Besuch, ruht sich aus bei ihr. »Ich hoffe, dass wir alle irgendwann zurückkönnen«, sagt sie, »wenn es Demokratie gibt in Burma.« Auch Ma Pei webt Schals, sie hat seit zwei Monaten keinen verkauft. Die Touristen kaufen nicht gern bei einer Flüchtlingsfrau, die eine zerschlissene Hemdbluse trägt und einen ganzen normalen Hals hat und Sorgen um die Zukunft ihrer Töchter.

Siams Modernisierer

Kult-König Chulalongkorn – ein historisches Porträt

Der junge Mann sieht hinunter auf die Menge demütig gekrümmter Gestalten. Kein Mienenspiel verrät, wie sehr er diesen Anblick verabscheut. Die Beamten, Minister, Prinzen und Würdenträger, der ganze Hofstaat von Bangkok liegt vor ihm auf den Knien, die Stirn auf den Teppich gesenkt, die Handflächen vor dem Kopf aneinandergepresst in der traditionellen Geste größter Ehrerbietung. Ein Meer von Rücken bis ans hinterste Ende des großen Thronsaals, wo nur die ausländischen Gesandten aufrecht stehen. Die Unteren kriechen vor den Oberen, so ist es üblich in Siam seit ewigen Zeiten, der Schüler vor dem Lehrer, der Leibeigene vor seinem Herrn, und alle vor dem König. Erhebe niemals dein Haupt in seiner Anwesenheit!
Der junge Mann steht auf vom Thron, geht in seinen bestickten Pantoffeln vier Stufen hinunter auf eine kleine Plattform. Er ist gerade 20 geworden, eine schlanke, noch jungenhafte Gestalt im enganliegenden Brokat. Nun liest er sein erstes Dekret vor, es ist eine Sensation: Schluss mit Kriechen und Buckeln! Die Sitte des Niederwerfens sei ein Zeichen von »Unterdrückung«, sagt er, und jegliche Unterdrückung wolle Seine Majestät beenden. Auch sei es »von keinerlei Nutzen für das Land«, den König auf allen Vieren zu ehren. Als er geendet hat, erhebt sich die Menge – ein überwältigender Augenblick. Es hat eine Revolution begonnen, sie wird von oben, vom Thron aus gemacht.
Seit den frühen Morgenstunden dieses Novembertags 1873 trägt Chulalongkorn, nach dynastischer Zählung Rama V. genannt, die hohe spitze Krone Siams – als erwachsener Mann ist er nun endlich König aus vollem Recht, ungeduldig hat er auf diesen Moment gewartet. Fünf Jahre lang war er schon ein machtloser Juniorkönig, mit 15 plötzlich auf den Thron geworfen, als sein Vater Mongkut einem tropischen Fieber erliegt. Selbst schwerkrank muss der Junge zu seiner ersten vorläufigen Krönung getragen werden, fällt in Ohnmacht, als er die Leiche des Vaters grüßen soll. Noch Jahre hin-

aus wird der junge König kränkeln, Schwäche markiert seine erste Stunde – und schon von dieser ersten Stunde an rücken die Machenschaften bei Hofe ins Bild. Der Kronrat stellt diesen minderjährigen Monarchen, der als idealistisch und moralisch sensibel bekannt ist, unter die Kuratel eines konservativen Regenten, und der wiederum installiert einen Vertrauten mit eigener Ambition auf den Thron als Kronerben. Lüstern wartet dieser Prinz namens Wichaichan in den Kulissen – die Verteidiger der alten Ordnung sind gerüstet, lange bevor Chulalongkorn ihre Stärke erkennt. Nach heutigen Maßstäben ist der Jungkönig ein Frühreifer. Mit 15 hat er schon zwei Kinder (es werden 76 weitere folgen). Mit 17 studiert er die Kolonialverwaltungen in Singapur, Java und Indien, will nach Europa, darf aber nicht. Westliche Modernisierung, westliche Erziehung ziehen ihn wie magisch an. Mit kaum 19 gründet er die erste Modellschule mit britischen Lehrern für seine jüngeren Brüder, die Männer im Palast müssen nun europäische Uniformen tragen und auf Stühlen sitzen, statt gegen Kissen gelehnt auf dem Boden zu liegen. Erste Vorzeichen einer habituellen Verwestlichung – während draußen, jenseits der Palastmauern, Frauen wie Männer halbnackt ihre Boote durch Bangkoks Kanäle staken, nur mit dem *Phanung* bekleidet, einem zur Hose gewickelten Tuch. Aber noch sind das alles nur Fingerübungen eines ungeduldigen Minderjährigen, der emphatisch schon eine Sozialreform verspricht, die das Land von Grund auf erschüttern muss: die Abschaffung der Sklaverei.

Siam um 1870 ist ein mittelalterlicher Feudalstaat, weltabgewandt, bar jeder Infrastruktur. 30.000 Dörfer, fast keine Straße außerhalb der Hauptstadt, keine Eisenbahn, weder Post noch Telegraphendienst, kaum eine Kontrolle der nationalen Finanzen. Betelsaft spuckende Richter berechnen den Wert jeder Person nach einer 500 Jahre alten Tabelle von Würdepunkten: Das Leben eines Rikscha-Fahrers ist nicht den kleinen Finger eines Prinzen wert. Tagtäglich geraten Bauern in Schuldknechtschaft, verkaufen sich mitsamt Familie an den Gläubiger. Ihre Fronarbeit deckt nur die Schuldzinsen, so werden Kinder bereits als Leibeigene geboren, als Sklaven vererbt. Mit dem Verkauf ihrer Kinder bezahlen Bauern sogar die Schulden beim Glücksspiel; die Spielsucht beherrscht Siam wie eine soziale Pest. Über all dem thront eine träge Elite; von den

Ministerien Bangkoks bis in die entfernteste Provinz wirtschaften Adelscliquen und lokale Oligarchien in Erbfolge, nur dem blanken Eigeninteresse verpflichtet. Leichte Beute wäre dieses rückständige Land für die Kolonialmächte, die sich schon das ganze übrige Südostasien unterworfen haben.

Jahreswende 1873/1874. Elektrisiert vom Gefühl der Macht startet Chulalongkorn fulminant, verkündet gleich eine ganze Serie von Reformen: ein neuer Gerichtshof, zentrale Finanzkontrolle, ein königliches Rechnungsprüfungsbüro, öffentliche Versteigerung der lukrativen Glücksspiellizenzen. Als schärfste Kampfansage an »die Alten«, wie er sie nennt, beruft er junge Männer in einen Staatsrat, der untersuchende und gesetzgebende Kompetenz hat. »Council of State« tauft er das neue Gremium; Chulalongkorn würzt sein Thai gern mit englischen Begriffen. Auf die Bühne Siams ist ein König mit einem neuen Staatsverständnis getreten, mit einer Vision von der Zukunft seines Landes: Es soll sich messen können an den zivilisatorischen Standards des Westens und zugleich buddhistischer Moral verpflichtet sein.

Nur wenige Monate währt der enthusiastische Frühling des jungen Monarchen. Immer noch zieht der konservative Regent die Fäden, er blockiert, hat seine Verwandten auf entscheidenden Posten, die Verwaltung verharrt in Obstruktion, einflussreiche Adelsfamilien rebellieren gegen den Verlust ihrer Privilegien. Der Widerstand kulminiert in der Nacht vom 28. auf den 29. Dezember 1874 zum versuchten Staatsstreich: Am königlichen Schießpulver-Lager wird Feuer gelegt; Prinz Wichaichan, der mächtige Widersacher, steht mit bewaffneten Truppen vor dem Palast-Tor, verlangt Einlass unter dem durchsichtigen Vorwand, beim Löschen helfen zu wollen. Das Land steht am Rand eines Bürgerkriegs, die Aufständischen hoffen auf britisches Eingreifen, Chulalongkorn beschwört London und Paris, neutral zu bleiben.

Er kann den Angriff abwehren, verteidigt den Thron, besteht die Krise, doch um welchen Preis! Er muss seine Reformen zurückschrauben – und erkennt, dass er sich nur langsam die Stärke und die Gefolgschaft für die großen Veränderungen des Landes aufbauen kann. Es wird fast ein Jahrzehnt dauern, bis er endlich mehr Luft bekommt, als am Hof die konservative alte Garde abtritt oder stirbt. Erst dann, mit Anfang 30, wird Chulalongkorn zugeben, wie er sehr gelitten hat, in seinen ersten 15 Jahren auf dem Thron, »als ich eine machtlose Galionsfigur war«.

12. Juli 1874: Das »Komitee zur Abschaffung der Sklaverei in Siam« tagt bis nachts um Eins. Der König hält einen langen detailgespickten Vortrag. Er weiß nun: Die öffentliche Meinung ist gegen ihn, nicht nur die reichen Nutznießer der Sklaverei, sondern auch viele Sklaven selbst – sie fürchten das Wagnis des freien Lebens. Also entwirft er einen Stufenplan, der später Gesetz wird: Niemand, der älter ist als 21, darf mehr verkauft werden; die Preise für Kinder werden so abgestuft, dass sie mit 18 als Sklaven nahezu wertlos sind. Er lässt Armenhäuser in Schulen für Kindersklaven umwandeln, damit sie nach der Freilassung eine bessere Zukunft haben – und nicht mit 12 oder 14 schon dem Glücksspiel verfallen. Aber wieder steht Chulalongkorn vor einer Mauer von Trägheit und Ignoranz: So wie Bangkoks Oberschichten zunächst von seinen neuen Modellschulen kaum Gebrauch machen, so wollen nun kaum Sklaven freiwillig das Lesen lernen. Er wird später selbst Sklaven freikaufen unter der Bedingung, dass sie zur Schule gehen. Erst 1905, fünf Jahre vor seinem Tod, wird die Sklaverei aus Siam endgültig verschwunden sein.

So vorsichtig, als sei er von Feinden umstellt, macht sich Chulalongkorn nun an die Reform des Staatsapparats. Schafft Posten und Abteilungen zunächst nur da, wo er die Kontrolle hat, also im Palast – und transferiert die Saat des Neuen erst ins Freiland, wenn er dafür ein sicheres, vertrauenswürdiges Ministerium gefunden hat. Wie zeitraubend, umständlich das ist! Sein Königliches Pagen-Korps wird nicht nur zum Labor einer modernen Armee, es befasst sich sogar mit Hydrographie und Gesundheitsfragen. Nur der jüngste Zweig der königlichen Familie teilt den Enthusiasmus für Bildung und politische Reform. Chulalongkorns jüngere Brüder bleiben lange seine einzigen Vertrauten, die Agenten seiner Modernisierungs-Strategie. Später wachsen seine 32 Söhne, die er fast alle zum Studium ins Ausland schickt, in diese Rolle.

Teuflisch ist der Zwang zur Langsamkeit, während zugleich die Uhr tickt. Siam muss stark und stabil sein, um seine Unabhängigkeit zu wahren. Die Briten im nahen Burma werfen gierige Blicke, suchen neue Absatzmärkte, die Franzosen in Indochina drängen auf Ausdehnung ihres Einflusses. Stabilität heißt Modernisierung, aber um das Land zu modernisieren, muss Chulalongkorn erst einmal Kontrolle über seine eigene Regierung gewinnen. Grotesk ist das Missverhältnis zwischen der gefesselten Macht dieses absoluten Monarchen und dem Pomp seiner öffentlichen Auftritte. 200 Elefanten vorweg, blitzend von Edelsteinen, so beginnt ein Festumzug am Palast, es folgt in prächtigsten Gewändern ein Hofstaat von bis zu 16.000 Menschen. Eine königliche Prozession zu Wasser zählt 500 Boote und nicht weniger als 25.000 Personen. Geht der König aus, dann trägt ihm ein Schwarm Diener stets eine kostbare Sammlung goldener Beteldosen hinterher sowie seine diamantbesetzten Spucknäpfe.

Jeden Abend, wenn es dunkel wird, schließen sich die schweren Tore des dreifach eingefriedeten Palastes, der König bleibt mit 3.000 Frauen plus Kindern allein. Jeder beliebigen Frau im Palast kann er befehlen, sich zu ihm zu legen, es werden 92 sein über die Jahre, mit 36 von ihnen hat er Kinder. Seine vier Lieblings-Gemahlinnen sind zugleich seine Halbschwestern (so soll das königliche Blut rein gehalten werden), unter ihnen hebt er Saowabha als Königin heraus, eine scheue Vorbotin der Emanzipation. Sie gründet die ersten Mädchenschulen, junge Frauen werden ihr zur Bildung anvertraut.

Die Emanzipation des Harems hat durch Chulalongkorns Reiselust begonnen. Bedrängt vom stickigen überfüllten großen Palast (ohne sanitäre Anlagen), flieht der junge König im kleinsten Familienkreis oft aufs Land. Zwei Tage braucht das Ruderboot flussaufwärts zum Palast Bang-Pa-in, erstmals sehen die vorher eingesperrten Frauen ein Stück Außenwelt. Chulalongkorn mischt sich auf den Landpartien manchmal inkognito unters Volk, geht in die Hütten der Bauern, setzt sich mit ihnen zum Essen hin. Er beherrscht schlichtes Auftreten, kann sich leicht jeder Umgebung anpassen; in Pariser Restaurants wird er später in die Küche marschieren, um mit den Köchen Rezepte auszutauschen.

1881: Sechs Wochen lang hängt Verwesungsgeruch über der Stadt – Cholera! Regelmäßig kehren die Epidemien wieder, Bangkok lebt auf dem Wasser, alles wird in die Kanäle geworfen, selbst tote Tiere. Jetzt werden täglich bis zu 120 Leichen am Tempel Wat Sikhet angeliefert, warten aufgestapelt auf Verbrennung. Chulalongkorn schickt weißbeflaggte Sanitätsboote mit seinen westlichen Hofmedizinern den Fluss auf und ab – doch die Siamesen, bis hinauf zu den Adligen, misstrauen den West-Doktoren zutiefst, schützen sich lieber mit Amuletten. Um böse Geister zu verscheuchen, hängt nachts vor jedem Haus eine Laterne an einer Bambusstange. Bangkok ist illuminiert wie zu einem Fest.

Fünf Jahre später beauftragt der König seinen 27jährigen Halbbruder Prinz Sri, das erste Krankenhaus nach westlichem Muster aufzubauen – so hürdenreich ist diese Aufgabe, dass der Prinz darüber an Erschöpfung stirbt. Wie die Patienten in dieses Krankenhaus locken? Erst finden sich nur einige unheilbar Kranke, ihr Tod verstärkt die Furcht vor der neuen Klinik. Nun versucht der Chefarzt, Bangkoks Bettler für die Kurierung ihrer Ekzeme und Geschwüre zu gewinnen – die winken ab: Krankheit ist ihre Einkommensquelle. Zuletzt zwingt das Klinik-Komitee seine eigenen Dienstboten in die Patientenbetten – als sie bei bester Gesundheit entlassen werden, ist das Krankenhaus endlich populär.

1886: Im Palast trifft eine 60seitige Petition ein, unterzeichnet von elf jungen Radikalen am Hofe, darunter vier Prinzen. Alle sind gerade aus dem westlichen Ausland zurückkehrt, ihre Sprache ist klar und direkt, ihre Forderung unverblümt: parlamentarische Demokratie, konstitutionelle Monarchie! Der König könnte sie dafür hinrichten lassen. Chulalongkorn nimmt sich Zeit, dann schreibt er eine Antwort, die wie eine wütende Selbstreflexion klingt: »Denkt nicht, dass ich 18 Jahre lang dümmlich auf dem Thron gesessen hätte, ohne über dieses Problem nachzudenken.« Alles habe er allein machen müssen wegen der Unfähigkeit anderer, er sei »der Oppositionsführer« gegen seine eigenen Minister gewesen, müsse sich jetzt immer noch um »jedes kleinste Detail« kümmern. »Wir müssen zuerst sehen, dass wir die richtige Sorte Leute als unsere künftigen Parlamentarier bekommen, oder wir kommen besser ohne sie aus.«

Rama V. bleibt ein Autokrat, absolutes Königtum ist ihm untastbar, wenngleich es sich durch Leistung bewähren muss. Seine zahlreichen Brüder lässt er ständig miteinander wetteifern, seinen vier ältesten Söhnen in England schreibt er mahnend: »Die Auffassung, dass ihr geborene Prinzen seid und ohne nützliche Arbeit komfortabel durchs Leben kommen könnt, platziert euch nicht über die niedrigsten Tiere, die nur leben, essen und sterben.« Gern würde

er so bejubelt vom Volk, wie er es auf Bildern aus Europa sieht: Winken, Rufe, Hütewerfen. Vergeblich bringt er seinen Protokollbeamten bei, wie das aussehen soll – für Siams Landvolk bleibt er ein Gott, da wirft man keine Hüte. Und selbst Königin Saowabha wird sich bis ans Ende seines Lebens vor ihm niederwerfen.
1893 eskaliert der Konflikt mit den Kolonialmächten, die alle Länder rund um Siam besetzt haben. Französische Kanonenboote schießen sich die Zufahrt zum Hafen von Bangkok frei. Chulalongkorn muss Laos abtreten, er zieht sich deprimiert und krank für Monate aus der Öffentlichkeit zurück. Später verliert er unter dem Druck von Paris auch die kambodschanischen Provinzen, zuletzt muss er noch das Protektorat Nord-Malaya den Briten opfern. Am Ende ist Siam um 456.000 Quadratkilometer geschrumpft, hat fast die Hälfte seines Herrschaftsgebiets eingebüßt – der Preis für die Bewahrung der Unabhängigkeit.
Chulalongkorn ist 43, als er seine Regentschaft endlich als stabil genug erachtet, um sich seinen Jugendtraum zu erfüllen: Europareise! Seine weiße Yacht »Maha Chakri« legt ab, eine seltsame Mischung aus Kanonenboot und Ausflugschiff – und völlig überfüllt. Der König reist mit großer Entourage, er wird der erste Monarch Südostasiens in Europa sein. Die Reise öffnet Chulalongkorn die Augen für die sozialen Schattenseiten der bisher von ihm idealisierten westlichen Moderne. Im Londoner East End sieht er Armut und Elend; die Kompromisse, die er zuhause machen muss, drücken ihn fortan weniger.
Fasziniert von den weitläufigen europäischen Residenzen im Grünen, kauft er, kaum zurück, Reisfelder im Norden von Bangkok, entwirft eine königliche Gartenanlage. Bald sieht man den König auf einer Art Champs Elysées frohgemut radeln. Sein luftiger neuer Palast aus Teakholz ähnelt einem überdimensionierten englischen Herrenhaus.
Ab 1899 müssen die Siamesinnen in der Öffentlichkeit ihre Brüste mit einem Tuch bedecken, wie es bisher nur die Vornehmen taten. Die Damen bei Hofe kleiden sich jetzt in einer erstaunlichen thaiwestlichen Mixtur: hochgeschlossenes weißes Spitzenwams, schräg darüber das einheimische Brusttuch, zur traditionellen Wickelhose europäische Pumps. Unstillbar ist am Hof die Gier nach den jüngsten importierten Neuheiten, Uhren, Füller, Musikboxen,

Grammophone; unaufhaltsam ist die Verwestlichung über Siam hereingebrochen: Die Märkte werden überschwemmt von importierten Konsumgütern, manches traditionelle Handwerk stirbt aus, und selbst die schlechtestsitzende europäische Uniform aus billigem Stoff erfreut sich höherer Wertschätzung als die kunstvollen alten Brokate.

Sorgsam nach Nationalitäten austariert sitzen westliche Berater nun in allen Zweigen der Verwaltung: die Justiz belgisch, die Finanzen englisch, die Marine dänisch, Eisenbahn und Post deutsch. Beim Abschiedsball für einen jungen Prinzen dröhnen seine siamesischen Altersgenossen im Chor »He's a jolly good fellow...«. Fluch der europäischen Erziehung – es sind Chulalongkorns Söhne, die am Ende gegen die Autorität des Alten revoltieren. Der Kronprinz weigert sich zu heiraten; Prinz Rabi, der Justizminister, verteidigt trotzig seine Affäre mit einer stadtbekannten Schauspielerin. Und der Lieblingssohn Chakrabongse heiratet 1906 heimlich eine bürgerliche Russin. Tief gedemütigt lehnt es der König zwei Jahre lang ab, seinen Enkel aus dieser Ehe überhaupt anzuschauen – als er es schließlich tut, sagt er erleichtert: Der Junge sehe gar nicht europäisch aus.

Der Abend des 23. Oktober 1910: Die Leiche des Mannes, der zuletzt am liebsten im Nadelstreifen-Dreiteiler posierte, mit Stock, Charme und Melone, ist eingekleidet in Brokat, eine goldene Maske im Gesicht, ein goldener Ring im Mund. 60 Mann tragen den Beerdigungskarren in flackerndem Kerzenlicht, dumpf schlagen Trommeln, es ist eine heiße, mondlose Nacht.

Fast ein Jahrhundert später werfen sich junge Bangkoker auf die Knie vor dem Reiterstandbild Chulalongkorns am Royal Plaza. Welche eine Ironie der Geschichte: Der Modernisierer, der das Kriechen abschaffte, wird verehrt wie ein Gott. Chulalongkorn ist ein Kult-König geworden, sein Bild hängt in tausenden thailändischer Läden, steht auf Altären in vielen Restaurants. Die Thailänder huldigen ihm nicht für das, was er veränderte; sie sehen in ihm den Bewahrer thailändischer Tradition, der das Land vor den Westmächten beschützte. Opfergaben werden ihm hingestellt: Zigarren und sein geliebter Whisky.

König Chulalongkorn, zu Beginn des 20. Jahrhunderts

Wissen, wann man genug hat

Erkundung eines Krisengebiets: Thailands Buddhismus

Um halb Fünf in der Frühe schlug im Kloster die Glocke, das Dorf erwachte, und während die Mönche sangen, hatte der Reis Zeit zu kochen. So begann Jahrhunderte hindurch der Tag im Rhythmus gläubigen Respekts: Nur frisches Essen, nicht Übriggebliebenes, darf den Mönchen gespendet werden, wenn sie im ersten Morgengrauen ihre Almosenrunde drehen.

Heute verkaufen manche Mönche heimlich das Essen, das ihnen fromme Thailänderinnen mit ehrfürchtig gesenktem Blick in die Almosenschüssel gekippt haben. Äbte kaufen sich Ordenstitel, haben Geliebte, steigen in Luxushotels ab, einzelne begehen sogar Gewaltverbrechen. Viele junge Mönche sind drogenabhängig. Eine Reise durch Thailands Buddhismus gleicht der Erkundung eines Krisengebiets. Das ist keine Schmähung; viele Thailänder sprechen und schreiben über diese Krise – und es wäre ein Wunder, gäbe es sie nicht. Diese einst bäuerlich-weltabgewandte Gesellschaft hat sich mit dem Wirtschaftswachstum der vergangenen Jahrzehnte rasant modernisiert und verwestlicht. Traditionelle Werte gerieten in Vergessenheit, an ihrer Stelle wuchsen neue Bedürfnisse: Wettbewerbsdenken verdrängte Kontemplativität, materielle Statussymbole zählen mehr als heitere Genügsamkeit. Und weder die Korruption noch die Zerstörung der Wälder folgt den Geboten buddhistischer Ethik, die nichts so sehr ablehnt wie Gier.

Dennoch haftet der Mythos eines zutiefst buddhistischen Landes auf der Realität wie die Goldblättchen auf der Buddhastatue. 95 Prozent der Thailänder nennen sich Buddhisten, die Religion gehört zum nationalen Selbstverständnis wie der König, ihr oberster Schutzherr. 30.000 Klöster und 300.000 Mönche prägen das Postkartenbild vom »Land der gelben Robe«.

Die Wirklichkeit jenseits der Idylle hat viele Gesichter. Auf dem Kompost der Krise wachsen neue Kulte, neue Sekten, die den ungeduldigen modernen Thailänder nicht mehr auf ein schwer vorstellbares Universum zahlloser Wiedergeburten verweisen, sondern Frieden und Glück im Hier und Jetzt versprechen. »Thailands traditioneller Buddhismus wurde für eine bäuerliche Gesellschaft entwickelt; den Laien wurde dabei eine eher passive Rolle zugedacht«, erklärt die Ökonomin Pasuk Phongpaichit. »Die neue Mittelklasse verbessert ihren weltlichen Status durch individuelle Anstrengung – und sie verlangt ähnliche Chancen auch auf spirituellem Gebiet.«

Pathum Thani, ein Vorort von Bangkok: Bei der Dhammakaya-Sekte empfängt die Marketing-Chefin samt einer Abordnung Gläubiger mit einem Zahnarzt an der Spitze. Alles hier ist professionell und seltsam klinisch rein: das Essen für Mönche auf Edelstahlplatten mit Klarsichtfolie; Broschüren betören mit dem Vokabular einer Versicherungsgesellschaft. Dhammakaya bietet eine leicht erlernbare Meditationstechnik an, will damit »das Vakuum in einer zunehmend säkularen Gesellschaft füllen«. Geschicktes Marketing machte die Sekte reich, ihr Abt investierte am US-Aktienmarkt, wurde der Unterschlagung beschuldigt. Der Finanzskandal beschäftigte die Justiz und das Parlament, während Dhammakaya weiter an seinem Imperium baut.

Die Meditationshalle lässt sich nur per Auto erkunden; sie ist 20 Fußballfelder groß. Nachts leuchtet über dem Gelände ein riesiger kuppelförmiger Schrein wie ein soeben gelandetes Ufo. Der *Chedi* besteht aus 300.000 Buddhafiguren, gefertigt aus Silikonbronze, »sie werden 2000 Jahre halten«, freut sich der Zahnarzt. Bei der Einweihung wurden eine halbe Million Gläubige in Reih und Glied arrangiert zu einem Bild totalitärer Harmonie, eine Massen-Choreographie wie von Leni Riefenstahl gelenkt. Weltweit hat die Sekte Anhänger; das Hauptquartier bei Bangkok atmet Machtanspruch: ein buddhistisches Rom.

Solcher Materialismus in spirituellem Gewand profitiert von der Krise des offiziellen staatsnahen Buddhismus. Dessen Ansehensverlust sitzt im Land wie eine Krankheit, die ignoriert wird, weil Therapie zu schmerzhaft erscheint. Kriminelles und unmoralisches Verhalten von Mönchen ist nicht nur ein beiläufiger Schmutzfleck auf Thailands Postkartenbild, der Sündhaftigkeit christlicher Würdenträger vergleichbar. Der Schaden geht viel tiefer, zerstört einen

Glaubensvertrag, auf dem die buddhistische Wertschätzung der Mönche beruht. Für den Laien ist die Spende ans Kloster gemeinhin der beste und sicherste Weg, religiöse Verdienste zu erwerben. Indem er den tugendhaften Lebenswandel der Mönche und ihre Suche nach Erleuchtung unterstützt, verbessert er sein eigenes *Karma* für künftige Wiedergeburten. Karma ist nach buddhistischer Vorstellung die Beziehung zwischen Ursache und Wirkung, alle Handlungen haben Folgen, beeinflussen das Ausmaß von Leid oder Wohlergehen in den kommenden Leben. Die Mönche sind also nicht nur Vorbild, Lehrer, sondern eine wichtige Quelle spirituellen Friedens für die ganze Gemeinde – sofern sie sich des Vertrauens würdig erweisen.

Darum all dieser Respekt vor der Robe, darum so viele Privilegien, von der kostenlosen Busfahrt über reduzierte Flugtickets bis zum verbilligten Universitätsstudium. Aber nun ist der Respekt zur Falle geworden. Mönchen, die straucheln, wird nur selten die Robe genommen. Die buddhistischen Autoritäten, der »Rat der Ältesten« und der König, schauen weg – zu weit sind Dekadenz und Missbrauch von Spendengeldern verbreitet, zu häufig sind Äbte und Politiker verflochten.

An einer Garküche vorbei in einen Bangkoker Hinterhof: Die Bewegung »Spirit of Education« arbeitet in einem bescheidenen Flachbau. Auch geistig verkörpert sie einen ganz anderen Weg aus der Krise als der herrschaftliche Dhammakaya-Kult: Nicht Anpassung an die säkulare Moderne, sondern Rückbesinnung. »Die heutige Erziehung reduziert die Idee vom Menschen auf seine verkäuflichen Kenntnisse. Thailand hat sich dem westlichen Denken verschrieben, den geistigen Monokulturen«, klagt der Koordinator der Bewegung, Pipop Udomitthipong. »Industrialisierung und Konsum um jeden Preis! Das hat alle Vorstellung vom ganzheitlichen Menschen, alle Spiritualität ausgelöscht.« Die Kurse dieser Bewegung bringen Städter und Dörfler zusammen, schicken Stadtlehrer auf meditative Wanderungen, ermutigen Dörfler zu Stolz auf traditionelle Lebensweise – und zu deren Verteidigung. Der Widerstand gegen den Bau eines Staudamms in Nordthailand wurde zum Klassenraum für buddhistische Erziehung. »Macht euch die Erde untertan, das ist christlich«, sagt Pipop, »nicht buddhistisch.«

In den 70er Jahren führten Mönche, zum Ärger der religiösen Autoritäten, Bauernproteste gegen die Regierung an; andere besetzten später Bäume, um sie mit der suggestiven Macht der Robe vor Abholzung zu schützen. Die Erfahrung der Wirtschaftskrise 1997/98, als der Glaube an ewiges Wachstum abrupt kollabierte, hat unter Basisaktivisten die Wiederentdeckung eines alten Begriffs der buddhistischen Lehre beflügelt: »Santosa«, ein Sanskrit-Wort für »Wissen, wann man genug hat«. Es wird heute übersetzt als nachhaltig Wirtschaften, nachhaltig Leben.

Über »Santosa« hatte schon der Abt Buddhadasa gepredigt, einer der wenigen Philosophen Thailands; er starb 1994. Buddhadasa interpretierte die Lehre quasi-sozialistisch, wandte sich gegen Kapitalismus und Individualismus. Nicht Rückzug von der Welt, sondern Einmischung, Kampf gegen Armut und soziale Ungerechtigkeit sei Aufgabe von Buddhisten. Unter Thailands autoritären Regimes der 50er und 60er Jahre wurde den Mönchen die Verbreitung seiner Ideen untersagt – sie galten als entwicklungsfeindlich.

Die »Kerzenlicht-Farm« ist ein Ökobauernhof in einem verwunschenen Winkel Nordostthailands. Keine Chemie, nicht mal Strom, keine Bankkredite. »Ökologische Landwirtschaft ist buddhistische Landwirtschaft«, sagt der Bauer Chusak Hadprom, »Besinnung auf die eigene Kraft, Befreiung von Abhängigkeiten«. Ein radikaler Gegenentwurf zur exportorientierten, hochverschuldeten Agrarindustrie, die er vorher erlebte. »Wir waren Sklaven der Kredite, Sklaven des Geldes. Unser Land ging kaputt und unsere Familien.« Der 53jährige macht ein lokales Radioprogramm, lehrt vergessene Kenntnisse traditioneller Anbauweise. Dass ein chemisch vergifteter Boden ungesunde Nahrung produziert, umschreibt er buddhistisch: »Das ist die Wiederkehr von schlechtem Karma.«

Ist auch Aids Karma? Aus buddhistischer Sicht kann es nicht anders sein, aber Karma bedeutet nicht »Schicksal«, entlässt nicht aus der Verantwortung für das eigene Leben. Thailand hat 700.000 Infizierte – und viele Kranke werden von ihren Familien verstoßen. Aus Unkenntnis über die Wege der Ansteckung; aus Angst vor dem Diffus-Bösen, das dieses Leiden verursacht haben muss.

Lophuri, Zentralthailand. Oben am grünen Hügel leuchtet eine weiße Buddhastatue. Zu ihren Füssen, vor dem Tor zum Kloster

Wat Prabat Nampu, werden jeden Tag Aids-Kranke abgelegt – ihre Angehörigen schleichen sich davon. Das Kloster ist das größte Aids-Hospiz im Land, 300 Betten, 10.000 Patienten stehen auf der Warteliste. Die Anlage wirkt wie ein Krankenhaus; wenig erinnert heute an das notdürftige spirituelle Refugium vor zehn Jahren, als der Abt Phra Alongkot hier mit der Sterbebegleitung für eine Handvoll Verlassener begann. Die Leute aus der Umgebung versuchten lange, ihn zu vertreiben. Jetzt sitzen Besucher ehrfürchtig-gekrümmt in seinem Amtszimmer. So viele Menschen sind in seinen Armen gestorben; das verleiht Charisma. Der Abt fingert nebenbei Amulette mit seinem Bild aus einer Porzellandose wie Kekse für Kinder. Helfen die Amulette gegen Aids? Ja, sagt er und lacht. »Sie erinnern an die Krankheit.« Alongkot tritt im Fernsehen auf, treibt erfolgreich ausländische Spenden ein. Doch andere Mönche von ihrer Verantwortung für Aids-Kranke zu überzeugen, das gelingt ihm kaum. »Die meisten Mönche haben Angst vor Ansteckung. Sie wissen nichts, aber die Leute in der Gemeinde glauben ihnen.« Manche Klöster verlangen von Ordinierungswilligen sogar eine Bescheinigung, dass sie kein Aids haben.

»Ignoranz!«, sagt eine zierliche Frau mit rasiertem Schädel, »Unkenntnis ist das Hauptproblem des thailändischen Buddhismus.« Vor kurzem noch trug sie Make-up, eine modische Frisur: Frau Dr. Chatsumarn Kabilsingh, 57 Jahre, Universitätsprofessorin. Zwei Jahrzehnte lang hat sie buddhistische Philosophie gelehrt, auch Mönche unterrichtet – und nun hat sie sich selbst deren Robe angezogen, »will die Lehre vorbildhaft leben«. Dafür könnte sie ins Gefängnis geworfen werden. Wegen Blasphemie.

Weibliche Mönche sind in Thailand nicht vorgesehen; ihre Ordinierung ist seit 1928 sogar gesetzlich verboten. Damals hatten zwei Frauen das Tabu gebrochen, ihnen wurde die Robe vom Leib gerissen. Wohl gibt es Nonnen, doch gelten sie als religiös mindere Wesen, gut für Hausarbeit rund ums Kloster, aber nicht zur spirituellen Erleuchtung befähigt – und folglich auch nicht berechtigt, kostenlos im Bus zu fahren.

Chatsumarn hat ihr Gelübde hilfsweise in Sri Lanka abgelegt; auch Taiwan, Tibet und China sind liberaler. Für Thailands buddhistisches Establishment ist die hochgebildete Novizin jedoch eine

Unperson, zum Tragen der Robe weniger berechtigt als jeder Dorfjunge. Still ist es in ihrem kleinen Kloster, eine Autostunde westlich von Bangkok. Die sanfte Provokateurin bietet Frauen in Not ein Refugium, auch vergewaltigten Mädchen. »Thailands Mönche schleppen schwer am Erbe des Patriarchats«, sagt sie. »Buddha hat gelehrt, dass Frauen wie Männer das Potential zur Erleuchtung haben. Ich bringe diese Botschaft zurück.«

Siams früher Buddhismus, aus Indien eingewandert, wurde von hinduistischen Brahmanen-Priestern beeinflusst: Sie erachteten Frauen wegen deren Menstruation als religiös unrein. Die ideologischen Fingerabdrücke wirken bis heute, werden oft für genuin buddhistisch gehalten. Viele Klöster im Norden verbieten Frauen die rituelle Umrundung der Stupa, des Symbols für Buddhas Reliquien, weil dadurch Entweihung drohe. Und nur in Thailand müssen Frauen so strikt darauf achten, von jedem Mönch meterweit Abstand zu halten.

Wenn ein Sohn ins Kloster geht, vielleicht nur für kurze Zeit, erwirbt er für seine Eltern religiöse Verdienste, gutes Karma. Mädchen können das nicht. Die Ordinierung des Sohns wird im Dorf mit einem Fest begangen; um das finanzieren zu können, verkauft manch arme Familie die Tochter in die Prostitution. Der Agent aus Bangkok zahlt Vorschuss. Thailands Frauen tun viel, um ihre religiöse Minderwertigkeit wett zu machen. Vor allem sie spenden den Mönchen das Essen, gehen besonders oft in den Tempel. Prostituierte geben viel Geld an Klöster, für gutes Karma. –
Die 503 Einwohner eines Dorfs in der Provinz Nan haben sich selbst Gebote gegeben, 20 Verhaltensregeln, sie stehen handschriftlich am hölzernen Dorftor, mit Geldstrafen bewehrt. Kein Glücksspiel, kein illegaler Holzeinschlag, kein Verkauf von Mädchen an Bordelle. »Wer mit Drogen handelt, begeht ein Verbrechen gegen das Dorf und wird exkommuniziert.« Stärkung der Moral durch Selbstverantwortung, das ist das Konzept von Abt Prakrue Pitak Nantakun; sein Name bedeutet »Lehrer und Beschützer von Nan«; eigentlich ist er ein moderner Sozialarbeiter. Der Fluss Nan hat jetzt 120 Schutzzonen, da darf kein Fisch gefangen werden; über das Verbot wachen 120 Basisgruppen. Vor ein paar Jahren warfen die Anrainer noch Gift ins Wasser zum Fischfang.

»Die Regierung mag es nicht, wenn sich die Leute selbst Gesetze geben«, sagt der Abt fröhlich. »Aber es ist erfolgreich.« Rundlich, lächelnd, stets einen Novizen zur Seite, den er murmelnd belehrt, verkörpert dieser Mann, was man sich unter einem buddhistischen Mönch vorstellt: Er ruht in sich. Sein Kloster stellt keine Amulette her, will keine Geldspenden. Auch das gibt es.

Die Zukunft? Frage an den 68jähriger Sulak Sivaraksa, Thailands umtriebigsten buddhistischen Sozialkritiker. Seine Antwort ist radikal. Mehr als 50 Prozent der Thailänder sind keine Buddhisten mehr, sagt er. Also weg mit dem ganzen Ballast von Staatsbuddhismus! »Früher waren die Mönche nützlich, heute richten sie mehr Schaden an. Weniger Tempel, weniger Mönche, weniger Heuchelei! Buddha hat mit fünf Schülern angefangen. So müssen wir es auch machen – klein wieder anfangen.«

Nachwort

Die gerahmte Welt

Die Wahrnehmung des Fremden im Zeitalter globaler Medien

Ferne Länder sind wie Erzählungen. Es ist schwer, aus einer solchen Erzählung auszubrechen, wenn sie sich erst einmal festgesetzt hat, wenn sie durch vielfaches Wiederholen rund geschliffen worden ist zu einem handlichen Stück Gebrauchs-Wahrheit. Will ein Korrespondent die Erzählung eigenmächtig ändern, dann reagieren die Redakteure in der Zentrale so entrüstet wie Kinder, denen plötzlich eine veränderte Fassung ihres Lieblingsmärchens erzählt wird. Indonesien hatte lange Zeit nur eine Pointe: Wann zerbricht das Inselreich? Die Annahme, es zerbräche nicht, verriet Leichtfertigkeit, oder schlimmer: Unkenntnis. Die Pointe konnte nur verdrängt werden durch eine andere, noch stärkere Pointe: Wird Indonesien islamistisch? Falls der Terrorismus je aufhören sollte, die Perspektive unserer Weltsicht zu bestimmen, wird gewiss das Zerbrechen des Inselreichs erneut ein drängendes Thema.

Framing nennen Medienwissenschaftler diesen Mechanismus: Journalisten beschreiben die Realität innerhalb eines Rahmens, der sich im Laufe der Zeit eher unbewußt etabliert hat. Das Bild innerhalb des Rahmens ist nicht falsch im engen Sinn des Wortes, auch nicht gefälscht, aber es wirkt verfälschend, weil es nur eine sehr verengte Perspektive auf die Realität erlaubt. Und das Fatale ist: Wir, die Mediennutzer, bemerken es nicht. Auch wenn wir uns für gebildet und kritisch halten. Der ständigen Wiederholung und der Macht der Bilder kann sich niemand entziehen. Ein Fernsehzuschauer, der aus Pakistan nur Fäuste schüttelnde, bärtige Männer zu sehen bekommt, hält dieses Land naturgemäß für intolerant und bedrohlich. Er weiß nicht, dass jedem Trupp bärtiger Männer ein Trupp

Kameramänner auf den Fersen ist. Als die Amerikaner im Irak Saddam Hussein in seinem Erdloch gefangen nahmen, brach in Bagdad helle Begeisterung aus, wer eine Waffe hatte, schoss in die Luft vor Freude. So sah es jedenfalls bei BBC aus; stundenlang, in jedem Nachrichtenblock, wurde gefeiert und geschossen. Eine deutsche Kollegin vor Ort fuhr mit dem Wagen durch Bagdad, suchte die Feiernden und fand so gut wie niemanden. Die BBC-Bilder zeigten nur die Reaktion eines kleinen Segments der irakischen Gesellschaft. Islamische Internate werden immer wieder als Brutstätten von Hass und Intoleranz portraitiert, die Bilder dazu zeigen stets junge Männer. Als ich in Indonesien und Malaysia solche Schulen besuchte, war ich überrascht, dort auch Mädchen anzutreffen, und zwar recht selbstbewußte Mädchen. Jene zu Recht schlecht beleumundeten Schulen sind wieder nur ein Segment der Wirklichkeit.

Oft sind sich die Journalisten des *Framing* selbst gar nicht bewußt. Im Kreislauf der sich selbst bestätigenden Gebrauchswahrheiten sind sie sowohl Treiber als auch Getriebene, Täter wie Opfer. Aufgrund der Umsatzgeschwindigkeit und des Umsatzvolumens von Nachrichten ist auch der Korrespondent vor Ort in großem Maße ein Medienkonsument auf dem Gebiet, wo er oder sie eigentlich Produzent ist.

Die Reportagen in diesem Buch entstanden unter Bedingungen, die vergleichsweise luxuriös waren. Als freiberufliche Autorin konnte ich mich von kurzatmiger Aktualität freihalten, hatte Zeit, vor Ort zu recherchieren, im kürzesten Fall drei Tage, im längsten drei Wochen. Ein altmodischer Journalismus, der zu Fuß geht, in übertragenem Sinn, manchmal auch in wörtlichem. Wer fremde Wirklichkeit auf diese Weise erkundet, macht die Erfahrung aller Ethnologen: Es ist mühselig und zeitaufwendig, selbst schlichte Fakten zu erheben. In einem Dorf gab es Streit zwischen zwei ethnischen Gruppen, am Ende lag ein Toter auf der Straße, was war geschehen? Ich verbrachte einen Tag damit, Zeugen zu befragen, die sich auf so groteske Weise widersprachen, dass ich aufgab. Wie gelingt es manchen Medien, bei viel größeren derartigen Konflikten binnen kürzester Zeit ein Bild zu präsentieren, in dem Schuld und Unschuld klar sortiert sind?

Zeit ist ein seltener Luxus in der Auslandsberichterstattung – und ein Luxus ist auch, so seltsam es klingt, das Reisen. Viele Korrespondenten verbringen die meiste Zeit am Computer ihres Büros, sie müssen sich ständig bereithalten, sich ständig auf dem Laufenden halten, so erfordert es die globale Hetzjagd der Nachrichten rund um den Globus. Die sekündlich aktualisierte, weltweit abrufbare Berichterstattung ist wie ein reißender Fluß, in dessen Mitte der Korrespondent auf einem winzigen Floß exklusiven Wissens hockt – und kämpft, nicht unterzugehen. Die Region, für die ein Korrespondent zuständig ist, einst niedlich »Beritt« genannt, wird zugleich immer größer, eine Folge des Zwangs zum Sparen in vielen Redaktionen – weshalb auch der Etat für Recherche-Reisen schrumpft. Zusammengefasst: Es wird immer schneller über immer mehr berichtet, was immer weniger Berichterstatter mit eigenen Augen gesehen haben.

Von Bangkok aus die Geschehnisse in Afghanistan vermelden, von Delhi aus die Motive der Freischärler in den südlichen Philippinen analysieren, das ist kein längst Notbehelf mehr, sondern oftmals Alltag.

Wenn indes an den Schauplätzen jener Krisen und Kriege, die als vorrangig gelten, tatsächlich Hunderte oder Tausende Berichterstatter vor Ort sind, geschieht etwas Erstaunliches: Die Konkurrenz führt in der Regel nicht zur Vielfalt, sondern im Gegenteil zur Einfalt. Beim Kampf der Vielen um die knappen Bildmotive und die kargen Informationen wird *framing* zum Überlebensprinzip. Wer will den zögerlichen Zeugen interviewen, die friedlichen Demonstranten filmen, wenn die Kollegen daheim in der Zentrale schon den Brandgeruch in der Nase haben? Bloß einen Konflikt nicht verharmlosen, im Zweifelsfall lieber dramatisieren, damit ist man auf der sicheren Seite. So treibt die Konkurrenz das Worstcase-Denken voran, schürt später Paranoia beim Zuschauer. Jeder muß die Fäuste schüttelnden Bärtigen im Kasten haben – und die genießen das natürlich. Die Machos aller Länder straffen sich vor den Augen der Kameras zu echten Kriegshelden.

Die Vermutung, Gewalt sei das beste Mittel, um Aufmerksamkeit zu erregen, hat sich seit dem berühmten 11. September zur Gewissheit verdichtet. Eine Bombe garantiert den schnellsten Zugang zur Weltöffentlichkeit. Es ist kaum übertrieben zu sagen, dass wir nur jene Regionen und Konflikte wahrnehmen, die in unser Bewusstsein gebombt werden.

Die Bombenleger überschätzen allerdings die Dauer der so errungenen Aufmerksamkeit. Die Macht der europäischen und amerikanischen Medien und Networks wird als überwältigend empfunden, und wer sich in ihrem Weltbild nicht wiederfindet – wie gegenwärtig viele Muslime –, mag hassen allein aus einem Gefühl der Ohnmacht heraus.

Ins Überdimensionale kann indes auch die Erwartung schießen, der Ohnmacht könne abgeholfen werden. In unserer medienübersättigten Gesellschaft machen wir uns keine Vorstellung, welche Hoffnung das Auftauchen einer westlichen Journalistin auslöst bei Menschen, die in irgendeinem gottverlassenen Winkel für ihre Interessen kämpfen. Frauen weinten vor Freude, nur weil ich mir ihre Sorgen anhörte; der Bauer, den ich besuchte, würde nicht mehr fürchten müssen, von seinem Land vertrieben zu werden, und die Kinder, deren Namen ich notierte, würden zweifellos eine gesicherte Zukunft haben. Dass mein Bericht über ihre drängenden Nöte in einer Redaktion warten würde, bis diese Nöte in die sogenannte »Blattmischung« passen, und sie hernach ein Nanopartikelchen im globalen Strom des rasch Konsumierten und rasch Vergessenen sein würden – wie sollte ich das vermitteln, wo doch meine Hautfarbe, meine guten Schuhe und die Länge meiner Anreise unbestreitbare Indizien von Macht und Einfluß waren? –

Internet und Satellitenfernsehen haben die Bedeutung geografischer Entfernung von Grund auf verändert – aber ist unser Wissen von der Welt deshalb größer? Zunächst fällt auf: Distanzen schrumpfen asymmetrisch. Ein Korrespondent »draußen« soll einen ganzen Kontinent im Griff haben, während sich daheim die Abmessungen der Kleingärten keineswegs ändern: Wehe, wenn der Hessen-Reporter in Thüringen wildert!

In der Zone der geschrumpften Distanzen wird man hingegen gefährlich schnell zur Expertin. Ich hatte eine einzige Reportage über Vietnam veröffentlicht, als man mich in einer deutschen Hörfunksendung als Vietnam-Kennerin befragte. Die Kollegin, die mich zu einem vorbereitenden Gespräch anrief, ging davon aus, Vietnam sei noch geteilt, an der Grenze stünden sich Soldaten gegenüber. Sie hatte Vietnam vermutlich mit Korea oder Kaschmir verwechselt. Ein Ethnologe, den ich in Papua traf, berichtete, wie er einer angesehenen deutschen Fernseh-Auslandsredaktion einen

Bericht über diese Region auf Neu-Guinea anbot. Die Leiterin der Sendung lehnte bedauernd ab: Da habe man doch den Korrespondenten in Nairobi. Sie dachte wohl, was schwarz ist, muss in der Nähe Afrikas sein.

Mithilfe von Internet und Satellitenfernsehen kann ein schreibender Korrespondent, der in Jordanien sitzt, die Folgen eines Erdbebens im Iran so farbig schildern, als wäre er vor Ort. Weinende Angehörige und die Trümmer einer Stadt lassen sich auch vom Fernsehschirm weg beschreiben. Nur: Es sind Informationen aus zweiter Hand, *Framing* ist unvermeidbar. Eine englischsprachige indische Zeitung zitiert in ihrer Online-Ausgabe einen namenlosen Mann von der Straße zum Kaschmir-Konflikt; es ist ein Rikschafahrer aus Neu-Delhi, willkürlich herausgegriffen. Binnen Stunden radelt unser Rikschafahrer durch die Weltpresse, nun das indische Volksempfinden repräsentierend. Es ist in Mode gekommen, Berichten derart eine Als-ob-Authentizität zu verleihen. Die Nähe zum Geschehen muss simuliert werden, das Erkennenlassen der realen Distanz wäre verdächtig.

Aber das Internet legt so auch neue Schienen für die Interpretation fremder Kulturen. Wenn sie online verfügbar ist, kann eine einzige englischsprachige Zeitung das internationale Bild dieses Landes mehr prägen als alle Medien in der Landessprache zusammen genommen. Wer möchte nicht gern die Meinung einer irakischen Zeitung zitieren? Ob sie von Relevanz ist im Land oder vielleicht nur die Ansicht einer verwestlichten Minderheit wiedergibt, das bleibt dem Leser solcher Zitate allerdings verborgen.

Damit kein Missverständnis aufkommt: Das Internet hat die Möglichkeiten, sich über andere Länder zu informieren, enorm verbessert. Ich habe vier Jahre in Malaysia gelebt, keine vernünftige Zeitung, keine große Bibliothek nahebei; ich hing am Internet wie am Tropf, erkundete die Länder der Region erst online, dann offline. Ich war erstaunt, wie blendend man sich vorbereiten kann mithilfe des Internet – und wie sehr sich die virtuelle von der wirklichen Realität jedesmal unterschied.

Im virtuellen Kambodscha ist ein Internationales Tribunal gegen die verbliebenen Anführer der Roten Khmer längst überfällig. Das Internet überträgt nicht das große traumatisierte Schweigen, das zu diesem Thema im Lande herrscht, jenseits einer kleinen Schar von

Aktivisten. Man kann sich online mit den Ansichten hochinteressanter Leute vertraut machen, sie werden immer wieder zitiert – im Land angekommen, stellt man fest: Kaum jemand kennt sie. Es handelt sich um eine virtuelle Prominenz. In den meisten Ländern Südostasiens markiert der *Digital Divide* eine innere Spaltung, eine Spaltung im Denken, in der Wahrnehmung, eine soziale ohnehin. Nur mit ihren virtuellen, geruchslosen Seiten scheint die Welt zusammenzurücken, kleiner zu werden, nicht mit ihren staubigen. In Malaysia ist die politische Opposition im Internet so stark wie sonst nirgends. Manche ethnische Minderheit demonstriert online einen Zusammenhalt, den sie offline längst verloren hat. Separatisten, die im Dschungel aussichtslos kämpfen, präsentieren sich triumphal auf der virtuellen Bühne. Individuen, Gruppen, ganze Völker dürfen sich im Internet eine Traum-Identität schaffen.

Was also gilt? Was wissen wir? Eine Mittelklasse-Gegend in den Philippinen mag für unsere Augen aussehen wie ein Armutsviertel. Wir sind Blinde, sobald wir unseren vertrauten Kulturkreis verlassen, die Zone der uns vertrauten Zeichen. Simpler und zugleich schwerer als die Deutung eines tibetanischen Rollbildes ist: Alltag entziffern. Zäune, Feldgröße, Straßenbreite interpretieren. Dächer lesen. Was ist arm? Woran erkennt man unter den Armen den Besserverdienenden? Wieviele Kochtöpfe verraten gesellschaftlichen Aufstieg? Wie riecht gutes Leben im Schlechten? Die Maßstäbe dafür kommen nur »zu Fuß« in unsere Köpfe, durch Beobachten, Vergleichen. Wieviele unserer journalistischen Urteile entstehen aufgrund falscher Wahrnehmung, falscher Maßstäbe?

»Und plötzlich eine andere Welt«, so lautet eine beliebte journalistische Wendung, die sich leider auch in meine Berichte einschleicht, wenn es gilt, die Überraschung darüber zu vermitteln, welche Unterschiede, gar Gegensätze sich innerhalb eines Landes, einer Stadt, einer Kultur auftun. Hier das Hochhaus, dort die Hütte; hier die Disko, dort der Schleier. Wie banal! In der fantasiearmen Formulierung von den zwei Welten verbirgt sich eine unnötige Entschuldigung: Wir belästigen den Leser oder Zuschauer mit Schattierungen, wir verweigern jene Eindeutigkeit, die zu liefern von unserem Berufsstand doch erwartet wird. So dumm die Floskel sein mag, sie dementiert eine noch dümmere, die von der »einen Welt«. Die eine Welt mag es als ökologische Verantwortungsgemeinschaft geben oder als Schöpfungsidee, aber in der sozialen und politischen Wirklichkeit gibt es sie im Zeitalter der globalen Bilder genauso wenig wie zuvor.

Wofür ich plädiere: den Rahmen weit machen, Entfernungen wieder anerkennen, Zweifel honorieren. Nichts ist so dumm und so lächerlich wie der Glaube, durch unser kleines Guckloch würden wir die Welt erkennen.

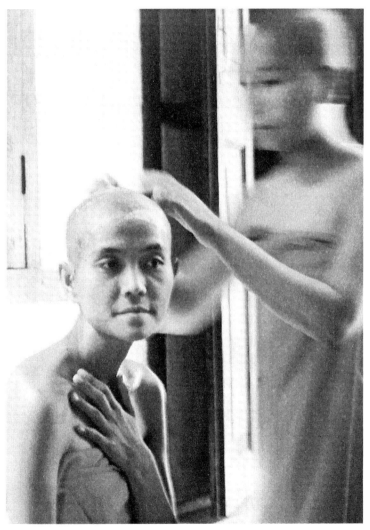

Die 30jährige Nonne Ma Singasiri bei der Rasur, nahe Mandalay (Burma)

Textnachweise

Die Reportagen in diesem Buch sind die aktualisierten und teilweise stark veränderten Fassungen von Erstveröffentlichungen in folgenden Medien:

Kambodscha
Die verkauften Kinder: Brigitte 6/2003
Fußlose hüten Kopflose: Die Woche vom 1. September 2000
Pol Pot und das Schweigen: Die Weltwoche vom 7. September 2000 sowie Die Woche vom 2. März 2001

Malaysia
Eine Stadt als Fanal: New World 4/ 2000
120 Armenian Street, Penang: Freitag 7/2004
Dr. M: Originalbeitrag
Nation im Brüter: GeoWissen Nr. 27 (2001)
Korridor nach Mekka: Freitag 50/2002
Die Geschichte vom Mangobaum: Die Woche vom 8. Februar 2002
Ravi, geliebter Ravi: Freitag 24/2003

Philippinen
Der reiche Held der Armen: Die Weltwoche vom 18. Januar und 24. Mai 2001; Die Woche vom 20.Juli 2001

Vietnam
Ein Sonntag auf dem Lande: Freitag 17/ 2000
Nur nicht zurückblicken: Die Woche vom 20. April 2000

Indonesien
Das geheime Reservoir an Glück: DieWeltwoche vom 22. Juni 2000
Schwarz gegen Weiß: Geo 7/2002
Die Stadt ohne Helm: Die Woche vom 14. Januar 2000
Frühnebel der Demokratie: Die Woche vom 29. Oktober 1999; Die Weltwoche vom 13. Juli 2000, 15. März und 7. Juni 2001; Die Woche vom 27. Juli 2001
Beschwichtigung des Universums: Geo Saison 4/2002

Osttimor
Fürsorgliche Belagerung: div. Beiträge für Die Woche und Die Weltwoche 2000/ 2001

Burma (Myanmar)
Die Gier der Schriftlosen: Geo-Saison 3/2003
Die Unerschießbare: Die Weltwoche vom 1. August 2002 sowie Freitag 35/2002

Thailand
Im Panzer aus Messing: Brigitte 23/2002
Siams Modernisierer: Geo Special Thailand, März 2001
Wissen, wann man genug hat: Merian Thailand, Dezember 2001

Die gerahmte Welt: Freitag 12/2004